Uma aventura dinâmica

Um guia para iniciar e moldar igrejas missionais

Uma aventura dinâmica

Um guia para iniciar e moldar igrejas missionais

DANIEL STEIGERWALD
DEBORAH LOYD
APRIL TE GROOTENHUIS CRULL
& MICHAEL KUDER

COMMUNITAS
— International —

www.gocommunitas.org

Christian Associates International, Inc.
dba **Communitas International**
2221 E. Arapahoe Rd #3338
Centennial, CO 80161
www.gocommunitas.org
E-mail: latamoffice@gocommunitas.org

Capa e gráficos: Robin Renard | www.robinrenard.com
Design e Layout: Jeremie Malengreaux | www.jerem.ie

www.thedynamicadventure.com

ÍNDICE

BEM VINDO

Uma aventura dinâmica é melhor experimentada com os outros! Nossa esperança é que você caminhe através deste livro de exercícios juntamente com um grupo local de sonhadores, praticantes ou plantadores de igrejas animados para fazer a diferença em sua cidade com as boas novas de Jesus. Convidamos você a participar da comunidade mundial formada em www.thedynamicadventure.com, onde você encontrará uma coleção crescente de material suplementar, treinamento, vídeos e coaching. Em thedynamicadventure.com você irá encontrar um ótimo lugar para se conectar com outros aventureiros para compartilhar histórias e melhores práticas da sua própria *Aventura Dinâmica*!

PREFÁCIO

Acreditamos que você está lendo este livro porque é apaixonado por compartilhar as boas novas do Reino de Deus. Esse anseio também nos consome. Nós, da Comunitás, esperamos ver mais igrejas sensíveis à cultura semear o evangelho para que o maior número de pessoas possível possa experimentar o amor de Jesus. Isso nos move a fazer o máximo para ouvir praticantes que estão engajados em contextos locais e tentam criar novas formas de igreja. O que estão descobrindo? O que move os seus corações? Durante anos temos prestado atenção no que dizem. E estas são algumas das coisas que temos escutado repetidamente em todo o mundo:

Queremos ver novas formas de igreja surgirem para que as muitas pessoas que conhecemos e amamos passem a ter um compromisso de vida com Jesus. Esses amigos não conhecem Cristo ou, se conhecem, não participam muito da igreja. Não conseguimos imaginá-los se tornando parte de qualquer igreja que conhecemos. Porém, nós sabemos que não podemos tirar a igreja deste relacionamento somente porque não vemos como nossos amigos se encaixariam.

Não queremos mais igrejas que convertem pessoas a uma cultura religiosa que os separa do mundo. Ao invés disso, sonhamos com igrejas que se envolvem na cultura local e apoiem o lado positivo que ela possui, mostrando maneiras saudáveis de se viver, onde a mesma conduz pessoas a práticas injustas e prejudiciais.

Queremos ter uma jornada autêntica com Jesus e com aqueles que amam a Cristo. Não queremos viver de aparência! Queremos convidar outras pessoas a ter um estilo de vida que cremos ser transformador – uma vida que é gratificante e real, que nos ajuda a descansar no amor de Jesus enquanto amamos uns aos outros como Cristo nos amou.

Sentimos em nosso íntimo que devem haver formas novas e menos convencionais de ser parte do corpo de Cristo. Temos o desejo, no entanto, de fazer a nossa parte para amadurecer toda forma de igreja para que ela seja aquilo que Deus deseja. Queremos ver mais variedade de igrejas sensíveis a diferentes contextos e que se firmam em Jesus, apontam para o Reino de Cristo e dão uma amostra aqui e agora do Reino de Deus que está por vir.

Apesar de geralmente ouvirmos esses temas repetidamente, também ouvimos as pessoas dizerem:

Sabemos que não podemos seguir sozinhos como uma comunidade de fé isolada. Sabemos que temos de unir mãos e corações ao grandioso corpo de Cristo.

Não estamos tentando criar uma utopia cristã. Apenas sabemos que o Senhor realizará muito mais do que conseguimos ver agora. Queremos viver de acordo com a oração que Jesus nos ensina ao suplicar a Deus para que "Venha o Teu Reino, seja feita a Tua vontade, assim na terra como no céu." E nós, homens e mulheres, cremos que nossos esforços são destinados a ser parte da resposta de Deus para essa oração.

Alguma dessas coisas faz sentido para você? Seu coração também se agita por essas questões? Nós da Comunitás sentimos um chamado para constituir igrejas que seguem a Jesus na transformação do mundo. Se você se identifica com os desejos expressados aqui, nós o convidamos a se juntar a outros sonhadores e mergulhar nas ideias e atividades deste livro. Este livro foi escrito com a esperança de ajudar você e outras pessoas a experimentar em conjunto o desenvolvimento de novas expressões de igrejas. Será que o anseio que você sente não é o incomodar do Espírito de Deus? Se sim, mergulhe nesse livro... e se prepare para uma aventura dinâmica!

INTRODUÇÃO

O que você tem em mãos não é um manual cheio de lições sobre como iniciar e dar forma a uma igreja de maneira eficaz. Na verdade, este é um guia para uma aventura que, por natureza, não vai se conformar a qualquer técnica ou caminho definido para o sucesso. Plantar igrejas missionais é uma experiência selvagem, imprevisível, e de constante mudança. Assemelha-se bastante com a aventura de explorar uma cidade pulsante pela primeira vez. A cidade tem vida própria, o produto complexo de inúmeras interações entre milhões de pessoas diariamente. A paisagem pode mudar rapidamente também. Uma rua deserta pode se transformar da noite para o dia em um enorme mercado. Os clientes em um café mudam de hora em hora. Exposições de arte mudam regularmente. Da mesma forma acontece ao plantar igrejas missionais, uma vez que as pessoas e as circunstâncias mudam rapidamente.

Este guia é uma ferramenta elaborada para equipá-lo como um explorador. Por exemplo, para aproveitar ao máximo uma visita a uma cidade histórica, como Amsterdã, você deve pegar um guia para ler antes de chegar lá para ter informações de antemão e saber o que esperar em suas viagens. Mais tarde, você pode levá-lo com você para entender as visitas, os lugares históricos e os desafios culturais.

Um bom guia turístico aprofunda sua compreensão e apreciação do que se está vivenciando. Entretanto, ele não se limita a mostrar-lhe os pontos turísticos; ensina, também, as habilidades que você precisa para sobreviver na cidade. Ele não vai simplesmente lhe dizer onde comer; ele vai explicar a cultura alimentar da cidade e como encontrar um ótimo restaurante por conta própria. Um bom guia turístico não só dirá que caminho tomar até uma parada de metro específica, mas também irá ensiná-lo a descobrir as nuances do sistema de transporte público.

Essa é a intenção por trás deste guia. Como plantadores de igrejas missionais, muitos de nós estamos começando uma viagem em território estranho e desconhecido. Queremos dar-lhe as ferramentas que você precisa para prosperar nessa aventura. Com esse intuito, esperamos que você leve este guia em sua viagem quando for explorar, imaginar e descobrir qual igreja se adequaria às pessoas que se encontram em seu contexto local. Caso sua equipe já esteja nessa jornada há anos e tenha estabelecido presença em sua cidade como uma igreja local, nós esperamos também que você veja este guia como uma ajuda inestimável para auxiliá-lo a envolver de maneira mais profunda os arredores da cidade, a amadurecer como comunidade da fé e a aprofundar o impacto no Reino de Deus.

Para tirar o máximo proveito dessa aventura, recomendamos que você use este livro de uma maneira específica. O material introdutório abaixo traz instruções sobre como fazer isso. Por isso, sugerimos que você não o leia rapidamente, mas gaste tempo para entender o que estamos dizendo. Quando exploramos uma nova cidade, muitas vezes a nossa experiência é mais rica quando estudamos livros, sites e programas de viagem antes da nossa chegada. Da mesma forma, acreditamos que a jornada de uma equipe de plantação de igrejas será bastante enriquecida ao investir tempo para conhecer o material que incluímos abaixo.

Como utilizar este livro

1. **Leia este guia com sua equipe.** Seja qual for a composição de sua equipe - não importa se vocês são um grupo de sonhadores unidos esperando impactar a sua cidade, ou um pequeno grupo de pioneiros que pretende plantar uma igreja, ou um núcleo de liderança de uma igreja conhecida –, nós encorajamos que todos leiam juntos este guia passo a passo. Nós o projetamos especificamente para instigar aprendizado cooperativo, interação e formação de equipe.

2. **Potencialize os exercícios.** Nós inserimos exercícios de aprendizagem ao longo do livro para ajudá-lo a progredir desde a aquisição de conhecimentos essenciais e basilares até a aplicação e a avaliação de forma prática do que você aprendeu. Nesses exercícios serão incorporados seus próprios pensamentos, sentimentos e ações de forma a aprofundar a aprendizagem e proporcionar experiências transformadoras. Neste guia, você aprenderá novas informações, irá relacioná-las a sua própria experiência e, a partir daí, agirá de acordo com o que aprendeu.

   Os exercícios de aprendizagem serão realizados em vários modos ou estágios: trabalho individual, trabalho com um mentor, trabalho em duplas, trabalho em pequenos grupos e, finalmente, por meio do trabalho com sua equipe. O fluxo típico será partindo de interações individuais ou em pequenos grupos e, em seguida, se expandem para o âmbito das equipes. Reconhecemos que tamanhos de equipes variam. Se sua equipe tem mais do que quatro pessoas, quando os exercícios disserem para trabalhar em pequenos grupos, dividam-se em equipes de quatro ou menos. Se sua equipe tem menos do que quatro pessoas, façam todas as atividades de "pequeno grupo" em equipe. Os grupos precisam ter menos de quatro pessoas para que todos contribuam. Por fim, pesquisas mostram que tamanho e espaço físico são importantes para a aprendizagem em pequenos grupos. Dessa forma, recomendamos que vocês se sentem em círculos para atividades em pequenos grupos.

   Você encontrará uma lista de materiais que precisará ter em mãos no início de cada exercício de aprendizagem. Incluímos, também, uma estimativa aproximada do tempo necessário para completar cada exercício. É, no entanto, apenas uma estimativa. O tempo irá variar dependendo de uma série de fatores, tais como o número de pessoas em sua equipe e quão profundamente vocês se envolverão no exercício.

Para cada exercício de aprendizagem, você precisará de um facilitador. Essa pessoa assumirá a responsabilidade de criar um ambiente propício para as metas de aprendizagem ao:

- garantir que todos são respeitados;
- permitir que todos possam falar e "ser ouvidos" pelo grupo;
- afirmar o que é dito; isto é, não há respostas corretas para exercícios de aprendizagem.

A tarefa mais importante do facilitador não é ensinar, e sim promover o diálogo entre os participantes. O facilitador reúne os materiais necessários, explica o exercício de aprendizagem, fica atento ao tempo gasto, dá movimento ao trabalho e, no final, recapitula o que foi aprendido. Ele não precisa ser o líder da equipe. Na verdade, o facilitador pode ser qualquer um na sua equipe que possa realizar esse trabalho. Essa é uma boa prática para líderes. Portanto, todos devem se revezar como facilitadores.

Símbolos para exercícios de aprendizado:

Exercício de aprendizado individual

Exercício de aprendizado guiado

Exercício de aprendizado em duplas

Exercício de aprendizado em pequenos grupos

Exercício de aprendizado em equipe

3. **Comece com sua singular experiência.** Depois de ler uma breve introdução no capítulo seguinte, determine onde é necessária a maior parte de seu trabalho como grupo, equipe ou igreja. Planeje gastar uma quantidade significativa de tempo estudando a fundo e trabalhando no conteúdo desse capítulo.

No entanto, como todas as dinâmicas que você explorará estão presentes em cada passo para se plantar uma igreja, planeje-se, também, para entender os outros capítulos. Escolha exercícios que pareçam relevantes para o seu grupo

4. **Complete o Plano de Ação Missional (PAM).** E cada capítulo termina com um exercício de esclarecimento específico – mapeie-o! – a fim de orientar a sua equipe a transformar o aprendizado em planos aplicáveis. Siga as instruções para desenvolver o Plano de Ação Missional da sua equipe no final do livro. Essa ferramenta foi criada para ser flexível e servir a você e sua equipe. Reconhecemos que cada equipe está em um estágio diferente de desenvolvimento, de modo que a dinâmica que melhor descreve onde você está provavelmente terá a maior parte dos planos de ação. No entanto, cada dinâmica também pode ter um plano apropriado para a sua experiência atual. Tente fazer com que esses pontos de ação sejam o mais concretos possível, incluindo prazos e áreas para prestação de contas.

5. **Documente a sua experiência.** Ao final de cada capítulo, incluímos algumas páginas em branco para que você possa refletir sobre o que aprendeu no capítulo. Escreva o que for importante para você: observações sobre conceitos chave, áreas que requerem mais investigação, ações que precisam ser tomadas, etc.

6. **Encontre um *coach*/mentor.** Um *coach* experiente pode ser um bem inestimável para você e sua equipe ao trabalhar com este material. A Comunitás fornece *coaching* a todas as suas equipes de projetos, assim como outras organizações de plantação de igrejas. Entre em contato com sua rede ou denominação e verifique que tipo de ajuda está disponível. Ou entre em contato com a Comunitás – nós adoraremos conversar com você. *Coaching* e aconselhamento normamelmente estão disponíveis de maneira presencial ou online.

Um ponto de partida em comum

Antes de começarmos nossa aventura, queremos ter certeza de que temos um ponto de partida em comum. Todos nós trazemos nossa própria compreensão de linguagem e cultura para a mesa. Acreditamos ser importante esclarecermos nossa linguagem e compartilharmos nossos conceitos para que você possa obter o máximo benefício a partir deste livro de exercícios.

Algumas definições importantes

Neste guia, usamos certas palavras que podem ter significados diferentes em diferentes contextos. Portanto, queremos ser claros desde o início sobre o que queremos dizer com as seguintes palavras:

Missionário(a): usamos a palavra missionário(a), que não é uma palavra popular em muitas culturas, e por um bom motivo. Diversas vezes a Igreja se uniu ao Estado para enviar missionários que pregaram uma mistura confusa de religião, Jesus e cultura ocidental.
Por vezes, isso levou à exploração de povos estrangeiros em vez de encontrar Deus em ação dentro deles. Voltamos para o significado original da palavra: "um enviado". Não aqueles enviados a uma terra longínqua ou a povos distantes, mas simplesmente aqueles enviados por Deus, em nome de Jesus, para anunciar as boas novas de Deus, tanto em palavra como em obras. Ao utilizar este guia, deixe espaço para a palavra missionário carregar um significado positivo. Pense como o Apóstolo Paulo, que proclamou a antiga frase "Como são belos os pés dos que anunciam boas novas!"[1]

Equipe: ao longo do guia estaremos nos referindo a uma equipe. Como observamos acima, ela pode ser um grupo pequeno, um conselho de anciãos, uma equipe de plantação de igrejas ou um grupo de pessoas com uma esperança similar. Você pode escolher definir equipe como quiser, mas presumiremos que você está trabalhando este livro com outros que têm esperanças e sonhos semelhantes.

Liderança: o autor Ken Blanchard define liderança como a capacidade de influenciar pessoas.[2] Abordamos esse assunto em maior profundidade no capítulo seis. Entretanto, queremos afirmar claramente de antemão que acreditamos que todos podem exercer influência de alguma forma. Liderar não é uma função de elite. Uma boa liderança, na verdade, dá permissão a cada indivíduo para trazer voz e influência saudáveis para a equipe. Neste livro, quando falamos acerca de liderança, falamos sobre pessoas que exercem influência e tomam decisões

---

1 Romanos 10:15.

2 BLANCHARD, Ken. Leading at a Higher Level. Upper Saddle River: FT Press, 2010, p. xvi.

importantes.[3]

Iniciativa missional: diz respeito ao esforço realizado por equipes em uma cidade que intencionalmente semeiam o solo para fazer crescer comunidades que poderiam se tornar novas igrejas ou expressões de igreja. Na Comunitás, acreditamos que iniciativas missionais e projetos similares desempenham um papel vital na preparação do terreno para a plantação de igrejas.

Igreja: dificilmente podemos falar sobre plantação de igrejas sem também criar espaço para a compreensão de como estamos definindo essa palavra. Por isso, um pouco mais de espaço será utilizado para desenvolver o que queremos dizer com isso, uma vez que a missão da Comunitás é seguir Jesus estabelecendo essas entidades locais que chamamos de igreja.

Então, o que é "igreja" em seu nível mais básico? A. W. Tozer começou seu livro "O Conhecimento do Santo" com as palavras: "O que vem a nossas mentes quando pensamos em Deus é a coisa mais importante sobre nós". Com essas palavras, ele quis dizer que as nossas experiências únicas, as circunstâncias

e as informações se combinam para formar a nossa percepção do Todo-Poderoso. É da mesma forma com as nossas definições de igreja. O que temos experimentado individualmente, aprendido com o estudo da Bíblia, o que a nossa cultura tem nos moldado a pensar e muitos outros fatores únicos para cada um de nós – todos se convergem para formar em nós uma percepção do que a igreja deveria ser.

Em muitos casos, a palavra *igreja* traz à mente um local onde cultos regulares, aulas e eventos espirituais são realizados. Nossas mentes também vão para diversos termos, como simples, em múltiplos locais, igrejas em casas, mega-igreja, contemporânea, litúrgica, sensível aos que buscam – e sim, até mesmo missional – entre muitos outros. Cremos que Deus usa muitas formas diferentes de igreja, bem como muitas abordagens diferentes para a igreja alcançar Seus propósitos no mundo. Porém, nem a *forma*, nem a *abordagem* são o que queremos focar em nossa definição de igreja.

Em vez disso, gostaríamos de focar sobre as *funções* elementares que acreditamos consistir o conceito de igreja. Cremos que, em sua essência, uma expressão de igreja existe quando três funções básicas estão presentes: comunhão, comunidade e missão. Pegue um grupo de pessoas que experimentam Deus, que estejam envolvidos em uma comunidade redentora e em parceria com Jesus na Sua obra do reino, e aí se encontra uma expressão de igreja. A beleza desse quadro é que ele abrange todo tipo de igreja, desde um grupo orgânico que se reúne em casa em Madri, na Espanha, impactando a comunidade artística, até uma igreja internacional de 2.000 membros com três grandes cultos em Amsterdã, na Holanda. Ele se encaixa na comunidade em St. Paul, nos EUA, que, por servir os mais necessitados de sua cidade, estão trazendo as pessoas para uma comunhão e comunidade centradas em Cristo, assim como se encaixa um grupo em São Paulo, no Brasil, que se reúne em torno de vídeos de ensino bíblico, compartilha sua vida e serve junto.

---

3   Quando a Comunitás entra em uma determinada cidade para plantação de igrejas, não insistimos que um "líder de equipe" entre em cena para iniciar o trabalho. Em vez disso, encorajamos as equipes missionárias a se envolverem em seus contextos e a começarem a aprender o máximo que puderem sobre o ambiente local. Na maioria das vezes, um líder de equipe talentoso só é necessário à medida que a iniciativa missional ganha impulso. Contudo, a Comunitás acredita que a expressão do Reino de Cristo na terra não depende de grandes estrelas. Aplaudimos qualquer passo de fé que uma equipe dê para preparar o terreno para o surgimento de igrejas locais – nunca se sabe o que Jesus fará por meio de homens e mulheres fiéis envolvidos em seus contextos!

Descobrimos que ficar focado nas *funções* de comunhão, comunidade e missão e permitir que o *formato* se desenvolva organicamente a partir do contexto é incrivelmente libertador para plantadores de igrejas em todo o mundo. As equipes podem se concentrar em praticar os elementos de comunhão, comunidade e missão, e essas atividades preparam o terreno para a manifestação de igreja nascer. Claro que, como todos os seres vivos, as igrejas têm fases da vida. Da concepção ao nascimento, da infância à adolescência e assim por diante, igrejas crescem e mudam também.

No entanto, a nossa crença é que a comunidade, a comunhão e a missão devem estar no centro de qualquer igreja saudável, independentemente da fase da vida. O que provavelmente vai mudar é a forma como essas funções se expressam em determinada fase, não se estão presentes. Nos capítulos quatro e cinco à frente, daremos uma olhada em como equipes e igrejas devem expressar essas três funções vitais de uma forma que lhes seja apropriada de maneira única. Agora, vamos separar um momento para analisar o que "igreja" significa não só para a Comunitás, mas também para você.

O que é igreja?

Tempo: 60 a 90 minutos
Materiais: papel em branco, lápis ou canetas, quadro branco e canetas para quadro branco, post-its

Nossa definição de igreja tem um grande impacto nos nossos métodos e objetivos para a plantação de igreja. Este exercício foi criado para ajudá-lo a pensar em comunhão, comunidade e missão como as funções básicas da igreja.

1. Entregue um papel em branco para cada pessoa. Dobre o papel em três colunas, uma para "comunhão", outra para "comunidade" e a última para "missão". Peça para cada um escrever palavras, frases, ou ações que podem ser associadas com cada função. Dê a eles cinco minutos.

2. Depois, em pequenos grupos de até quatro pessoas, discuta o que cada um colocou para comunhão, comunidade e missão. De que forma enquadrar a igreja nessas funções o ajuda a entender como uma igreja deve ser? Se isso não ajudá-lo, que funções você adicionaria?

3. Após revisar as contribuições de cada um para as três colunas, os pequenos grupos devem escrever em post-its as três palavras, frases ou ações que melhor descrevem como eles definem igreja. Cada conceito deve ser escrito em uma folha do bloco autoadesivo.

4. Reúnam-se todos. Um de cada vez, os grupos colam as notas no quadro branco e compartilham seus conceitos.

5. O facilitador deve auxiliar a equipe a agrupar e avaliar os conceitos mais importantes para criarem uma definição de igreja. A equipe avalia e corrige a definição até estar satisfeita com ela. O facilitador escreve a definição final no quadro branco.

Nossas suposições prévias

Abaixo estão as suposições que trazemos para este guia. Encorajamos as equipes a interagir sobre elas, ou certas partes dos capítulos à frente podem se tornar confusas. Quanto mais essas suposições sejam comuns a todos, mais poderemos melhorar nossa capacidade de funcionar como uma equipe, uma vez que este assunto não é trivial.

- Deus é um Deus de missão. Entendemos isso a partir da Bíblia, que cremos ser divinamente inspirada, completa e indubitavelmente confiável como o enredo de onde extraímos nosso manual de comportamento. Fazemos o nosso melhor para nos mantermos fiéis a essa história e obedientes, pelo poder do Espírito de Deus, a tudo o que Deus em Cristo Jesus nos pede em sua Palavra viva.

- Na vinda de Cristo como homem, Deus se torna palpável, sendo para nós uma lição em carne e osso de quem Deus é. Em Jesus, vemos o perdão de Deus e Seu amor infalível por todas as pessoas. Vemos, também, a intenção de Deus em renovar todas as coisas, trazer o céu para a terra e estabelecer uma nova ordem onde o conhecimento do Senhor enche a terra. Deus Pai e Jesus, o Filho, incumbiram o povo de Deus, a Igreja, a ir para o mundo no poder do Espírito para demonstrar e proclamar o reino de Deus sobre toda a criação. Com Jesus como o Cabeça, o corpo de Cristo em todas as suas expressões locais serve como uma expressão viva e tangível da presença de Deus e de Sua intenção amorosa para com toda a humanidade. Igrejas locais existem para que as pessoas em todos os lugares possam optar por colocar sua esperança em Jesus Cristo e crescer como Seus discípulos.

- Ser "missional" significa fazer o nosso melhor para seguir a Cristo na missão de Deus para o bem do mundo. Ser uma "comunidade missional" em nosso meio local significa nos comprometermos como um grupo a fazer, conscientemente, mais e melhores discípulos, preparando-os como missionários para viver e proclamar o reino de Deus. Ao fazer isso, trabalhamos com o Espírito para "encarnar" (incorporar) a presença e o amor de Jesus no mundo.

- A missão da Comunitás é *"estabelecer igrejas que sigam a Jesus na transformação de seus mundos"*. Nossos valores essenciais podem ser descritos de três formas: buscar o Reino de Deus, orientados pela Graça e focados em pessoas. Como resultado de nossa missão e nossos valores, somos altamente motivados a treinar pessoas para missões sustentáveis e plantação de igrejas.

- Acreditamos que o sucesso na missão e na plantação de igrejas é medido, em primeiro lugar, pela fidelidade. Uma equipe que segue adiante e segue a Jesus da melhor maneira possível jamais será tida como um fracasso, mesmo que o projeto não dê frutos. Acreditamos que é necessário semear muitas sementes, juntamente com farta irrigação de forma cooperativa, para vermos igrejas encarnadas nascerem e se multiplicarem. Assim como o Apóstolo Paulo nos lembra, "Eu plantei, Apolo regou, mas Deus é quem fazia crescer; de modo que nem o que planta nem o que rega são alguma coisa, mas unicamente Deus, que efetua o crescimento. O que planta e o que rega têm um só propósito, e cada um será recompensado de acordo com o seu próprio trabalho. Pois nós somos cooperadores de Deus; vocês são lavoura de Deus e edifício de Deus".[4]

- Por último, mas não menos importante, percebemos que aqueles que usam este guia vêm de diferentes origens e culturas, grupos linguísticos e perspectivas teológicas. Sabemos, portanto, que o conteúdo deve ser aplicado de forma diferente de um contexto para outro. Este guia por si só é para ser flexível e adaptável, e não aplicado de forma rígida.

A maioria das equipes missionárias e de plantação de igrejas inicia sua jornada com grande entusiasmo. Mas, muitas vezes, depois de um curto período de tempo, elas descobrem que alguns membros da equipe tinham suas próprias expectativas ocultas – ou seja, as suas próprias suposições implícitas sobre o que a

equipe deveria acreditar e fazer. Suposições não são ruins; na realidade, todos nós as fazemos. No entanto, se determinadas premissas são mantidas em segredo, elas podem se tornar um gatilho de divisão dentro das equipes. Suposições não expostas podem até mesmo levar pessoas a deixarem uma equipe desnecessariamente. Por isso, recomendamos que, desde o início, as equipes comecem a trazer à tona suas premissas e suposições, assim como procuramos fazê-lo acima.

O próximo exercício de aprendizagem foi criado para ajudá-lo a comparar e contrastar suas suposições sobre missão com as da Comunitás. Porém, vocês, como equipe, irão também, com alguns ajustes, ser capazes de usar este formato com seus companheiros de equipe para desencadear uma conversa sobre as diferenças nos pressupostos fundamentais. Isso irá ajudá-los a construir pontes para o entendimento, criando, assim, uma equipe mais forte ao longo do tempo.

---

4   I Cor. 3:6-9.

Interagindo com as suposições prévias da Comunitás

Tempo: 30 a 45 minutos
Materiais: papel em branco, lápis ou caneta

1. Cada pessoa deve dobrar uma folha de papel em pé ao meio. Reflita sobre suas suposições e premissas acerca de Deus, missões e igreja. Depois, no lado esquerdo, escreva cinco ou seis delas.

2. Agora, leia novamente as suposições da Comunitás descritas acima e sublinhe as palavras-chave em cada afirmação.

3. No lado direito, escreva as frases que você sublinhou. Desenhe linhas para conectar as frases da direita que correspodam às da esquerda. Circule as afirmações em qualquer um dos lados que não possuam suposições correspondentes.

4. Em duplas, comparem e contrastem as suas suposições com as da Comunitás. Conversem sobre o que precisa ser feito para que cada lista fique em consonância com as suposições da Comunitás. Onde elas se diferem? Essas diferenças são fatais, estão no patamar "concordar em discordar" ou podem ser reconciliadas? Escreva o que você acha e as mudanças possíveis.

Dinâmicas para uma "aventura dinâmica"

Analisamos brevemente como usar este guia e demos algumas definições fundamentais e suposições básicas para nos ajudar a ter um ponto de partida em comum para o que está por vir. Agora, gostaríamos de apresentar rapidamente a abordagem da Comunitás para plantação de igrejas missionais. Nós mesmos ainda estamos em uma jornada de descoberta, mas por meio de nossa interação com missionários em diversas nações ao longo de muitos anos, passamos a observar um padrão consistente de comportamentos básicos presentes em equipes que estão tentando começar igrejas missionais. Estamos continuamente nos esforçando para entender e *descrever* melhor esses padrões de comportamento, especialmente quando os vemos manifestados por nossas iniciativas missionais, na plantação de igrejas e por igrejas estabelecidas. Há sempre mais a aprender! Porém, vamos deixar claro desde o início: não estamos tentando *prescrever* uma técnica ou modelo particular de plantação de igrejas que queremos ver as equipes imitarem. Há uma distinção importante entre as palavras *descrever* e *prescrever*!

Quando descrevemos um padrão, não estamos dizendo "siga estes passos e você será bem-sucedido ao plantar igrejas em contextos sensíveis". Não acreditamos que exista uma fórmula ou um plano passo a passo para o sucesso para o tipo de plantação de igreja que estamos falando. Se houvesse, com toda a certeza nós o prescreveríamos! O que estamos dizendo é: "aqui temos um conjunto de seis comportamentos frequentemente atuantes em plantação de igrejas sustentáveis que atraem as pessoas para Jesus e as capacitam a pensar, agir e viver como Ele". Escolhemos chamar esses comportamentos de dinâmicas porque essa palavra capta a ideia de movimento ou ação em andamento.[5]

Você verá abaixo que nós realmente usamos seis *verbos* para descrever cada uma das dinâmicas – repetindo, porque as vemos como movimentos contínuos. A aventura de plantar igrejas missionais nunca é estática, mas sempre ativa. É por isso que consideramos apropriado intitular este livro de "Aventura dinâmica!" Nós já até imaginamos equipes de plantação de igrejas (e até mesmo líderes de igrejas estabelecidas) mantendo esses comportamentos ativos durante toda a sua vida. Este guia ajudará sua equipe a ativar cada uma das dinâmicas com o passar do tempo, observadas sua própria linha temporal e sua maneira de operar. Quando as equipes dão atenção ao cultivo de cada uma delas ao longo do tempo, observamos que elas crescem em termos de saúde e impacto. Nossa esperança é que essa seja sua experiência também.

Observe acima que não dizemos nada sobre crescimento em números, nem mencionamos nada sobre algum modelo ideal que temos em vista. Como um bom guia de uma cidade, essas dinâmicas não são sobre definir O CAMINHO à frente, como se elas mapeassem a rota perfeita para inteirá-lo sobre a cidade e levá-lo a um destino desejado. Em vez disso, servem para capacitá-lo a se envolver em seu contexto enquanto sua aventura se revela diante de você.

As dinâmicas que mencionamos abaixo são os movimentos repetitivos em que todos os viajantes provavelmente se envolverão. Elas fornecem uma estrutura para toda a nossa interação adiante. Então, encorajamos sua equipe a passar um tempo esquadrinhando seu significado e relevância. Fechamos este capítulo com um exercício para ajudá-lo a começar essa investigação. Nos próximos capítulos, vamos explorar cada dinâmica em maior detalhe e mostrar seu valor prático, a fim de ajudá-lo a aplicá-los a sua situação específica.

---

5   O dicionário online Priberam define "dinâmica" como: "conjunto de forças que visam o desenvolvimento ou progresso de algo". Veja em: www.priberam.pt/DLPO/dinâmica.

A abordagem "dinâmica" da Comunitás para plantação de igrejas missionais envolve uma atenção contínua a esses comportamentos:

Insira-se = *crie raízes em seu contexto e nas redes relacionais como uma presença enriquecedora*
Inicie = *estabeleça uma resposta evangelizadora coordenada para semear em uma área ou grupo*
Pratique = *expresse a identidade e a vida de Jesus para as quais você está convidando as pessoas*
Amadureça = *desenvolva-se como uma expressão local única do corpo de Cristo*
Conecte-se = *cultive ambientes locais para multiplicar iniciativas e igrejas missionais*
Expanda = *ajude a alimentar movimentos translocais para a plantação de igrejas além da cidade*

O exercício abaixo tem como propósito despertar sua imaginação em seis dinâmicas. É um momento para simplesmente fazer um *brainstorming* criativo. Você não precisa ter nenhuma ideia específica neste momento, mas deixe sua imaginação fluir com você. Mais à frente, apresentaremos um exercício de aprendizado que o convidará a criar elementos concretos de ação. Por enquanto, só deixe sua mente voar.

Instigando sua imaginação para a abordagem da Comunitás para plantação de igrejas

Tempo: 60 minutos
Material: papel em branco e lápis ou caneta

1. Em pequenos grupos de até quatro pessoas, revise os verbos e suas descrições para cada uma das seis dinâmicas acima. Peça que leiam uma a uma em voz alta. Selecione um responsável por tomar notas de cada dinâmica em uma folha de papel. Os espaços entre uma dinâmica e outra devem ser iguais para que haja espaço para todas na folha.

2. Conforme estudam esses verbos e descritores, o que vem à mente? Membros do grupo podem sugerir qualquer coisa que vier à mente, e o anotador escreve. Pode ser uma ação, uma emoção, uma palavra descritiva, uma experiência sensorial ou um símbolo. O que essas palavras, ações, emoções ou experiências sensoriais levam-no a fazer? Quais ações você pode tomar para realizar as seis dinâmicas para plantação de igrejas?

3. Se revezem descrevendo ao seu pequeno grupo o que você sonha para plantação de igrejas. Lembre-se de que não tem de ser prático. É um exercício de sonhar. Guardem os sonhos um do outro com reverência!

4. Se reúnam juntos em equipe. Quando indicado, cada pequeno grupo compartilha seu sonho com a equipe maior. Elabore o seu sonho tanto quanto possível. A equipe é convidada a fazer perguntas ou comentários.

Qual é o próximo passo?

No prefácio e nesta introdução exploramos com você o porquê de criarmos este guia, e como sua equipe pode usá-lo. Também o convidamos a processar algumas definições e pressupostos fundamentais, incluindo como a Comunitás no nível mais básico descreve as seis dinâmicas que comumente encontramos ativadas entre as equipes que conseguem plantar igrejas encarnadas. No capítulo de abertura à frente, vamos mergulhar em histórias e descrições mais profundas das seis dinâmicas. Também vamos explorar o terreno interior de como vemos a nós mesmos, e como a nossa identidade está relacionada a como e porque fazemos missão.

Ⓜ Faça um PAM!

Aqui está a sua primeira oportunidade de experimentar o Plano de Ação Missional. Vá para o Apêndice A na parte final do livro para começar o seu PAM. Dedique alguns minutos lendo a introdução e as instruções. Em seguida, na seção *Visão*, escreva pensamentos preliminares de sua equipe sobre as esperanças, os sonhos e os valores de seu projeto ou igreja. Em seguida, vá até a seção *Fundamentos da Igreja*. Escreva quaisquer pensamentos que sua equipe possa ter sobre comunhão, comunidade e missão. Não se preocupe, não há nenhum teste, e nós vamos voltar a esta seção depois. O objetivo é somente ter suas ideias iniciais no papel.

Minhas reflexões:

Quais dúvidas você tem sobre a Comunitás?

O que você espera deste guia?

O que funcionou para você?

Do que você mais precisa?

O que você absorveu?

PARTE UM – OS FUNDAMENTOS: PREPARANDO-SE PARA A JORNADA À FRENTE

Uau! Já começamos a colocá-lo para trabalhar, e isso foi apenas a introdução! Nesta parte inicial do guia, damos atenção à construção de uma boa base. Queremos que você e sua equipe avancem munidos de uma boa compreensão do significado e da relevância das seis dinâmicas de plantação de igrejas. Também queremos mergulhar e chegar até a fonte de nossa motivação e paixão, que diz respeito à forma como vemos a nós mesmos – a nossa identidade. Na Comunitás, acreditamos que o ministério flui de dentro do ser, a partir de um senso de chamado dentro de nós. Nós o encorajamos a não se apressar ao longo destes dois capítulos iniciais, uma vez que eles irão permitir-lhe obter muito mais do resto deste livro.

Capítulo 1 – Explorando uma abordagem dinâmica

Até agora, demos uma breve introdução às seis dinâmicas de plantação de igrejas. Neste capítulo, vamos ajudá-lo a descobrir o seu significado mais amplo e como cada uma das dinâmicas se relacionam com o trabalho de sua equipe. Por fim, vamos auxiliá-lo a explorar como as seis dinâmicas em conjunto formam uma abordagem única para a plantação de igrejas missionais. Ao ler este guia, você vai encontrar mais histórias, explicações e exercícios para ajudá-lo a compreender e aplicar cada dinâmica específica. Então, não se preocupe se você ainda não entender tudo isso.

Descobrindo as seis dinâmicas

Indo além das descrições simples de cada dinâmica, os parágrafos a seguir resumirão as seis dinâmicas. Quando colocadas em prática, cada uma delas tem sua contribuição específica na formação de expressões de igreja que impactam positivamente as pessoas e os lugares atendidos. Gaste um tempo lendo cada uma delas, sublinhando palavras-chave ou frases que possam auxiliá-lo na compreensão das dinâmicas.

Insira-se = *crie raízes em seu contexto e nas redes relacionais como uma presença enriquecedora*

A *inserção* acontece quando todos os membros de uma equipe se envolvem no estilo de vida missionário. Eles transpõem seu subgrupo cultural e alcançam a diversidade complexa comum a todas as cidades. Esforçam-se para imergir na cultura absorvendo o máximo de conhecimento possível sobre seu contexto, ao mesmo tempo em que se relacionam com as pessoas locais e servem lado a lado deles sempre que possível. À medida que a igreja amadurece, é crucial que ela continue a se inserir bem. A igreja deve continuar a se enraizar em seu contexto local e cultivar relacionamentos como uma presença enriquecedora. Sem um foco intencional para fora, as igrejas invariavelmente voltam seu foco e energia para dentro de si mesmas.

Inicie = *estabeleça uma resposta evangelizadora coordenada para semear em uma área ou grupo*

Iniciação é discernir ou decidir o que fazer com tudo o que foi descoberto por meio da atividade missionária em equipe, como o conhecimento privilegiado da cultura local, os novos relacionamentos e as muitas oportunidades de serviço. O discernimento permite que a equipe foque suas atividades para semear o evangelho de modo que envolva seu contexto em formas que sejam vivificantes e sustentáveis. A

equipe é mais focada e consciente em seus esforços individual e comunitário de evangelismo. Iniciar não significa que a equipe deve deixar de inserir-se, mas escolher ser mais estratégica no direcionamento de suas atividades missionárias para que uma comunidade missionária inclusiva e sustentável possa ser formada. Ao longo do tempo, à medida que a comunidade pegar impulso e ganhar membros, ela será capaz de expandir para outras esferas a semeadura do evangelho.

Pratique = *expresse a identidade e a vida de Jesus para as quais você está convidando as pessoas*

A *prática* ocorre quando as equipes começam a viver em uma identidade comum de grupo (visão, valores, nome, teologia, etc.). Também envolve experimentar ou testar conjuntamente um ritmo de discipulado para ver quais práticas ajudam a equipe a crescer espiritualmente e em comunidade à medida que se envolve seu contexto específico. Ao expressar uma identidade e um ritmo de discipulado, a equipe missionária é capaz de convidar com credibilidade as pessoas para uma identidade e um modo de vida de comunhão transformadores que eles próprios vivenciaram. Reunir-se em torno de uma identidade e um modo de vida também evita que a comunidade em formação seja alvo dos caprichos dos recém-chegados que muitas vezes vêm com um desejo de criar sua própria versão de igreja. A identidade e as práticas espirituais não são estáticas ou imóveis; com o passar do tempo, elas irão mudar à proporção que a comunidade cresça e responda tanto aos seus membros como também à cultura anfitriã.

Amadureça = *desenvolva-se como uma expressão local singular do corpo de Cristo*

O *amadurecimento* acontece quando uma comunidade de fé se desenvolve intencionalmente em uma forma mais sustentável, dando a devida atenção aos sistemas e processos que suportem seu crescimento e sua saúde. A comunidade mostra uma face pública clara (a menos que seja considerada imprudente devido a fatores contextuais) e, geralmente, torna-se mais visível e acessível para o contexto como uma entidade local identificável ou "igreja".[6] Assim como um corpo, ela se sustenta com seus próprios pés, não mais dependente da equipe de plantação do princípio. Mantendo-se atenta à visão, a igreja se torna madura em sua capacidade de governar a si mesma, de ensinar as pessoas no caminho de Jesus, de utilizar os dons e talentos de seu corpo e de se sustentar financeiramente. Esse *amadurecimento* permite que o corpo revele com nitidez o evangelho e a bondade de Deus, de modo que aponte para o Reino de Deus e dê mostras do que está por vir.

Conecte-se = *cultive ambientes locais para multiplicar iniciativas e igrejas missionais*

A *conexão* envolve a criação ou participação em ambientes locais que promovam a multiplicação de novas iniciativas missionais e plantações de igreja. Isso acontece mais significativamente à medida que a igreja ganha impulso suficiente para investir em parcerias-chave para a plantação de igrejas em toda a cidade. No entanto, as equipes pioneiras também podem acionar essa dinâmica desde o início se puderem aproveitar a energia, os dons e os recursos necessários para amadurecer seus próprios projetos e também incubar novas iniciativas de plantação de igrejas. Seja nos anos iniciais ou mais adiante, a equipe de plantação ou a igreja se *conectam* ao recorrerem aos seus próprios recursos e aos de outras redes missionárias afins com o propósito claro de treinar e liberar equipes para começarem novas iniciativas missionais e de igrejas.

Expanda = *ajude a alimentar movimentos translocais para a plantação de igrejas além da cidade*

A *expansão* está intimamente relacionada à conexão, embora envolva o desenvolvimento intencional de relações e redes mais amplas que vão além da cidade sede da igreja. As equipes de liderança compartilham e colaboram com recursos entre as cidades, as nações e os continentes para semear novas iniciativas missionais e expressões de igrejas. Tal qual acontece com a conexão local, o momento e a extensão da participação de uma equipe ou igreja na multiplicação de novas iniciativas missionais e igrejas além dos limites de sua cidade vão depender de suas capacidades internas, recursos e visão para a multiplicação da igreja.

As seis dinâmicas em ação

Para ajudá-lo a entender o significado das principais ações comumente utilizadas no plantio de igrejas missionais, nós as organizamos em seis dinâmicas distintas. No entanto, plantar uma igreja envolve uma dança de todas elas – uma dança que é confusa às vezes e que parece muito diferente de um projeto

---

6   Queremos abrir espaço para expressões não convencionais de igreja que podem não se tornar comunidades locais conhecidas. Como a longo prazo a maioria das plantações da igreja envolverá o surgimento de corpos locais de Cristo com as características das igrejas locais descritas pelos escritores do Novo Testamento, a partir deste ponto geralmente usamos a palavra "igreja" para descrever comunidades locais específicas. Ao optar por esse uso, se sua equipe está começando uma expressão da igreja que efetivamente discípula as pessoas e ainda assim não se encaixaria na categoria de "uma igreja local", nós encorajamos você a aplicar as seis dinâmicas à luz de sua expressão única. Não seja impedido pela nossa escolha de palavras - a dinâmica e a maioria dos exercícios ainda se aplicam a você!

para outro. Idealmente, uma equipe deveria cultivar todas essas dinâmicas por um longo tempo. Porém, uma equipe pode gastar mais tempo com uma ou outra, dependendo de sua própria visão, discernimento, estágio de desenvolvimento e espectro de dons e talentos. Veja a forma como um grupo de igrejas conectadas na Espanha tem experimentado as seis dinâmicas até agora. Troy Cady, pastor fundador da Oasis Madri, mostra-nos um breve relato sobre o desenrolar dessa história:

Antes de se mudarem para Madri, Espanha, no início de 2002, duas famílias da Comunitás (os Cadys e os Wallaces) fizeram algumas pesquisas. Queríamos saber onde seria melhor para nós vivermos, uma vez que tínhamos em mente plantar uma igreja que servisse à comunidade internacional. Descobrimos uma área isolada na região noroeste, apoiada por algumas escolas internacionais. Como o nosso objetivo era viver perto de estrangeiros falantes de língua inglesa e ter várias oportunidades para fazer amizade, era lá onde iríamos viver.

Durante nossos primeiros seis meses, nós somente conhecemos pessoas, compartilhamos diversas refeições e celebramos algumas festas. Quando encontrávamos com pessoas que já eram cristãs, compartilhávamos com elas o nosso desejo de iniciar uma igreja na qual pessoas sem igreja se sentissem em casa. Naquele outono, nós nos juntamos a um grupo de pessoas que conhecemos para começar o Curso Alfa. Nós o organizamos em três pequenos grupos diferentes que se encontravam em diferentes locais e em dias diferentes.

A partir de então, sabíamos que os grupos gostariam de começar a se reunir todos juntos regularmente. Foi assim que passamos a nos encontrar semanalmente para refletir sobre nossos valores, propósitos e visão. Combinamos a isso cultos de adoração para começarmos a cultivar algumas práticas basilares de discipulado. No final desse período, tivemos de tomar uma decisão se "tornaríamos público" o projeto que chamamos de Mountainview (Vista da montanha, em português). Será que devemos começar a realizar cultos semanais?

Decidimos tentar realizar grandes cultos mensais conjuntos enquanto enfatizávamos a importância da multiplicação dos pequenos grupos que se reuniam semanalmente. Nossos pequenos grupos procuraram cumprir todos os nossos quatro principais propósitos, que incluíam: adoração, comunhão, discipulado e evangelismo. Essa estratégia foi acompanhada de algumas correntes criadas para capacitar líderes (tais como uma reunião mensal de líderes e um manual de treinamento), de forma que a igreja pudesse continuar a multiplicar seus ministérios.

Ao longo das três "estações" de ministério (do outono à primavera), os pequenos grupos da igreja se multiplicaram de três (no outono de 2002) para 13 (na primavera de 2005). Durante essa multiplicação, a Mountainview se desenvolveu por duas regiões geográficas: uma em bairros residenciais no noroeste e a outra na cidade. Após tentarmos por pelo menos um ano unir as duas em uma só igreja, por fim decidimos fazer o grupo da cidade distinto do grupo da região suburbana. E foi assim que nasceu a Oasis.

Ambos os agrupamentos aproveitaram a oportunidade para refletir a respeito de suas práticas principais e ritmos de discipulado, adoração e evangelismo. A Mountainview viu que precisava passar a ter cultos semanais com grupos maiores e a Oasis reimaginou sua maneira de ser igreja.

A Oasis começou a realizar eventos variados para grupos maiores todas as semanas de acordo com seus propósitos. Às vezes, um culto de adoração era realizado enquanto outras vezes a reunião era planejada para fortalecer o alcance da igreja ou a comunhão. Enquanto isso, a Oasis colocava em prática um processo intencional para fazer discípulos que acontecia após uma temporada de mentoria com celebrações que envolviam todos os grupos em um só encontro.

Ao mesmo tempo, ambas as igrejas continuavam a capacitar equipes para novas expressões de evangelismo. Tanto a Mountainview como a Oasis encontraram formas de atender às necessidades daqueles com dificuldades financeiras e, por fim, colaboraram para receber o primeiro projeto "Serve the City" ("Sirva a cidade", em português) na cidade de Madrid, em 2007.

A Oasis tinha um programa de estágio para discipular jovens líderes em missão. Muitos dos que participaram do programa ao longo dos anos passaram a ser funcionários da Comunitás.

À medida que a Oasis crescia, surgiu um grupo de pessoas que tinha em seus corações o desejo de estabelecer um trabalho com espanhóis e outros falantes de língua espanhola. Em particular, um bairro bem no coração da cidade (chamado Malasaña) serviu como a pedra angular. A Oasis encarregou uma equipe de começar um trabalho lá no outono de 2009.

O grupo Malasaña (liderado pelos Crulls) começou dando profunda atenção a seu bairro para ver quais eram as suas necessidades. O grupo orava e adorava junto. Eles mergulharam nas Escrituras juntos e apoiaram uns aos outros espiritualmente. Sonharam juntos. Visualizaram um projeto tangível para abençoar aquele bairro e receberam líderes em desenvolvimento, de modo a acender sua imaginação missional, enviando-os para fora. A Decoupage agora é uma igreja liderada por espanhóis que busca alcançar mais espanhóis nesse bairro.

Todavia, o projeto Malasaña não é o fim da história. Em 2013, uma equipe se reuniu para começar a sonhar com a plantação de outra igreja em Valência, na Espanha (na costa leste, cerca de quatro horas de distância de Madri). Amy Swacina e Jonathan Steele, ambos integrantes da grande família Oasis, colideram o projeto. Além disso, novos plantadores de igrejas espanholas estão sendo treinados em todas as três igrejas de Madri.

Isso é apenas o começo. Será emocionante ver como a história vai continuar a se desenrolar. O Espírito de Deus nunca deixa de nos surpreender! Vamos orar para que esses quatro projetos e outras iniciativas já em curso possam aprender a trabalhar juntos em espírito de cooperação uns com os outros e com outras igrejas para refletir e proclamar claramente a glória e a bondade de Deus em toda a Espanha.

Ao longo do tempo, os grupos de pessoas que são apaixonados pelas mesmas coisas tendem a desenvolver sua própria linguagem interna. Essa linguagem ou "dialeto" pode ser confuso para estranhos e para aqueles que são novos no grupo. Queremos ajudar todos a entender as dinâmicas de plantação de igrejas e a ser capaz de transmitir o que aprendeu a outros. Este exercício nos ajudará a ficarmos em sintonia para realizar a dinâmica em que vamos investir bastante energia.

Ilustrando a dinâmica de plantação missional

Tempo: 90 a 120 minutos (60 minutos para fazer os passos 1-4 e de 30 a 60 para fazer o passo 5)
Material: cartolina, cola, revistas, lápis ou canetas, marcatextos e canetinhas

1. Ao levar em conta o relato acima de Troy sobre o desenvolvimento de Mountainview, Oasis, Decoupage e Valência, volte e identifique onde você acha que a dinâmicas estão representadas. Com canetinhas de diferentes cores ou símbolos diferentes para cada dinâmica, desenhe um círculo ou destaque as partes dessa história que parecem se relacionar com as seis dinâmicas e observe qual delas se aplica.

2. Agora, olhe novamente para as breves descrições de cada dinâmica. Sublinhe quaisquer palavras ou conceitos que sejam confusos para você ou que podem ser confusos para os outros no seu meio.

3. Com a orientação de seu mentor, anote uma definição curta para cada palavra ou conceito confuso e sugira uma ou duas palavras alternativas que poderiam ser usadas.

4. Quando você se sentir confortável com os significados das palavras e dos conceitos, procure por figuras em revistas (ou faça seu próprio desenho) que representem *Insira-se, Inicie, Pratique, Amadureça, Conecte-se* e *Expanda*. Cole as imagens em um pedaço de cartolina. Seja criativo!

5. Explique cada imagem e seu conceito correspondente ao seu mentor.

Nos estágios iniciais do estabelecimento de igrejas locais sustentáveis, as dinâmicas acima descritas geralmente se desdobram como uma *progressão* de atividades. Essa palavra capta a ideia de uma sequência natural e não um processo linear, um passo-a-passo. Imagine uma pedra jogada em uma lagoa parada onde o impacto inicial cria uma ondulação que se expande em todas as direções, e talvez estaremos mais perto do que temos em mente. À medida que a equipe mergulha em seu meio, o impacto de seu trabalho para o Reino se espalhará gradualmente e se tornará mais aparente ao longo do tempo. Em outras palavras, uma equipe missionária que espera estabelecer uma igreja começará ao se *inserir* em seu contexto. Gradativamente isso levará a uma resposta estratégica *inicial* ao contexto. Conforme a equipe se agrupa e ganha impulso, *praticar* uma identidade e um ritmo de discipulado se tornarão proeminentes. À medida que o crescimento e a complexidade aumentam, a comunidade em formação gastará mais energia com atividades relacionadas ao *amadurecimento* em um corpo local visível ("uma" igreja). Com seu desenvolvimento interno fortalecido, a igreja naturalmente participará em *conexões* para fomentar a plantação de novas igrejas. E, com o passar do tempo, irá até mesmo *expandir* a participação do Reino bem além de sua cidade.

Independente da sequência inicial dessas seis dinâmicas, você verá que rapidamente haverá um padrão de sobreposição das atividades. A onda inicial se

expande para fora, mas cada dinâmica anterior permanece ativa e mistura-se à dinâmica seguinte até que tenhamos um grupo pulsante, onde toda dinâmica tende a ser parte da gestão do movimento de plantação de igrejas. No ciclo de vida de um projeto, a Comunitás espera ver essas seis dinâmicas entrelaçadas e operando em diferentes níveis ao mesmo tempo, dependendo da situação particular e do ciclo de desenvolvimento do projeto ou da igreja.

Uma igreja em amadurecimento pode levar anos para ter a energia e os recursos necessários para desenvolver atividades significativas de *conexão* e *expansão*. Muitos projetos podem gastar a maior parte de suas energias tendendo para as primeiras quatro dinâmicas, sem muita atenção dada à criação de atividades de conexão e de expansão. A Comunitás incentiva todos os projetos a participar em algum nível em redes locais e translocais que se concentram na multiplicação de iniciativas e igrejas missionais. No entanto, essa participação deve ser adequada a cada projeto em particular – não se espera que as equipes implementem atividades de conexão e de expansão além de sua capacidade de realizá-las.

Uma última questão a respeito desse padrão para a plantação de igrejas missionais é como as dinâmicas se inter-relacionam. Na Comunitás, vemos as seis dinâmicas formando três pares naturais que trabalham em conjunto para alcançar propósitos distintos. *Inserir-se* e *iniciar* trabalham em conjunto para se implantar o DNA missional. Praticar e amadurecer envolvem atividades inter-relacionadas que *moldam expressões saudáveis de igreja*. Por fim, conectar e *expandir* funcionam como um par para *provocar a multiplicação* de iniciativas e igrejas missionais.

O engajamento missional, a formação saudável e a multiplicação são características que a Comunitás adoraria ver cultivadas em todos os nossos projetos e igrejas!

Considerações finais: *Analisamos uma história real de como essas dinâmicas se desenvolvem na plantação de igrejas ao longo dos anos. E buscamos mais detalhes sobre o que as dinâmicas significam e como elas se inter-relacionam umas com as outras. Por fim, observamos que as seis dinâmicas podem ser agrupadas logicamente em três propósitos distintos – propósitos esses que orientam a estrutura das próximas três partes deste livro. Antes de entrar nesses pares de dinâmicas, há outra questão crítica para compartilharmos com você a fim de ajudar sua equipe a estar melhor preparada para a longa jornada à frente.*

Minhas reflexões:

O que você aprendeu que era novo para você?

O que funcionou bem para você neste capítulo?

O que precisa ser mudado para ser mais eficiente para você?

Diga dois ou três pontos que chamaram sua atenção. O que você fará com eles?

Como você está aplicando o que aprendeu neste capítulo?

Uma aventura dinâmica

Capítulo 2 – Centralizando-nos em quem Deus diz que somos

Você deve estar se sentindo pronto agora para ir com tudo – "Ei, vamos começar essas dinâmicas e ver o que acontece!" No entanto, nós o encorajamos a guardar essa energia por apenas mais um pouquinho, porque, primeiro, precisamos lidar com um conceito central: nossa identidade. A nossa identidade tem muito a ver com determinar nossas ações. A vida interior de uma pessoa, equipe ou igreja acaba se revelando para o mundo exterior – seja para o bem ou para o mal. Onde decidimos enraizar nossa identidade pode ser fonte de nutrição para nossas almas ou pode exaurir nossa vida e alegria. Vejamos primeiro a nossa identidade individual; depois, nossa identidade corporativa como uma equipe ou uma igreja.

MINHA identidade importa

Atravessando o bosque, Kelly começou a gritar o mais alto que pôde a Deus. Dois dias em um retiro de solitude em um silencioso mosteiro nas montanhas, dez anos de plantação de igrejas e três igrejas consolidadas com seu esforço, Kelly estava bravo. Ele tinha feito tudo o que podia por Deus – havia seguido todas as regras, dedicado a sua vida ao ministério e, até onde ele sabia, Deus não tinha feito nada. Sem sucesso e sem novos cristãos, Kelly estava mais solitário do que nunca. Confuso e completamente exausto, ele estava acabado.

Assim, com apenas vacas para ouvi-lo, Kelly gritou para Deus: sua decepção, sua raiva, seu medo. Ele gritou até não ter palavras. No silêncio que se seguiu, Kelly ouviu Deus lhe perguntar audivelmente: "Quem sou Eu?" Nos dias e meses que se seguiram, ele percebeu que a intimidade completa só existe em Deus, e que Deus já havia validado a existência de Kelly ao criá-lo. Kelly não tinha mais nada a fazer senão aceitar aquela verdade.

Henri Nouwen escreveu: "Jesus veio anunciar que uma identidade baseada no sucesso, na popularidade e no poder é uma identidade falsa – é uma ilusão! Alto e claramente, Jesus diz: "Você não é o que o mundo faz de você; vocês são filhos de Deus".[7] Mesmo bons comportamentos motivados pela necessidade de agradar aos outros, a nós mesmos ou a Deus, eventualmente, levam ao vazio ou à raiva. Em contrapartida, receber e descansar em nossa identidade como filhos amados de Deus nos permite ser preenchidos por uma fonte interior que nunca se esgota.

Antes de começarmos o ministério, precisamos examinar a fonte da nossa identidade. E, ao longo de nossas vidas, precisaremos reexaminar-nos periodicamente para ter certeza de que estamos cientes onde nossas motivações estão enraizadas. Nossa identidade está baseada na necessidade de ganhar elogios de nossos pais ou certas figuras de autoridade que respeitamos? Somos pessoas que buscam sempre agradar às outras, sempre tentando satisfazer as expectativas de nossos amigos ou ganhar louvores do mundo? Será que o sentido do nosso "eu" vem das roupas que usamos, das regras que seguimos, do partido político ao qual nos associamos ou do quão bem trabalhamos em nossos empregos? Estamos nos esforçando para provar algo a alguém, talvez até mesmo tentando provar algo a nós mesmos?

Ou estamos presos a uma esteira, correndo para ganhar a aprovação de Deus? Essa questão é particularmente importante, uma vez que tende a ser uma que prontamente entendemos ser uma virtude. Muitos plantadores de igrejas são secretamente atormentados por esse impulso interior de agradar a Deus, assim como era Kelly na história

---

7   NOUWEN, Henri. Here and Now: Living in the Spirit. New York: Crossroad, 2002, p. 163.

inicial. Isso pode levar a uma sensação de como se tivéssemos adquirido direitos – Deus deve a mim e a minha família uma recompensa –, e isso pode levar a um passeio de montanha-russa com Deus. Quando nosso ministério está dando frutos, ficamos felizes porque Deus deve estar feliz com nossos resultados. Porém, quando ele parece seco e infrutífero, apesar do nosso trabalho árduo, ficamos infelizes porque concluímos que Deus está nos impedindo de receber bênçãos, que simplesmente não atingimos a nota mínima ou que somos de alguma forma culpados por fazer algo que o desagrada.

Nossa identidade e nosso valor aos olhos de Deus nunca mudam. Deus declara esse valor ao nos criar à Sua imagem, ao nos dar vida e ao escolher carregar nosso pecado e imperfeição para que cada um de nós possa saber que somos filhos preciosos e adotados por Deus. Aos olhos de dEle, nunca nos tornaremos menos valiosos, menos amados ou menos importantes. Aos olhos de Deus, nunca obteremos mais favor, mais admiração ou mais perfeição do que já temos por meio de Cristo. A questão fundamental à qual precisamos voltar repetidamente é: *nosso senso de nós mesmos está realmente baseado na certeza de que Deus sempre nos amou e sempre nos amará?* Podemos responder superficialmente que sim a essa questão e, ainda assim, abrigar crenças profundas que fundamentam nosso valor em outros lugares. Ou podemos ter abraçado uma vez essa verdade, mas depois ter nos afastado daquela segurança que uma vez conhecemos em Deus. Porque vemos todo o ministério fluindo da fonte de nosso valor declarado por Deus, incluímos o seguinte exercício para ajudá-lo a se reconectar com a Fonte que nos ama incondicionalmente.

Firmando-me em quem Deus me fez para ser

Tempo: 60 minutos
Material: Bíblia, diário ou caderno, lápis ou caneta

1. Encontre um lugar onde você não será perturbado e passe um tempo sossegado sozinho com seu diário/caderno e Bíblia abertos diante de você. Comece com uma oração convidando o Espírito Santo a ajudá-lo a ver a si mesmo como você é e a orientar seus pensamentos.

2. Enquanto você estiver em oração, responda a essas perguntas em seu diário/caderno:
    *   *Quando você se sentiu fraco, vivenciou derrotas, sofrimentos ou perdas?*
    *   *Que mensagens você diz a si mesmo quando isso acontece?*
    *   *De que maneira estas mensagens revelam seu apoio e adequação à visão do mundo sobre sucesso, poder e valor próprio?*
    *   *A quem você procura por ajuda?*

3. Sente-se em silêncio por alguns minutos e deixe que o Espírito Santo fale com você. O que você ouve ou sente? Quais imagens vêm à mente? Anote-as em seu diário/caderno. Quando estiver pronto, responda às seguintes instruções, anotando suas respostas em seu diário/caderno:
    *   *Quais são os versos chave, histórias e metáforas que o lembram de quem Deus o fez para ser?*
    *   *Como essas histórias, versos e metáforas se relacionam com você pessoalmente? Onde você sente que está em falta?*
    *   *Que práticas pessoais espirituais você gostaria de desenvolver para continuar firme em quem Deus o fez para ser?*
    *   *Quem você pode procurar para ajudá-lo a manter suas práticas espirituais ativas neste período agitado de ministério que virá?*
    *   *Faça um plano para pedir que essa pessoa o ajude.*

4. Termine com uma oração de gratidão, dando honra ao Espírito Santo por guiá-lo nesta prática. Na próxima vez que a sua equipe se encontrar, compartilhe os detalhes do seu plano de prática espiritual e outros *insights* que você teve durante este exercício de aprendizagem.

NOSSA identidade importa

Na plantação de igrejas, *nossa* identidade como povo de Deus, a igreja, é tão importante quanto nossa identidade individual. A forma como entendemos nossa identidade coletiva como a família de Deus determina nossas ações e ministérios coletivos. A fonte da nossa identidade coletiva determina a qualidade do nosso testemunho sobre quem Deus é.

A nossa identidade coletiva é como uma iniciativa ou uma igreja missional baseada em uma visão de super-herói de salvar o mundo? Será ela baseada em uma noção política de criar o reino perfeito? A nossa identidade é moldada por causa do medo *deles* e da necessidade de *nos* proteger? Nós nos vemos principalmente como um grupo de autoajuda que existe para tornar cada participante um indivíduo melhor e mais feliz?

... ou a nossa identidade coletiva vem do único Deus verdadeiro que merece toda a honra e a adoração? A nossa identidade é fundada em uma Trindade que ama tão desesperadamente o mundo que Ele fará tudo para que o conheçam? A nossa identidade se encontra ancorada em um Mistério que sustém justiça e misericórdia, graça e verdade em perfeita harmonia? Ela é definida pelo grande Criador, que chamou Seu povo para se juntar a Ele, libertando Sua criação da escravidão e da queda para a liberdade e a glória?

"Henri Nouwen afirmou que encontramos uma identidade em parte no que os outros dizem sobre nós. O que os outros dizem sobre nós pode moldar nossa autoidentidade de maneira profunda. Identidades não são encontradas; elas são dadas. Para muitos de nós, as identidades são dadas por pessoas que não têm o direito de nos identificar. As verdadeiras identidades só podem ser dadas por Deus."[8]

Na Bíblia, lemos o que Deus diz sobre o Seu povo. Deus dá identidade ao Seu povo por meio de histórias e mais histórias. Na história da criação, "Deus viu que era bom". Ele fez o homem e a mulher como parte da criação e disse "e tudo o que havia feito era bom".

Durante os tempos de Abraão, Deus renovou Seu relacionamento com Seu povo. Deus chamou uma família específica para ser o Seu povo, por meio da qual "todos os povos da terra serão abençoados".[9] Deus chamou Abrão e lhe deu o nome de Abraão, fazendo uma aliança que, por meio da obediência de Abraão, não somente ele e sua família seriam abençoados, mas todo o mundo.

Deus chamou Seu povo, os israelitas – a família de Abraão –, da escravidão no Egito. Ele os capacitou para viver sua identidade como povo de Deus para que todas as nações pudessem ver quem Deus é e experimentar o seu grande amor (Dt 4). A história é contada constantemente sobre o povo de Deus resgatado da escravidão para viver em uma terra "que mana leite e mel", onde a justiça e a misericórdia, a graça e a verdade e a verdadeira bondade floresciam. De Êxodo a Malaquias, vemos Deus chamando Seu povo de volta repetidas vezes por meio de Seus profetas para viverem em obediência e vivenciarem a realidade da boa criação, incluindo "uma demonstração às nações de que "não há outro Deus além de mim, um Deus justo e um Salvador... Diante de mim todo joelho se dobrará, junto a mim toda língua jurará (Is. 45:22-23)."[10]

Quando os israelitas foram enviados da sua terra para o exílio na Babilônia, Deus pede a Jeremias que envie uma mensagem ao Seu povo, lembrando-os de quem Ele os está chamando para ser (Jr. 29). Os israelitas não serão definidos pelo que os outros dizem (uma nação de exilados conquistados), mas pelo que Deus diz sobre eles. Deus diz que eles são livres e um povo escolhido, chamados para mediar a graça e o caráter de Deus com o mundo. E, apesar do julgamento e do exílio, Deus permanece fiel às Suas promessas de

---

8 LOMAS, David. The Truest Thing About You: Identity, Desire, and Why It All Matters. Colorado Springs: David C. Cook, 2015, p. 94.

9 Gênesis 12:3.

10 PERRIMAN, Andrew. Missio Dei in Historical Perspectives, Part 2. Disponível em: <http://www.postost.net/2011/01/missio-dei-historical-perspectives-part-2> Acessado em maio de 2015.

abençoá-los e de dá-los um futuro brilhante.

Por meio de uma carta do profeta Jeremias, Deus entrega uma mensagem ao Seu povo exilado que culmina em um chamado para viver na Babilônia de maneira inesperada:

"Assim diz o Senhor dos Exércitos, o Deus de Israel, a todos os exilados, que deportei de Jerusalém para a Babilônia: Construam casas e habitem nelas; plantem jardins e comam de seus frutos. Casem-se e tenham filhos e filhas; escolham mulheres para casar-se com seus filhos e dêem as suas filhas em casamento, para que também tenham filhos e filhas. Multipliquem-se e não diminuam. Busquem a prosperidade da cidade para a qual eu os deportei e orem ao Senhor em favor dela, porque a prosperidade de vocês depende da prosperidade dela" - Jeremias 29:4-7.

Nas traduções do texto hebraico original, a maioria das Bíblias em inglês mascaram a presença de uma palavra significativa que está presente três vezes no versículo sete acima. Essa palavra é "*shalom*". Para destacar o uso repetido de *shalom* por Jeremias, o estudioso do Velho Testamento Walter Brueggemann sugere esta tradução do original hebraico:

*"Buscai o **shalom** da cidade na qual vos enviei para o exílio, orai ao Senhor em seu favor, pois no seu **shalom**, vós também encontrareis o vosso **shalom**".*[11]

Para compreender quão profunda essa palavra repetida deve ter soado nos ouvidos dos hebreus exilados, precisamos ir além das definições simples não hebraicas que tendemos a projetar naquela palavra. Na língua hebraica original do Antigo Testamento, *shalom* significava muito mais do que a forma como normalmente a definimos hoje. Palavras como paz, prosperidade e bem-estar capturam alguns aspectos do significado mais rico, mas seu alcance ainda é muito estreito. Na Bíblia, *shalom* significa "florescimento, completude e prazer universais – um estado abundante de coisas que inspiram um maravilhoso júbilo enquanto seu Criador e Salvador abre as portas e acolhe as criaturas nas quais Ele tem prazer."[12] Walter Brueggemann extrai as dimensões coletivas e sociológicas do *shalom*, definindo essa palavra como: "um sentimento de completude pessoal em uma comunidade justa e cuidadosa que se dirige às necessidades de toda a humanidade e toda a criação".[13] Brueggemann e outros estudiosos bíblicos também aludem ao *shalom* como um termo visionário – a ideia de o povo de Deus viver agora na direção em que Deus está movendo todas as coisas. O *shalom* é sobre o futuro prometido, mas também sobre o que Deus quer nos dar de alguma forma no presente (considere que Jesus mesmo nos deu esta oração: "Venha o teu Reino, seja feita a Tua vontade, assim na terra como no céu"). Esses significados profundos estão mais próximos do que os profetas do Antigo Testamento queriam dizer ao usar *shalom*.

Então, se você fosse um exilado hebreu ouvindo a leitura dessa carta de Jeremias, provavelmente ficaria bastante surpreso ao ouvir *shalom* ser repetido dentro de uma mensagem mais ampla dizendo ao seu povo para criar raízes. Em vez de prometer uma libertação imediata, Deus estava na verdade pedindo a você e ao seu povo que largassem suas identidades negativas como vítimas, escravos ou desajustados em uma terra estrangeira. Em vez disso, todos vocês foram chamados para serem missionários, enviados

---

11 Em inglês, "*Seek the **shalom** of the city where I have sent you into exile, pray to the Lord on its behalf, for in its **shalom** you too will find your **shalom**".* BRUEGGEMANN, Walter. Living Toward a Vision: Reflections on Shalom. Philadelphia: United Church press, 1982, p. 23.

12 PLANTIGA Jr., Cornelius. Not the Way It's Supposed to Be: A Breviary of Sin. Grand Rapids: Wm. B. Eerdmans, 1995, p. 10.

13 Este é um resumo da definição de Brueggemann. (ver Living Toward a Vision, p. 181-183).

para declarar o reino de Deus e para mostrar Sua bondade. O chamado não era para se retirar nem para você orar para que recaísse o julgamento de Deus sobre seus raptores. Você não estava sendo convidado a ser um agente cancerígeno na sociedade nem a agir de forma subversiva de qualquer forma contra a Babilônia. Pelo contrário, a mensagem de Deus foi um convite para que você e seu povo abraçassem uma identidade radicalmente diferente nessas circunstâncias: "Vocês não são cativos no seu estado atual; vocês são meus missionários do *shalom*!"

Já é surpreendente o bastante que Deus tenha pedido a Seu povo que buscasse o *shalom* desse lugar hostil, a Babilônia! Porém, Deus também lhes permitiu saber que, em sua ação abençoadora na Babilônia, eles também encontrariam o *shalom*. Você consegue imaginar quão profunda essa mensagem deve ter soado para o povo de Deus? Buscar o *shalom* da Babilônia significaria viver entre um povo que não conhecia a Deus e também viver naquele grande propósito que o povo de Deus sempre teve (e estava propenso a esquecer): brilhar a glória de Deus e suas boas intenções ao mundo. Embora essa fosse uma maneira restauradora de se viver, transformadora tanto para os exilados como para seus capturadores, um alto preço seria pago. Primeiro, teriam que buscar o *shalom* de estrangeiros que certamente odiavam. Quão difícil seria deixar de lado a amargura para oferecer perdão. Segundo, buscar o *shalom* da Babilônia também exigiria que os exilados se aventurassem nessa enorme cidade. Por fim, seria perturbador para os sistemas de maldade e injustiça na sociedade babilônica, atraindo resistência e até mesmo perseguição.

Com essa identidade positiva permanentemente gravada em seus corações – "Nós somos o povo amado de Deus enviado ao mundo para representar o único Deus verdadeiro e retratar Seu *shalom*" –, os judeus teriam uma oportunidade durante longos anos na Babilônia de testemunhar que Deus reina

sobre *toda* a terra. O reinado do *shalom* de Deus está presente nos lugares mais distantes e até mesmo nos lugares menos esperados.

Que história significativa na narrativa que se desdobrou do povo de Deus! A Babilônia desapareceu nas areias do tempo, contudo sua história ainda soa real para nós. Algo maravilhoso aconteceu nesse intervalo que mudou tudo! Nós, ao contrário do povo de Deus na Babilônia, estamos do outro lado da profecia cumprida – o Messias veio, Aquele cujo nome é "Príncipe do *Shalom*!"[14] Em Jesus e através dEle, Deus chama Seu povo, agora chamado de *igreja*, para viver nessa nova realidade. Nós, como povo de Deus hoje, enfrentamos nossas próprias "Babilônias" por toda a terra. E nós, sem dúvida, carregamos um chamado parecido para procurar o *shalom* de todos esses lugares, independente de quão desanimador e desagradável esse chamado pareça ser.

Seguindo o exemplo de Jesus, proclamamos o reino de Deus em lugares inesperados e perdidos, onde o pecado e a iniquidade fazem o seu reino. Usando a linguagem da Era do Novo Testamento, Cristo chama o povo de Deus para viver no "Reino de Deus", que é a essência do mandamento do *shalom* para onde Deus tem apontado a história nesse tempo todo.

Por meio de sermões e parábolas, Jesus mostra diversas vezes que esse Reino não é como outros reinos do mundo. Ao contrário de como funciona o mundo, Jesus nos chama para viver em uma comunidade onde os humildes são abençoados, os inimigos são amados, os primeiros são os últimos e uma semente de mostarda se torna uma grande árvore.

Paulo, Pedro e os apóstolos elaboraram a linguagem desse chamado para a igreja e edificaram em cima

---

14 Isaías 9:6.

dela. Em suas várias histórias e cartas, Deus lembra a Sua igreja de quem são. Deus os define como uma comunidade que corajosamente adora ao único e verdadeiro Deus e vive uma reconciliação radical onde não há separação entre judeu e gentio, escravo e dono, homem e mulher.[15] O povo de Deus deve ser "geração eleita, sacerdócio real" que declara a maravilhosa luz de Deus.[16]

Que identidade maravilhosa e positiva levamos ao mundo como povo de Deus! E isso deve nos levar a refletir profundamente, mas exige que deixemos de lado aquilo que está no caminho e nos impede de abraçar essa identidade. Precisamos lamentar e nos entristecer pelas perdas que viermos a sentir, inclusive outras emoções que podem nos atrapalhar no nosso chamado, como raiva, medo ou cinismo. Isso nos permite adquirir a identidade positiva que Deus quer mostrar em nós independentemente do ambiente cultural que estamos inseridos. Os exercícios a seguir foram criados para ajudar você e sua equipe a levar o tempo necessário para deixar o que precisa ser lançado fora e abraçar o chamado positivo na cultura que Deus lhe deu.

---

15   Gálatas 3:28.
16   1 Pedro 2:9.

Lamentando uma experiência compartilhada

Tempo: 60 minutos
Material: Bíblia, diário ou caderno, lápis ou caneta

Qualquer equipe que se dedique a seu contexto em nome de Cristo vai querer dar a seus membros um espaço para lamentação. É importante reconhecer e expressar a tristeza em razão de a igreja e a cultura terem falhado tanto ao representarem a ordem do *shalom* de Deus. A equipe precisa de tempo para lamentar as coisas boas que a cultura tirou do povo de Deus, da humanidade e da criação como resultado de adoração a falsos deuses. Expressar tais lamentações pode ajudar as pessoas a enfrentar emoções que de outra forma poderiam impedi-las de avançar com coragem e otimismo divino na cultura em que estão inseridos.

Separe um tempo sozinho em silêncio com seu diário/caderno e sua Bíblia. Invista seu tempo para fazer os exercícios seguintes, registrando seus pensamentos.

1.   Abra sua Bíbilia em Jeremias 29:4-7. Ao ler a mensagem de Deus aos exilados, imagine o que os cativos estavam ouvindo e sentindo. O dia a dia deles mudou completamente.
     * *Como a cultura da Babilônia pressionava e incomodava a cultura deles?*
     * *A sua própria cultura está incomodando-o, como uma pessoa de fé?*
     * *No seu diário/caderno, liste algumas maneiras pelas quais você se sente aborrecido no seu contexto cultural – formas pelas quais você se sente oprimido.*
     * *Compare e contraste a experiência dos exilados com a sua.*

2. Israel lamentou o seu cativeiro. Leia Salmos 6, 137 e 22. O Salmo 22 começa com "Meu Deus, meu Deus, porque me desamparaste?" e termina com "Está consumado".[17] Jesus provavelmente estava entoando o Salmo 22 enquanto sofria e morria na cruz.[18] Muitos dos Salmos são lamentações. Uma lamentação permite que nos entristeçamos diante de Deus. Nenhuma emoção é considerada proibida ou profana e deve ser expressa livremente diante de Deus. O que o surpreendeu nos Salmos que acabou de ler? Com que emoções você se identifica?

3. Como um exilado na Babilônia, você provavelmente lamentou as palavras proféticas de Jeremias para ficar, orar e buscar o *shalom* para os babilônios.
   - *O que o leva a lamentar no contexto em que você está inserido?*
   - *Escreva seu próprio salmo de lamento, descrevendo sua experiência no seu contexto/cativeiro.*

4. Coloque a sua lamentação em algum lugar da sua casa onde você se lembrará de recitá-la a Deus.

Aceitando o shalom

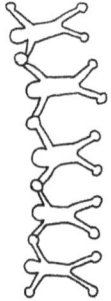

Tempo: 30-60 minutos
Material: Bíblia, diário/caderno, lápis ou caneta

1. Em duplas, liste quantas histórias ou passagens bíblicas puder que falem sobre a obra de Deus para anunciar o reino do *shalom* de Deus nos tempos da Bíblia. Existem outras metáforas além do *shalom* que descrevem essa nova ordem? Escreva-as em uma nova página em seu diário/caderno.

2. Conte a sua dupla sobre um momento em que você viu o reino do *shalom* de Deus ser expresso fielmente na cultura. Descreva uma situação em que você encontrou *shalom* em uma pessoa que você menos esperava (por exemplo, por meio de um amigo ou grupo não cristão, etc.). Anote esses fatos em seu diário/caderno.

3. Agora, em equipe, cada pessoa deve compartilhar primeiro sobre uma experiência de sua dupla sobre *shalom* na cultura e, em seguida, em uma pessoa inesperada.

4. O facilitador guia a equipe para comparar e contrastar as experiências de *shalom* nas Escrituras com os exemplos do dias de hoje que foram compartilhados. Use as perguntas abaixo para iniciar a discussão:

---

17 Mateus 27:46.
18 João 19:30.

Uma aventura dinâmica

- *Quão similares são os exemplos das Escrituras e nossas experiências atuais?*
- *Quão diferentes são?*
- *O que essas experiências o levam a esperar de Deus?*
- *Como o Espírito Santo está incentivando-o pessoalmente a agir?*

5. O facilitador guia a equipe a considerar a seguinte proposição: imagine que Deus está pedindo para que você seja um missionário do *shalom*.
   - *Como você se sente ao assumir essa identidade?*
   - *Como isso afetaria suas ações e atitudes ao vivenciar sua vida diária no contexto em que está inserido?*

6. Escreva as respostas da equipe em seu diário/caderno para futuras conversas, contemplações e ações.

A história de Deus para Seu povo não terminou. Ele continua a contar nossas histórias e a chamar Seu povo como povo de Sua nova criação. Em Jesus, Deus nos dá a nossa verdadeira identidade. Tornar-se o povo de Deus não é mais definido pelo fato de ser do sangue de Abraão, nem mesmo pelo sinal da circuncisão, mas por meio da confiança em Jesus como nosso Senhor e Salvador.[19] O povo de Deus vive em Seu Reino onde a nova criação transborda *shalom* e invade o presente. Essa realidade que se desdobra chegará à plenitude com o retorno do Rei, mas mesmo agora o povo de Deus aponta para a nova criação e seu *shalom*. Isso tem implicações tremendas na maneira com que abordamos a cultura!

O autor Andy Crouch afirma que, como cristãos, tendemos a adotar posturas negativas ou reativas em relação à cultura na qual estamos imersos. Ele identificou quatro posturas ou posições básicas que os cristãos americanos nos últimos dois séculos adotaram em relação à cultura, que podem ser vistas no diagrama abaixo. Crouch fala principalmente à igreja americana, contudo encontramos essas posturas aplicáveis até certo ponto a cristãos em qualquer ambiente cultural.[20] À medida que você os lê, pense em como eles podem se aplicar ao seu contexto.

19 Romanos 4, Gálatas 3.

20 CROUCH, Andy., no livro Culture Making: Recovering Our Creative Calling. Downers Grove: InterVarsity Press, 2008, p. 60-74. Reinhold Niebhur escreveu um texto clássico nesse livro também, chamado Christ and Culture, enquanto Tim Keller também identifica diferentes modelos de engajamento cultural na Center Church.

Consome
o que a cultura tem
a oferecer como
relevante

Condena
a cultura como
má e perigosa

Em sua interação
com a cultura,
primeiramente você:

Copia
música, vídeo e
arte mas com o
foco em Jesus

Critica
e analisa a
cosmovisão
por detrás da cultura

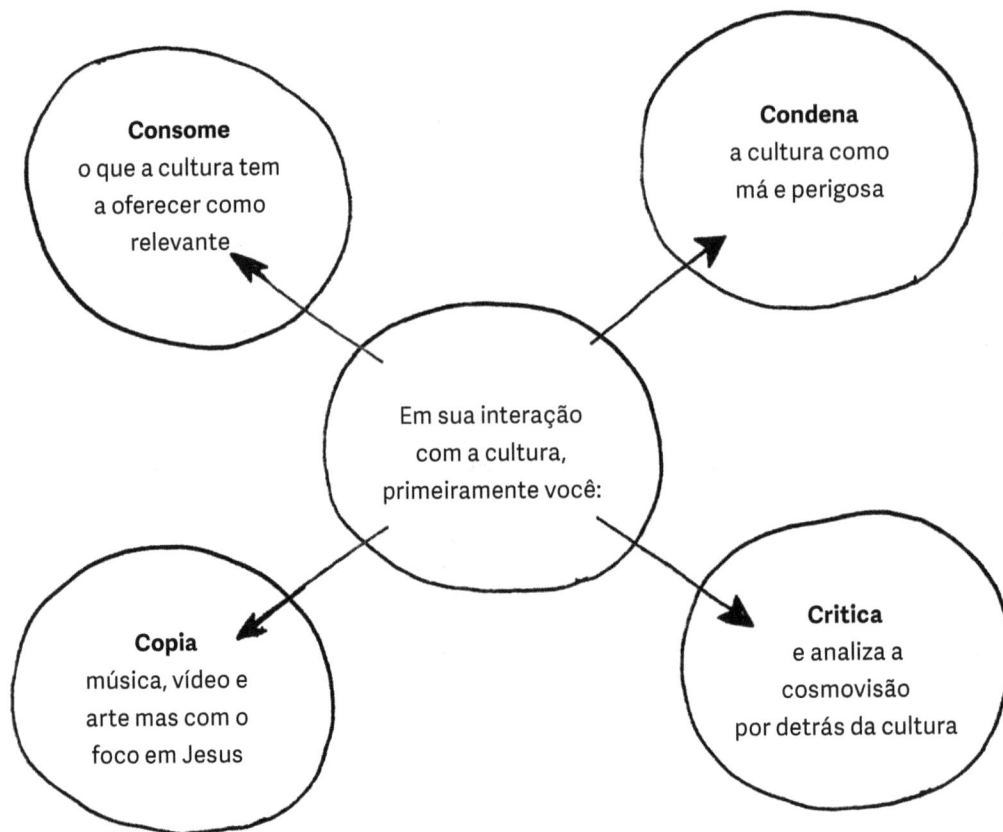

Para vivermos na identidade positiva que Deus nos deu, tanto como Seus filhos amados quanto como Seu povo missionário, precisamos avaliar as posturas que tendemos a tomar em relação à nossa cultura anfitriã. O modo como nos comportamos tem imensas implicações potenciais para o evangelho! O exercício seguinte é destinado a ajudar sua equipe a identificar quaisquer posturas negativas ou infrutíferas que vocês possam estar desempenhando, incluindo a forma como elas podem ser substituídas por formas melhores e mais positivas para serem colocadas em prática dentro do seu ambiente cultural.

Discernindo e implementando mais respostas positivas à cultura

Tempo: 60 minutos
Material: diário/caderno e lápis ou caneta

1. Examine o gráfico acima. Como soam para você essas posturas? Circule o que lhe parece familiar. Se você não foi impactado(a) por elas, escreva em seu diário/caderno as áreas da cultura que são difíceis de entender ou aceitar, ou aquelas para as quais você tem uma resposta negativa. Circule as principais respostas negativas, uma ou duas, no diagrama acima ou em seu diário/caderno.

2. Leia a seção seguinte onde Crouch oferece duas posturas alternativas que a igreja pode adotar em seu contexto cultural. Sublinhe as palavras e frases que são significativas para você.

As posturas de artistas e jardineiros têm muito em comum. Ambas começam com contemplação, prestando atenção no que já está lá. O jardineiro olha cuidadosamente a paisagem; as plantas existentes, tanto flores como ervas daninhas; a forma como o sol toca a terra. O artista presta atenção no seu tema, na tela e nas tintas com cuidado para discernir o que fazer com elas.

E então, depois de contemplar, o artista e o jardineiro adotam uma postura de trabalho decidida e focada. Eles trazem sua criatividade e seu esforço para cumprirem seus chamados. Por que nós não somos conhecidos como cultivadores, ou seja, pessoas que cuidam e nutrem o que é melhor na cultura humana, que trabalham dura e arduamente para preservar o que de melhor as pessoas que vieram antes de nós fizeram? Por que não somos conhecidos como criadores – pessoas que se atrevem a pensar e fazer algo nunca pensado ou feito antes, algo que faz o mundo um pouco mais receptivo, emocionante e lindo?[21]

3. Em uma nova página do seu diário/caderno (do lado esquerdo da página), escreva quaisquer posturas negativas que você tende a ter em relação à cultura, inclusive aquelas que você pode ter circulado no diagram acima. Agora, no lado direito da página, escreva as palavras e frases que sublinhou na citação acima. Elas devem ser contrastantes por natureza. Se você for como a maioria das pessoas, você deve ter sublinhado palavras como *contemplação, artistas* e *jardineiros, criadores* e *cultivadores*. Você deve ter sublinhado verbos como *nutrir, prestar atenção, atrever-se a pensar, receptivo* etc.

4. Escreva uma reflexão sobre sua postura negativa em relação à cultura respondendo às seguintes perguntas:
   - *Diga o que o incomoda na cultura. Depois, use quantos termos forem necessários, entre aqueles que você sublinhou na segunda seção, e sugira para você mesmo maneiras de desenvolver uma postura diferente.*
   - *Como você vai olhar além daquilo que o incomoda?*
   - *Como você vai construir um relacionamento positivo em relação à cultura? Inclua alguns dos conceitos de Crouch que você sublinhou.*
   - *Conte como você se tornará um artista ou um jardineiro dentro do seu contexto.*

5. Termine o exercício em seu diário/caderno com um parágrafo escrito para a cultura sobre sua decisão e seu comprometimento em amá-la. Marque uma data para compartilhar sua reflexão com seu mentor.

---

21 CROUCH, no livro Culture Making, p. 97-98.

A cultura não é algo que está além, contra ou fora de nós como povo de Deus. Em vez disso, habitamos a cultura tanto como criadores que acrescentam tônicas positivas que podem estar faltando como também cultivadores que melhoram o bem que já estava lá. Juntamo-nos a Deus nessa obra criadora e cultivadora no poder de Seu Espírito e no conhecimento daquEle que nos chamou para a vida. Ao colocarmos em prática tais posturas, contribuímos para ver surgir a realidade cheia de *shalom* tão desejada por Deus. N.T. Wright diz sobre o povo de Deus: "Nossa tarefa no presente [...] é viver como pessoas ressuscitadas entre a Páscoa e o dia final, com nossa vida cristã, corporativa e individual, tanto na adoração como na missão, como sinal do primeiro e um prenúncio do segundo."[22] Muito do que exploramos neste guia se destina a nos ajudar a aprofundar e a viver essa nova identidade como um sinal e umprenúncio, reflexiva e coletivamente.

_____

22 WRIGHT, N.T. Surprised by Hope: Rethinking Heaven, the Resurrection, and the Mission of the Church. New York: Harper Collins, 2008, p. 30.

Considerações finais: *Neste capítulo, nós analisamos profundamente nossa identidade pessoal e coletiva, incluindo como elas funcionam de acordo com as nossas posturas em relação à cultura. Fizemos isso porque a identidade tem muitas consequências tanto para o nosso bem-estar pessoal quanto para a forma como nos projetamos nos mundos em que transitamos. Centrarmo-nos em quem Deus diz que somos e mantermos essa identidade intacta são alguns dos aspectos mais importantes do nosso discipulado em Cristo. Perdê-la de vista quando estamos sobrecarregados com as demandas de plantação de igrejas missionais pode roubar a liberdade que Deus convida as equipes a abraçarem.*

Minhas reflexões:

O que você aprendeu que era novo para você?

O que funcionou bem para você neste capítulo?

O que precisa ser mudado para ser mais eficiente para você?

Diga dois ou três pontos que chamaram sua atenção. O que você fará com eles?

Como você está aplicando o que aprendeu neste capítulo?

PARTE DOIS – ESTABELECENDO-SE: MUDANDO-SE E VIVENDO

Agora que já mostramos um panorama geral tanto da nossa abordagem de plantação de igrejas como da nossa identidade como povo de Deus, é hora de mergulhar e explorar as duas primeiras dinâmicas: inserir-se *e* iniciar. *Essas duas dinâmicas andam de mãos dadas para ativar nosso DNA missional – o centro do nosso chamado missionário e sua expressão exterior.* Inserir-se *e* iniciar *são dinâmicas iniciais importantes para igrejas missionais, mas precisam ser continuamente cultivadas durante a vida de qualquer igreja saudável.*

Capítulo 3 – Insira-se: entrando na alma da nossa cidade

Está na hora de arregaçarmos as mangas e mergulharmos no trabalho de inserção! *Essa é uma atividade básica para equipes missionárias que nos permite ir a fundo em nosso contexto para ver e ouvir como ele se comporta. Exploraremos o estilo de vida missionário e seus três fios entretecidos:* absorver, relacionar *e* servir. *Investigaremos esses fios minuciosamente e mostraremos como se entrelaçam para formar um padrão de vida simbolizado pelo Nó Celta. Por fim, vamos ajudá-lo a responder a sua prática de inserção, guiando-o a descobrir sua FORMA – seus dons, paixões, habilidades, personalidade e experiência – e como combinar a sua FORMA com as necessidades que seu contexto revela.*

INSIRA-SE - *crie raízes em seu contexto e nas redes relacionais como uma presença enriquecedora*

O que significa *inserção* e porque é tão importante

Na plantação de igrejas missionais, as equipes devem ser extremamente cuidadosas ao fazer o trabalho crucial de se enraizar no contexto anfitrião, fazer amizade com as pessoas e servir durante o tempo necessário para ser uma presença enriquecedora. Aprender a amar as pessoas com as quais nos estabelecemos requer uma compreensão profunda de quem eles são, como vivem suas vidas e que desafios enfrentam. Infelizmente, muitas iniciativas de plantação de igreja não prestaram muita atenção nesses "detalhes". A Comunitás descreve esse longo trabalho de cultivo com a palavra de ação *insira-se*. A *inserção* é importante porque municia as equipes de percepções críticas, relacionamentos e oportunidades que abrem caminho para o evangelho. Neste capítulo, queremos ajudar a sua equipe a dominar a dinâmica da *inserção*. Vamos começar com uma breve descrição:

Inserir-se diz respeito a mergulhar profundamente no contexto e a estabelecer uma presença estável e de longo prazo. Os membros das equipes, individual e coletivamente, viverão o estilo de vida missionário. Esse estilo de vida envolve dar atenção contínua a três comportamentos básicos: 1) ABSORVER: escutar e aprender o máximo possível sobre a cidade ou área-alvo; 2) RELACIONAR-SE: construir relacionamentos de forma natural com não cristãos e ainda se relacionar com cristãos que possam querer fazer parte da equipe ou mesmo auxiliá-la; e 3) SERVIR: participar com os grupos, cristão e não cristão, de atividades que semeiem o *shalom* e de iniciativas de compaixão e justiça. Ao exercer firmemente esses comportamentos missionários, uma equipe aprofunda sua compreensão da cultura a sua volta e de suas necessidades. Relacionamentos significativos com diversos tipos de pessoas diferentes também começam a crescer, possibilitando inclusive maior variedade de oportunidade de cultos.

Com o passar do tempo, os membros a equipe se tornam pessoas *culturalmente "de casa"* e que não são somente familiarizados em assuntos que são de interesse da cidade, mas também responsivos às boas novas, às dores e à iniquidade da cidade. O estilo de vida missionário praticado pela equipe central é passada adiante para os outros por meio de ciclos repetidos de modelagem, inspiração e capacitação de pessoas. Isso inclui imersão robusta nas Escrituras e obediência ao seu chamado para "estar no mundo, mas não ser do mundo".

Na história a seguir, procure observar a importância de se arraigar em seu contexto e o que isso significa para este grupo que se tornou a Igreja Caminho de Emaús em Mineápolis, Minnesota. Aqui está como a pastora fundadora, Christine Osgood, descreve essa atividade vital na vida de sua comunidade:

"Quando o nosso pequeno grupo missionário cresceu para 24 pessoas, poucos ou nenhum de nós estavámos pensando em nos tornar uma igreja. Nós éramos simplesmente um grupo de pessoas comprometido em prosseguir na jornada juntos e viver o que significa seguir a Jesus. Muitos de nós abraçaram a ideia de que nossas vidas precisavam mostrar um vislumbre do reino ao contexto cada dia mais pós-moderno em que vivemos. Entretanto, quase todos nós havíamos passado nossas vidas inteiras entre as paredes de várias igrejas, "vivendo a nossa fé" nos confinamentos da "bolha cristã" (isto é, a subcultura do Cristianismo Evangélico Americano). Tendo isso em vista, como conseguiríamos contextualizar as boas novas para que nossos vizinhos pudessem realmente ouvir e receber essas palavras?

Começamos com pequenos passos. Semana após semana nos reuníamos em comunidade e desafiávamos uns aos outros a nos aventurar ou a pensar de forma diferente sobre o mundo fora das portas da igreja convencional. Uma semana, nós desafiamos uns aos outros para sair em nossos contextos e perceber as digitais de Deus na história de uma pessoa que encontrássemos. Em outra semana, desafiamos uns aos outros a passar a semana pensando em cada pessoa que conhecemos como feita à imagem de Deus. Em uma outra semana, nós encorajamos uns aos outros a servir uma pessoa em nosso bairro de maneira que retratássemos o amor de Jesus por ela. À medida que encaramos esses desafios de semana em semana, nós começamos a mudar, incluindo a forma como interagíamos em nossos contextos cotidianos.

Quando cada um de nós, individualmente, começou a viver a vida de maneira diferente, começamos a notar mudanças na nossa forma de pensar. Não nos escondíamos ou andávamos com medo de nossos vizinhos. Em vez disso, estávamos ansiosos para nos envolver com eles e suas histórias. Começamos a orar pelos nossos vizinhos e a ouvir as maneiras pelas quais Deus estava se movendo em suas vidas. Passamos, também, a escolher investir nosso tempo livre de maneira diferente. A convicção tomou conta de nós quando percebemos o quanto todos nós erámos egoístas. Aos poucos, a verdade do modo de vida de Jesus começou a transformar cada um de nós. A vida era mais completa e abundante ao vivermos de uma maneira que Cristo poderia ter vivido nesses bairros se estivesse aqui hoje encarnado.

Começamos a nos engajar em atividades voluntárias como Feed My Starving Children (alimente minhas crianças morrendo de fome, em português); pintamos paredes em casas temporárias para os sem-teto; fizemos sanduíches para distribuir para moradores de rua; construímos cômodas para famílias saindo da pobreza. Essas foram as atividades que começamos a participar como comunidade. Para nós, a pergunta que nos guiava era: "essa atividade se alinharia com a Missio Dei (a missão de Deus, tal como apresentada na narrativa bíblica)?" Ao interagir com a Bíblia e outros escritos nessa época de exploração e experimentação, vimos que a missão de Deus no mundo era o principal foco do estilo de vida de Jesus e de seu ministério. Tivemos vislumbres que mostraram que essa missão estava em toda parte da narrativa da Bíblia. Então, se entendêssemos que uma atividade era consistente com a missão de Deus no mundo, decidimos que nos envolveríamos nela".

O exercício abaixo o ajudará a desenvolver seu entendimento sobre *inserção* e irá guiá-lo para refletir como se *inserir* em seu contexto.

Rumo a uma compreensão mais profunda sobre inserção

Tempo: 30 minutos
Material: diário/caderno e lápis ou caneta

1. Com base na descrição do que significa uma equipe se *inserir*, converse com a sua dupla sobre as palavras ou frases na história acima que sugerem que o grupo da Christine estava se *inserindo* bem.

2. Compare e contraste a estratégia de *inserção* da Igreja Caminho de Emaús com a estratégia da sua equipe. Em quais aspectos as experiências são parecidas? O que é diferente?

3. Conte porque você acha que a *inserção* é tão importante no caminho para se plantar uma igreja, incluindo porque é essencial continuar se *inserindo* durante a vida de qualquer igreja.

4. Liste duas ações que você, individualmente, faz para se *inserir* bem. Escreva-as na seção do diário/caderno ao final deste capítulo.

O autor e missiologista Alan Hirsch frequentemente assevera que a cristologia deveria levar à missiologia, que, por sua vez, deveria determinar a eclesiologia. O que ele quer dizer é que a nossa interação sobre a vida e os ensinamentos de Jesus deve nos inspirar e impulsionar para fora em direção ao mundo. Ao sairmos como enviados, nós nos enraízamos no solo de nossos contextos locais. Isso nos permite entrar na alma da nossa cidade e identificar-nos com ela. Nosso trabalho missionário, com o passar do tempo, deve informar-nos e moldar naturalmente nossas ideias a respeito do tipo de igreja que é necessária para o nosso cenário específico.

Hirsch diz que as equipes que se esforçam para plantar igrejas comumente invertem a ordem das duas últimas – colocam a eclesiologia antes da missiologia, o que significa que determinam a forma da igreja antes de terem feito o longo trabalho missiológico de ouvir, relacionar-se e servir em seu contexto. Muitas vezes isso resulta no corpo de Cristo se aninhando como um clube apenas para membros, em vez de ser a presença encarnada de Jesus habitando na cidade. O objetivo da plantação de igrejas não é agregar um grupo de cristãos e mover essa subcultura cristã para fora das paredes com um modelo de igreja ideal já preconcebido. O objetivo é mergulhar em nosso contexto local e permitir que essa exposição delineie a cultura e o modelo de igreja que estamos desenvolvendo.

Quando os grupos predeterminam o tipo de igreja que uma área necessita antes mesmo de se inserirem na cultura, as chances são altas de não verem muitas pessoas sem igreja se envolver em sua igreja. Isso é um fato especialmente onde a cultura local é extremamente diferente da cultura interna da igreja. Algumas igrejas até recrutam e fazem evangelismo bem o suficiente para trazer pessoas de fora. Porém, quando há pouca consideração pelo engajamento missionário em seu contexto, as pessoas que chegam frequentemente se tornam tão socializadas na subcultura da igreja que acabam tendo cada vez menos relações significativas com qualquer pessoa fora da igreja. Mesmo quando uma equipe está começando algo novo em um grupo cultural semelhante ao seu, eles agem sabiamente ao serem abertos e aprenderem continuamente com aqueles ao seu redor.

Assim, começar com um modelo de igreja predeterminado em mente não é a melhor abordagem. Em vez disso, nosso trabalho missionário voltado ao contexto nos fornece uma leitura antecipada sobre a forma específica de igreja mais adequada às pessoas que encontramos. A *inserção* leva tempo, mas vale a pena. Com formas de igreja apropriadas ao contexto, mais pessoas podem encontrar seu caminho rumo a Jesus Cristo, e essas igrejas, novas ou consagradas, podem semear com mais eficácia o *shalom* de Deus.

Semeando o *shalom* de Deus

Ao lermos as histórias sobre Jesus e seus valores, vemos que Ele amava a ideia de um reino invertido. Se você quer ser o maior, torne-se um servo. Se você quiser bênção, dê o que você tem. Se alguém o ofendeu, dê compaixão e perdão livremente. Jesus frequentemente ensinou os Seus seguidores a "dar a outra face", "ir duas milhas" e "dar-lhes também o seu manto".

Não é difícil encontrar esse mesmo padrão no Velho Testamento. No relato de Jeremias sobre o exílio babilônico, Israel foi despojado de tudo o que era santo para eles. Seus corações estavam pesados, e eles eram um povo iníquo. Como observamos anteriormente, o profeta os encorajou a *agir* como se fossem os enviados para levar *shalom* a seus captores. Naquele momento de desespero, tudo que os israelitas queriam era um libertador. Eles queriam boas notícias... e eles receberam. Essa notícia só não estava na "linguagem" que pudessem entender prontamente. Deus estava pedindo que eles se comportassem contra seus instintos, que agissem no espírito oposto ao que eles estavam naturalmente inclinados a fazer em circunstâncias tão terríveis.

Esse é o reino de cabeça para baixo em ação. À medida que os exilados obedeciam e serviam na Babilônia, a bênção viria em seus caminhos. Se não obedecessem, eles pereceriam. Havia muita coisa em jogo. Como um povo missionário, há muito em jogo para nós também. No exercício seguinte, iremos rever a história de Israel no exílio para ajudá-lo a imaginar maneiras práticas de semear o shalom em seu próprio contexto.

Descobrindo e buscando o shalom para o seu contexto

Tempo: 45 minutos
Material: Bíblia, folhas grandes de papel, canetinhas, diário/caderno, lápis ou canetas

1. Em pequenos grupos, um voluntário deve ler em voz alta Jeremias 29:4-7. Contemple essa mensagem enquanto a estiver escutando e pense o que ela deve ter significado para os israelitas. Que emoções seriam normais nessa situação? Que ajustes eles tiveram que fazer em seus pensamentos e suas atitudes?

   Assim diz o Senhor dos Exércitos, o Deus de Israel, a todos os exilados, que deportei de Jerusalém para a Babilônia: "Construam casas e habitem nelas; plantem jardins e comam de seus frutos. Casem-se e tenham filhos e filhas; escolham mulheres para casar-se com seus filhos e dêem as suas filhas em casamento, para que também tenham filhos e filhas. Multipliquem-se e não diminuam. Busquem a prosperidade da cidade para a qual eu os deportei e orem ao Senhor em favor dela, porque a prosperidade de vocês depende da prosperidade dela"
   - Jeremias 29:4-7

2. Liste outros personagens da Bíblia que se encontraram em situações nas quais arriscaram suas vidas para abençoar seus opressores. Há vários no Velho Testamento. Cada um trouxe o *shalom* para seu contexto de forma especial. Enquanto seu grupo discute sobre essas pessoas, aponte os obstáculos que eles tiveram de superar bem como outros temas que você observar.

3. Agora, pense em seu próprio contexto. Discuta com seu grupo os obstáculos que vocês devem superar para serem semeadores de *shalom*. Compare-se aos personagens bíblicos lsitados no segundo passo. Em que você se difere? Em que você se assemelha?

4. A partir de Jeremias 29:4-7, cite ações específicas que os exilados foram instruídos a realizar a fim de se *inserirem* na Babilônia. O que os exilados tiveram que fazer para seguir essas instruções (por exemplo, "plantar um jardim" pode ter exigido que aprendessem quais produtos cresciam na Babilônia, onde conseguir as sementes/plantas, quais são as estações das safras etc)? Discuta como essas ações podem se assemelhar com as suas em sua experiência de *inserção*.

5. Em uma folha grande de papel, desenhe imagens de ações que você pode realizar para se *inserir* em seu contexto com o propósito de semear *shalom*.

6. Agrupe-se em equipe. Cada grupo deve explicar suas imagens e ações para a equipe. Reúna uma lista de ações e registre-as em seu diário/caderno, uma vez que você precisará dessas anotações em exercícios futuros.

Como revelado no exercício anterior, o povo de Deus provavelmente teve de realizar várias outras ações para se *inserir* na Babilônia além do que foi registrado na carta de Jeremias. O que parecem ser mandamentos simples e diretos, como "construa casas" ou "plante jardins", pode tê-los levado a se envolverem em diversas atividades missionárias. As informações, as conexões e os recursos que eles discobriram ao longo do caminho seriam fundamentais para cumprirem o chamado de semear *shalom* em sua nova casa. Como missionários que buscam se *inserir* de maneira positiva e trazer o *shalom* de Deus nos dias de hoje, vivenciamos desafios parecidos que exigem respostas duradouras e multifacetadas.

O que bons missionários fazem e o que sempre fizeram: um modelo simples para inserção local

Se tentássemos descrever todos os comportamentos missionários necessários para sermos semeadores frutíferos do *shalom* de Deus, provavelmente teríamos uma lista que poderia ser um livro. No entanto, o objetivo não é nos ocuparmos com o máximo de atividades possível, mas sim andarmos e nos comprometermos de forma sábia com nossas cidades. Para esse fim, queremos explorar com você um paradigma prático que acreditamos poder: a) ajudar sua equipe a ter uma percepção mais clara da vida missionária de maneira equilibrada e sustentável; e b) municiar sua equipe com um padrão visual autoexplicativo para ajudar outros em sua comunidade a facilmente entender e ativar esse estilo de vida.

O esquema abaixo (ver figura 1) ilustra um padrão simples de vida missionária que se prova útil em muitos ambientes.[23] O modelo descreve comportamentos normais praticados por missionários quando se *inserem* e refletem Cristo dentro de um grupo cultural.

---

23 Esse paradigma foi desenvolvido por Dan Steigerwald e está mais detalhado em seu livro, Growing Local MIssionaries. Portland: Urban Loft Publishers, 2014.

Figura 1 – O estilo de vida missionário

(uma estrutura não linear envolvendo três pares de comportamento)

Imergir e ouvir = **ABSORÇÃO**

Conectar e fazer amigos = **RELACIONAMENTO**

Participar e enriquecer = **SERVIÇO**

DEUS & O CORPO DE CRISTO
(Nossa base e centro de
discernimento e habilitação)

Como você pode ver, o padrão acima é definido por três pares de ação. Cada par contém dois verbos no presente, e os substantivos singulares em LETRAS MAIÚSCULAS representam o propósito final em vista à medida que essas ações são realizadas. Os missionários eficientes necessariamente vão colocar em prática esses três comportamentos ao se envolverem um contexto local. Ao fazer isso, alcançarão três belos propósitos com grande profundidade:

1. *Imergir e ouvir* = ABSORÇÃO
2. *Conectar e fazer amigos* = RELACIONAMENTO
3. *Participar e enriquecer* = SERVIÇO

Quando uma equipe missionária tem seu primeiro contato com um contexto, há um desdobramento natural desses comportamentos que acontece em sequência. Porém, rapidamente dão lugar a um ciclo de repetição e sobreposição. Quando os missionários se *inserem* em um determinado ambiente, eles devem primeiro se imergir e ouvir, *absorvendo* o máximo possível sobre sua área de atuação. A observação e

a assimilação de informações críticas rapidamente passam para a fase de *relacionamento* ou conexão com os moradores e aqueles que estão "por dentro" da área. Com o passar do tempo, o *relacionamento* leva à construção de um subconjunto menor de amizades significativas. Ao mesmo tempo, a conexão envolve escolhas, como *servir* com as pessoas locais em causas ou atividades dignas que enriqueçam a cidade. Em outras palavras, qualquer sequência inicial de execução desses comportamentos logo dará lugar a um envolvimento contínuo não sequencial em todas as atividades missionárias. Com atenção consciente para integrar esses comportamentos na vida diária, eles se tornam hábitos que os indivíduos e grupos aprendem a praticar quase inconscientemente.

Acima, usamos o Nó Celta para ensinar e mostrar visualmente a natureza contínua e uniforme desses comportamentos no estilo de vida dos missionários. Com seu dedo, siga a linha através do nó. Você vai ver que as linhas são contínuas e se sobrepõem, assim como deve ser o ritmo dos nossos comportamentos missionários.

Com o Nó Celta, também podemos enfatizar a importância do diálogo contínuo com Deus e com a nossa comunidade espiritual ao praticar cada par de comportamento. No nosso diagrama, colocamos o centro de intersecção das linhas como o *centro do discernimento*, uma vez que todas as nossas ações missionárias são feitas constantemente por meio de diálogos com Deus e com a nossa comunidade espiritual. Ao longo do curso dos nossos comportamentos missionários, estamos continuamente passando pelo centro do discernimento perguntando: o que Deus e minha comunidade têm a dizer sobre o que eu estou *absorvendo*? Com quem estou me relacionando? Onde estou servindo? No próximo capítulo, falaremos mais sobre a importância do discernimento comunitário e como as equipes podem exercê-lo.

A beleza do Nó Celta está em sua simplicidade. A imagem por si só e os comportamentos que ele representa são altamente reprodutíveis. Encorajamos você a rever com sua equipe o significado de cada um dos pares de comportamento missionário abaixo. Em seguida, entre de cabeça nos exercícios de aprendizagem, que foram criados para ajudá-lo a aplicar cada um dos comportamentos a seu contexto.

Imergir e ouvir (*absorção*) como comportamento missionário

Descrição: nossa equipe deve fazer morada em nosso contexto de forma profunda e duradoura. Isso exige que cultivemos a disciplina da curiosidade contínua. Devemos ir sob a superfície do nosso contexto e, então, como uma esponja altamente absorvente, aprender o máximo possível a respeito dele. *Absorver* abrange aprender sobre os valores, normas e história da cultura local, incluindo as línguas e os símbolos que as pessoas usam. Para aprofundar a nossa descoberta e chegar aos detalhes que de outra forma poderiam passar despercebidos, devemos fazer muitas perguntas esclarecedoras. Observamos também os ritmos sociais das pessoas e prestamos muita atenção às histórias daquelas que encontramos. Essas histórias nos dão percepções inestimáveis sobre o que realmente está acontecendo em nosso contexto. No decorrer do tempo, ao imergir e ouvir em um nível cada vez mais amplo e profundo, começamos a descobrir os bens, as oportunidades, os dons e os talentos que nós, como equipe, podemos desenvolver e, assim, abençoar outras pessoas.

O próximo exercício foi elaborado para ajudá-lo a imergir e ouvir em seu contexto.

Entendendo absorção como um comportamento missionário fundamental

Tempo: 45 minutos
Material: diário/caderno, quadro branco, canetas para quadro branco, lápis ou canetas

1. Juntamente com toda a equipe, o facilitador reexamina a descrição acima de *absorção* e os exemplos seguintes de perguntas contextuais relacionadas à *absorção*:
   - *Quais são as boas novas para o povo com o qual Deus nos colocou?*
   - *Onde Deus já está agindo em nossa cidade ou área específica?*
   - *Onde as pessoas têm sido impactadas pelas lamentações, dores e pecados do bairro e da cidade? O que consideram ser más notícias?*
   - *Como as pessoas que não seguem a Jesus se sentem em relação ao cristãos? E à igreja? Em sua opinião, o que os afasta de Deus?*

2. Compartilhem experiências significativas de como você esteve absorvendo a cultura local ou como você observou outros colocando em prática o conceito de *absorção*. Quais são algumas das questões importantes sobre o seu contexto que essas experiências de *absorção* o ajudaram a responder? Há algo sobre a *absorção* que você não entendeu?

3. Cada pessoa deve registrar em seu diário/caderno perguntas relacionadas à *absorção* que são mais relevantes para sua equipe. Essas perguntas podem surgir de histórias que foram compartilhadas, da lista no primeiro passo ou de uma ideia importante que ainda não foi dita.

4. Cada membro da equipe deve compartilhar com sua equipe as três perguntas mais significativas acerca da *absorção*. Em seguida, o facilitador escreve as perguntas no quadro branco.

5. Decida em equipe as três perguntas mais importantes acerca da *absorção* que você gostaria de buscar respostas em seu contexto. Discuta sobre as ações iniciais que devem ser tomadas para achar as respostas. Elabore um plano simples para implementar essas ações.

Como missionários, o bairro é um dos textos sagrados que devemos aprender a ler. Há muitas maneiras de *absorver* informações sobre o nosso contexto, que vão desde a simples atenção à vida cotidiana até os projetos de pesquisa orientados. A prática da *exegese do seu bairro* no exercício abaixo é uma ótima maneira de imergir e ouvir o seu contexto. Encorajamos você a envolver seus amigos cristãos e não-cristãos para que em um ritmo regular, caminhem na área alvo com o intuito de praticar este exercício de esucta juntos. Outra prática parecida é o ministério de Peripateo descrita no Apêndice B.

Ouvir e aprender por meio da exegese do bairro

Tempo: 3 a 4 horas
*Material: mapas com diferentes rotas para caminhar que possam acomodar sua equipe, acesso ao Apêndice C (imprima-o ou leve este livro com você). **Você também precisará encontrar um morador da comunidade que se envolva na discussão do grupo.***

O que é a exegese do bairro? O sentido literal da palavra *exegese* é *interpretar*. Ela é normalmente usada como um termo teológico para descrever a atividade de ir a fundo no passado, na história, no *ethos* e no contexto literário de uma passagem da Escritura. Quando aplicamos isso a uma determinada área da nossa cidade, *a exegese do bairro* é a atividade na qual procuramos nos aprofundar no passado, na história, no *ethos* e nas questões contextuais de uma determinada área ou grupo de pessoas. É uma interpretação completa de determinado contexto para descobrir o que realmente há ali.

A exegese de um bairro não é um estudo demográfico realizado com investimento mínimo em relacionamentos reais com os moradores locais. Em vez disso, funciona como um meio pelo qual uma igreja ou equipe de plantação de igrejas pode aumentar sua sensibilidade e sua capacidade de resposta àqueles que somos chamados a alcançar e a servir. Os participantes vão achar esta prática estimulante, divertida e informativa – tudo ao mesmo tempo! E se for incluída como uma prática espiritual regular na sua equipe, ela pode levar a um número crescente de informações e relacionamentos na sua cidade. Enquanto você se planeja para o momento de fazer o exercício, peça a alguém que você conheça e que viva na sua área para vir e se juntar a você.

1. Em grupos de quatro ou menos, ore e peça a Deus para lhe dar ouvidos para ouvir e olhos para ver o que está acontecendo na área onde irá andar. Escolha uma rota em uma direção diferente para cada grupo. Planeje caminhar por pelo menos uma hora. Agora, vá para o Apêndice C e siga as intruções para o exercício de exegese do bairro. Quando voltar de sua aventura, use as questões abaixo para analisar sua experiência com seu grupo de exploradores:
   • *O que notei em mim mesmo ao caminhar por essa parte da cidade – pensamentos, questionamentos, emoções fortes ou reações etc.?*
   • *O que particularmente nos chamou a atenção?*
   • *Ensaie a história da sua relíquia e identifique quem vai contar a história sobre ela.*

2. Encontre com a sua equipe. Revezem ao compartilhar as impressões e respostas do grupo para as perguntas acima. Cada grupo termina compartilhando sobre como a relíquia ou o símbolo representa a experiência de seu grupo caminhando pela comunidade.

3. Depois que cada pequeno grupo compartilhou seus achados com a equipe, discuta as seguintes perguntas:
   • *Que sinais de* shalom *você observou? Onde notou que Deus já está agindo?*
   • *O que representa "buscar o shalom" nessa parte da cidade?*
   • *Que questionamentos surgiram ao serem expostos a essa área?*
   • *Quais foram os temas que surgiram em suas conversas com as pessoas? O que parece ser importante para eles – que perguntas estão fazendo?*

4. Depois de responder a essas perguntas, convide o morador local da comunidade para comentar o que foi dito:
   • *Quão preciso é nosso retrato dessa área?*
   • *O que está faltando que não foi observado e que não é tão óbvio ou que coisas somente um morador dessa região conseguiria ver?*

5. Por fim, convide o morador para contar uma versão pessoal da história desse bairro. Faça "perguntas abertas" para aprender mais sobre essa área da cidade. Veja o Apêndice D se você não estiver familiarizado com perguntas abertas.

⟐ Conectar e fazer amigos (*relacionamento*) como comportamento missionário

Descrição: à medida que imergimos e escutamos e, pacientemente, buscamos compreender mais o nosso contexto, começamos a conhecer diversas pessoas. Esse contato humano direto é provavelmente a nossa maior fonte de conhecimento e percepções úteis sobre a nossa cidade. Embora o acesso ao conhecimento privilegiado de cristãos locais possa ser positivo, nossa prioridade como missionários é nos conectar e, eventualmente, fazer amizade com aqueles que ainda vão ter um encontro com Jesus. Algumas dessas conexões virão facilmente conforme encontrarmos pessoas com frequência ou descobrirmos que elas são abertas e amigáveis conosco. Com o passar do tempo, à medida que esses relacionamentos forem cultivados, algumas pessoas rapidamente revelarão mais aspectos pessoais, como suas esperanças, seus medos, suas dores e seus preconceitos. Além de compartilhar informações sobre a cidade ou bairro, vão nos permitir entrar em suas vidas. Esse é solo sagrado.

A fim de aproveitar esse presente de um compartilhamento vulnerável, devemos não só priorizar estar perto das pessoas, mas também estar genuinamente interessados, disponíveis e dispostos a ter conversas sem pressa. Algumas dessas nossas conexões repetidas vão naturalmente se tornar interações significativas e, se formos pacientes, amizades vão começar a crescer.

Em relacionamentos normais, saudáveis e em desenvolvimento, encontraremos oportunidades e convites para compartilhar as boas novas de Jesus. Ao longo do tempo, nossos amigos compartilharão suas filosofias de vida, suas esperanças, seus sonhos e o que são as boas novas para eles. Isso é o que amigos fazem. Porém, no *relacionamento*, devemos ter o cuidado de nos relacionarmos sem a expectativa de algo em troca. As pessoas percebem se temos outros motivos, se as estamos manipulando secretamente ou se as vemos como "projetos". Devemos adotar uma atitude de *não fazer mal*. A pessoa alvo de nossa missão nunca deve ser menosprezada, sentir-se inferior ou envergonhada. Todas, portanto, devem ser respeitadas como iguais com dignidade e receber crédito por suas decisões em suas próprias vidas. No final, elas que são as especialistas de sua própria jornada. Os missionários devem se comprometer com o longo trabalho de assimilação no contexto como "infiltrados" que têm a convicção de que o Espírito Santo começará a obra de um despertar espiritual no tempo certo para cada pessoa. O foco da missão é neles, não em você.

Para nossa equipe, conectar-se e fazer amizades significa que vamos estabelecer ou nos unir a vários grupos de interesse especial com não cristãos à medida que estes fornecem esferas naturais para os relacionamentos crescerem. Nós também vamos querer habitar espaços ou eventos comunitários populares onde os moradores locais possam frequentar. À medida que adquirimos o hábito de nos *relacionarmos* com as pessoas, precisamos estar atentos para encontrar respostas para os tipos de perguntas apresentadas no exercício abaixo.

Entendendo o relacionamento *como comportamento missionário*

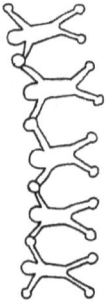

Tempo: 45 minutos
Material: quadro branco e marcadores de quadro branco, diário/caderno, lápis ou canetas

1. Na reunião com a equipe maior, o facilitador deve repassar a descrição acima sobre se *relacionar* e ler em voz alta os exemplos de pergunta abaixo sobre como se *relacionar* naturalmente com as pessoas em seu contexto:
   - *Como começo a construir amizades verdadeiras com não cristãos?*
   - *Com quem posso me identificar na minha rede de contatos para que eu possa passar tempo, ou quem mostra interesse em minha vida?*
   - *Como essas pessoas se entrelaçam com as vidas de outras pessoas na minha equipe em termos de conexões naturais ou de interesses?*
   - *Como vou saber se minha voz é aceita dentro da comunidade? Quais são os sinais de aceitação?*
   - *Como nós, como equipe, podemos criar espaços de pertencimento para não cristãos se abrirem para a espiritualidade, mas que não se abrem para um culto de adoração?*

2. Compartilhem experiências significativas de como você esteve se *relacionando* ou como você observou outros colocando em prática o conceito de *relacionamento*. Quais são algumas das questões importantes sobre o seu contexto que essas experiências de *relacionamento* o ajudaram a responder? Há algo sobre o *relacionamento* que você não entendeu?

3. Cada pessoa deve registrar em seu diário/caderno as perguntas sobre *relacionamento* que acham ser mais relevantes para a equipe. Essas perguntas podem ser de histórias que foram compartilhadas, da lista no primeiro passo ou de uma ideia importante que ainda não foi mencionada.

4. Cada membro da equipe compartilha suas três perguntas mais importantes acerca de *relacionamento*. O facilitador deve escrevê-las no quadro branco.

5. Decida em equipe quais são as três perguntas mais importantes acerca de *relacionamento* que vocês gostariam de buscar respostas em seu contexto. Discuta sobre as ações iniciais que devem ser tomadas para responder a essas perguntas. Elabore um plano simples para implementar essas ações.

As redes de contato são a via mais natural que temos para nos *relacionarmos* com as pessoas no nosso contexto. De acordo com o autor Michael Frost, nossa capacidade de nos envolver com o contexto missionário depende fundamentalmente de três elementos: *proximidade, frequência e espontaneidade.*[24] Esses

---

24 FROST, Michael. Exiles: Living Missionally in a Post-Christian Culture. Peabody: Hendrickson, 2006, p. 54-64.

aspectos são alavancados mais naturalmente por meio de nossas próprias redes. Quando eles estão presentes, a equipe missionária tem um maior potencial para desenvolver relações naturais que podem evoluir em amizades. Não estamos sugerindo que desenvolvamos ou usemos amizades principalmente para obter "momentos especiais" para compartilhar a nossa fé. Seria ótimo se as oportunidades para compartilhar sobre Cristo surgissem naturalmente em conversas, mas continuar se relacionando com amigos a longo prazo é, sem dúvida, consistente com o evangelho que pregamos, independentemente da resposta das pessoas. Exploramos o evangelismo em meio à construção de amizades no próximo capítulo, que trata sobre a dinâmica *iniciar*.

A *proximidade* envolve ligação relacional e física, ingredientes essenciais na vida missionária. Michael Frost escreve: "Se tomarmos a encarnação com seriedade, devemos levar a sério o chamado para viver de maneira encarnada – de perto, junto àqueles que Deus deseja redimir. Não podemos demonstrar nossa semelhança com Cristo longe daqueles aos quais nos sentimos chamados a servir. Precisamos nos aproximar das pessoas o suficiente para que nossas vidas entrem em contato direto com suas vidas e para que vejam Cristo encarnado em nossos valores, crenças e práticas expressas em formas culturais que fazem sentido e são impactantes".[25]

A *frequência* é necessária para estabelecer relações significativas. Nossas próprias redes oferecem grandes oportunidades para que as equipes missionárias encontrem regularmente aquelas pessoas que desejamos alcançar. Há algo sobre consistentemente aparecer e estar presente que cria uma atmosfera de confiança. A frequência leva à familiaridade, e um rosto familiar é sempre bem-vindo. As redes de pessoas muitas vezes se formam por necessidade, conveniência, tradições e comemorações. Essa realidade nos permite ter contato

frequente com aqueles com quem desejamos nos conectar. Permite, também, que nos aproximemos deles. Pense no café que você passa todos em sua caminhada matutina – você conhece os empregados ou as pessoas que o frequentam? Você conhece a pessoa dos correios que vai até a *sua* casa todos os dias? Frequência e proximidade estão interligadas. A proximidade física muitas vezes proporciona oportunidades para a proximidade relacional por meio da frequência de contato.

A *espontaneidade* exige um pouco mais de trabalho. Exige que não apenas valorizemos as pessoas, mas que também nos tornemos mais adaptáveis aos nossos horários. Na cultura ocidental, isso nem sempre é tão fácil de se fazer, pois a mensagem subliminar que recebemos todos os dias é "fique ocupado e seja produtivo 24 horas por dia, 7 dias por semana". Com pouca reflexão crítica, enchemos nossa agenda com compromissos desde o momento em que acordamos até hora de ir dormir. Passamos nossos dias em um frenesi apressado, em grande parte por decisão própria. No entanto, pense nas tarefas rotineiras da vida: abastecer o carro, fazer compras no supermercado, enviar pacotes pelo correio, ir de ônibus do trabalho para casa, envolver-se com os pais dos amigos de seus filhos. Cada uma dessas atividades comuns nos dá momentos de espontaneidade e, portanto, oportunidades de relacionamento. Sem nos permitir intervalos em nossas vidas, esses relacionamentos não são possíveis – não temos *tempo*. Imagine se nós, como missionários, vivêssemos a vida com uma margem de 20%. E se 20% do nosso tempo não estivesse programado, mas fosse intencionalmente deixado em aberto para o envolvimento espontâneo? Como isso mudaria nossa capacidade de nos relacionar, de construir amizades? Nosso relacionamento com o tempo é tão importante que incluímos um exercício extra no Apêndice E.

O exercício seguinte foi elaborado com o propósito de ser um auxílio para promover os elementos de proximidade, frequência e espontaneidade, a fim de ver os relacionamentos crescerem naturalmente.

---

25 Ibid., p. 55.

Construindo relacionamentos por meio de proximidade, frequência e espontaneidade

Tempo: 2 horas; uma para diagramar seu trabalho e uma hora para encontrar o seu mentor para avaliação
Material: cartolina, canetinhas, diário/caderno, lápis ou caneta

1. Examine sua vida no seu ambiente local. Observe seus relacionamentos de acordo com necessidades que você tem, comemorações de que desfruta, rituais de que participa e também a conveniência que você busca. Em uma cartolina, escreva tantos quanto puder. Por exemplo: Facebook, creche, programas escolares, aula de pilates, Carnaval, banco, cafés etc. Esses são seus relacionamentos por proximidade.

2. Em uma outra cartolina, faça uma lista de redes de contatos que se sobrepõem. Por exemplo, você pode encontrar a mesma pessoa na creche e na academia. Estes são seus relacionamentos por frequência. Quem você encontra lá e com que frequência? Como esses relacionamentos podem dá-lo contexto e oportunidade para missões? Cole os diagramas no lado interior da capa da sua Bíblia ou na sua mesa de forma que você os veja regularmente. Comece a orar por essas pessoas com as quais você quer se envolver mais profundamente.

3. Crie um plano simples para maximizar a sua influência dentro das suas redes de contato. Você pode escolher uma comemoração, uma tradição, uma necessidade ou algo que seja conveniente e dê-lhe fácil acesso a esse contato. Pode ser um passeio, uma entrevista, comemorações planejadas com regularidade, ir a um bar, doar coisas ou qualquer coisa que sua imaginação puder criar. Em seu caderno, descreva o seu plano e como espera aumentar suas conexões relacionais.

4. Execute seu plano. Escreva suas impressões. O que funcionou bem? O que não funcionou? O que poderia ter sido feito diferente? Avalie os resultados com seu mentor.

Uma das maneiras mais eficazes de se aprender o que está acontecendo em uma cultura é encontrar alguém de dentro, alguém que tenha muitas histórias e participação na cidade para realmente conhecer o bom, o mau e o feio. Chamamos essa pessoa de "defensora cultural". Um bom defensor pode aumentar nosso conhecimento do contexto mais do que quase qualquer outra pessoa ou meio.

Recrutando um defensor cultural

Tempo: 3 a 4 horas
Material: diário/caderno, lápis ou caneta

1. Leia a descrição abaixo de um defensor cultural. Sublinhe o que lhe chamar a atenção.

Para entender melhor uma cultura ou contexto que é novo para você, você precisará encontrar alguém de dentro da cultura, alguém que está disposto a estar ao seu lado para interpretar o que você está observando e experimentando. Essa pessoa precisa ser alguém que goste de você, queira ajudá-lo a crescer e está disposto a despender tempo para se encontrar com você regularmente. E, claro, vocês devem usar uma linguagem em comum para isso ser plausível. Essa pessoa se tornará um defensor prestativo em ajudá-lo a observar e entender normas, crenças, superstições, religião, práticas familiares, grupos de afinidade etc. próprias da cultura.

Seu defensor deve ser um contador da verdade e não simplesmente uma pessoa que repete para você o que ela acha que você quer ouvir. Quanto mais honesta ela for, mais provável que você aprenda o que você precisa saber. Muitas vezes pessoas mais velhas e adolescentes são candidatos muito bons, porque eles tendem a ter mais tempo. Seu defensor deve ser capaz de entendê-lo e avaliar seus projetos e suas ideias para legitimação, para expôr o que funcionará dentro do ambiente cultural em que você está inserido. Ele irá ajudá-lo a entender o que funciona e o que não funciona.

Tome cuidado ao decidir quem será o seu defensor. Se você escolher uma pessoa de sua fé, ajuda, mas isso não é necessário. Seu relacionamento com seu defensor será idealmente de longa data. Você é o aprendiz nessa relação. Se seu defensor não é um seguidor de Jesus, não tente evangelizá-lo. Você provavelmente vai perdê-lo se fizer isso. Certifique-se de mostrar gratidão, pagando-lhe um café ou um almoço. Faça o seu tempo juntos valer a pena tanto quanto você puder. Seja muito grato a ele!

2. Que perguntas você tem sobre um defensor cultural? Converse sobre elas com seu mentor.

3. Faça uma lista de defensores potenciais. Encontre com seu mentor e desenvolva algumas perguntas abertas (ver Apêndice D) para perguntar aos defensores potenciais.

4. Escolha alguns candidatos que poderiam se tornar seu defensor e entreviste-os com as perguntas abertas. Avalie suas entrevistas e decida quem você gostaria de pedir para embarcar nessa aventura com você.

5. Marque um encontro e convide essa pessoa para ser seu amigo como seu defensor. Leve algumas perguntas abertas para perguntar ao seu defensor a respeito da cultura. Certifique-se de que essas perguntas sejam situações ou costumes que você realmente não entende. Descreva para essa pessoa o que você já aprendeu sobre a cultura. Pergunte-lhe quais das suas percepções soam verdadeiras. Ouça e aprenda. Permita-se ser corrigido e que seu coração seja mudado.

6. Como um ponto de prestação de contas e uma oportunidade para aprofundar a sua aprendizagem, relate ao seu mentor o que você aprendeu como resultado de sua primeira reunião com seu defensor.

Participar e enriquecer (*serviço*) como comportamento missio

Descrição: a *inserção* sábia significa que vamos nos envolver em nosso contexto e participar de iniciativas para semear o *shalom*. Algumas vezes, podemos começar as nossas próprias iniciativas onde discernimos serem elas engrandecedoras ao contexto, mas o nosso foco inicial é nos unir às iniciativas já existentes. Priorizamos aquelas que coincidem com as nossas próprias paixões e convicções espirituais, uma vez que nos mover de maneiras que combinam com os nossos dons, interesses e personalidades dados por Deus nos dará a força para continuar servindo por longos períodos de tempo. As iniciativas locais que operam para o bem da cidade podem provir de dentro da igreja ou podem ser iniciativas feitas por pessoas ou organizações fora da igreja. Servimos e participamos de várias causas na esperança de que as comunidades missionais possam ser criadas de maneira a incluir uma rica mistura de cristãos e não cristãos.

Em nossa participação na cultura, não estamos simplesmente tentando ser missionários que se *inserem* nas subculturas da nossa cidade. Nosso objetivo é sermos missionários que oram pelo *shalom*, além de provocá-lo e transmiti-lo. Nosso ímpeto principal em *servir* não é resgatar, salvar ou consertar nosso contexto, mas perceber e extrair tudo o que pudermos. Como observamos no último capítulo, buscamos o Reino *cultivando* o terreno onde Deus já está trabalhando e também *criando* novas oportunidades de serviço onde há necessidades significativas que não foram atendidas. Além de demonstrar que nos importamos, servir promove o enriquecimento de nosso contexto local. Servir envolve fazer determinadas perguntas, como as encontradas no exercício de aprendizagem abaixo.

Entendendo o serviço como comportamento missionário

Tempo: 3 a 6 horas, dependendo do projeto de serviço
Material: quadro branco e marcadores de quadro branco, caderno, lápis ou canetas, itens apropriados para o projeto de serviço

1. Junto de toda a sua equipe, o facilitador reanalisa a descrição de *serviço* acima e lê em voz alta as perguntas-modelo abaixo sobre *servir* as pessoas em seu contexto:
   - *Quais são algumas das minhas paixões e talentos naturais que eu poderia oferecer à comunidade?*
   - *Quais são algumas das maneiras por meio das quais outras igrejas ou grupos cristãos estão servindo em nossa cidade e a quais faz sentido nossa equipe se juntar?*
   - *Quais são algumas das maneiras pelas quais as pessoas fora da comunidade de fé estão servindo localmente e a quais faria sentido eu e minha equipe nos juntarmos (elas devem ser priorizadas, em vez de nos juntarmos a outras iniciativas de serviço realizadas por grupos cristãos)?*
   - *Como eu (minha equipe) poderia servir melhor minha comunidade, com base na intersecção dos meus (nossos) interesses e paixões com as necessidades e valores da cidade?*

- *Onde estou experimentando frequência ou proximidade com um grupo que já está servindo de uma forma que me interessa?*

2. Compartilhem experiências significativas de como você esteve servindo ou como você observou outros colocando em prática o conceito de *serviço*. Quais são algumas das perguntas importantes sobre o seu contexto que essas experiências de *serviço* o ajudaram a responder? Há algo sobre *serviço* que você não entendeu?

3. Cada pessoa deve registrar em seu diário/caderno as questões sobre serviço que acham ser mais relevantes para a equipe. Essas perguntas podem ser de histórias que foram compartilhadas, da lista no primeiro passo ou de uma ideia importante que ainda não foi mencionada.

4. Cada membro da equipe compartilha suas três perguntas mais relevantes acerca de serviço. O facilitador deve escrevê-las no quadro branco.

5. Decida em equipe as três perguntas mais importantes acerca de serviço que você gostaria de buscar respostas em seu contexto. Discuta sobre as ações iniciais que devem ser realizadas para achar as respostas.

6. Faça um plano simples para uma oportunidade de *servir* que você possa pôr em ação como equipe nos próximos sete dias.

7. Execute seu plano. Depois se encontrem para tomar café. Avaliem a experiência de *serviço* baseada nos ideais das perguntas acima. Registre suas impressões dessa experiência – o que você fez, quem respondeu e como respondeu.

Participar em seu contexto de forma autêntica requer também que você conheça a si mesmo: suas paixões, suas habilidades, seus dons e sua personalidade que você traz para o seu ambiente. O próximo exercício foi criado com o propósito de fazer você conectar sua própria experiência com o que você está aprendendo sobre seu contexto.

Combinando nossas paixões coletivas com as necessidades da cultura local

Tempo: 3 a 4 horas
Material: lápis ou canetas, post-its, quadro branco, folha de exercício

FORMA é um acrônimo criado pelo pastor Rick Warren, que envolve:

F = Formação espiritual
O = Opções do coração
R = Recursos pessoais
M = Modo de ser
A = Áreas de experiência

1. Individualmente: usando a folha de exercício a seguir (ver figura 2), preencha o máximo que puder sobre seus aspectos pessoais de sua "FORMA".

2. Em equipe, revezem-se para compartilhar suas histórias pessoais. Cada pessoa pode falar por 30 minutos sem interrupção. Use o esquema acima para expressar sua história e as coisas que o motivam. O facilitador deve encorajar aos outros a fazer perguntas ao final de cada fala. A equipe cita pontos fortes que observaram no falante que poderiam ajudar a enriquecer o serviço para uma comunidade mais ampla.

3. Reflita sobre o que aprendeu durante os exercícios de absorção. Escreva nos post-its as necessidades e os pontos fortes que você observou em seu contexto. Cole as notas no quadro branco. Leia em voz alta o que está escrito enquanto coloca no quadro.

4. Organize as notas em categorias lógicas ou temáticas. Depois, dê um título para cada categoria em termos de necessidade ou ponto forte. Agora, em equipe, compare e contraste suas FORMAs individuais com as necessidades e pontos fortes listados. Onde você acha que as necessidades e os pontos fortes se correlacionam com a FORMA da sua equipe? Que necessidades não combinam com as FORMAS do seu grupo? Quais pontos fortes têm muita conexão com suas FORMAS? Quais FORMAS não se ajustam às necessidades listadas?

5. Gaste um tempo orando uns pelos outros. O que o Espírito Santo diz? Ajude um ao outro a identificar formas de participar na comunidade, servindo essas necessidade ou conectando-se com esses pontos fortes.

- Figura 2 –
Folha de exercício FORMA

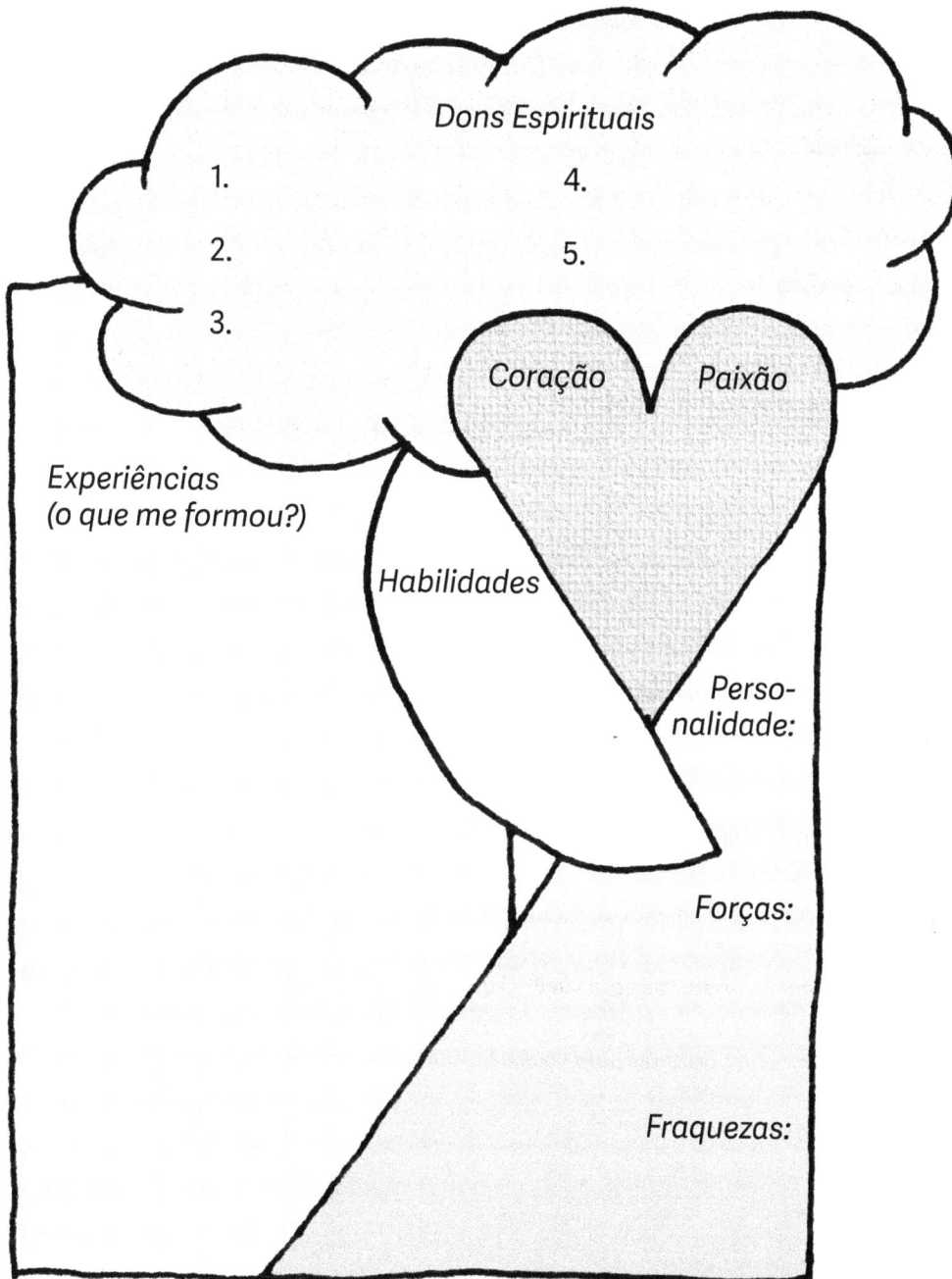

Considerações finais: *Agora você já teve um panorama completo sobre o que significa inserir-se em seu contexto como uma equipe. Você descobriu uma maneira de se relacionar com a população local por meio da exegese de seu bairro e da ajuda de seu defensor cultural. Você também adquiriu uma compreensão da importância do estilo de vida missionário e como o padrão contínuo de três comportamentos – absorção, relacionamento e serviço – se aplica a quase todas as ações que envolvam a semeadura do shalom de Deus. Por fim, sua equipe começou a combinar sua FORMA com as necessidades e os pontos fortes do seu bairro. Lembre-se, a inserção não é meramente uma prática de "inicialização". A identidade e o estilo de vida missionários devem sempre ser pilares centrais ao longo da vida de sua igreja!*

(M) Faça um PAM!

Volte ao Plano de Ação Missional no Apêndice A. Vá para a seção *Insira-se*, que se encontra em *Estratégia*. Percorra com sua equipe as perguntas lá sugeridas à luz das reflexões feitas nos exercícios deste capítulo. Escreva três atividades de *inserção* que sua equipe se comprometerá a fazer.

Minhas considerações sobre *inserção:*

O que mais chamou sua atenção no capítulo Insira-se?

Que dúvidas você ainda tem sobre inserir-se?

O que foi mais difícil para você pôr em prática? Onde você se sentiu mais desafiado?

Quais práticas pareceram mais naturais para você? O que funcionou bem?

Quais são as três lições mais importantes para você neste capítulo?

Capítulo 4 – Inicie: divulgando e compartilhando (sabiamente) as boas novas

É hora de responder a tudo o que vimos e ouvimos em nossa inserção. É hora de iniciar!
*Primeiro, precisamos aprender a discernir e decidir como equipe antes de entrarmos de
cabeça e fazermos nossos planos. O* discernimento *é uma prática extremamente importante, por isso vamos conduzi-lo por vários exercícios pessoais e de grupo para ajudá-lo
a aprendê-la. Ademais, vamos olhar de forma mais aprofundada a maneira de* abordar a
cultura, *aprendendo as habilidades para tomar algumas medidas simples para afirmar o
que é bom ou ajudar a curar o que está doente em nosso contexto. Por fim, analisaremos
minuciosamente as práticas de* evangelização e proclamação *para equipes missionais.*

INICIE - *estabeleça uma resposta evangelizadora coordenada em uma área e/ou um grupo*

Até agora, passamos muito tempo explorando, ouvindo e participando da vida da nossa parte da cidade que provavelmente sentimos como se fosse nossa casa. E entre as inúmeras pessoas com quem interagimos, começamos a ver algumas amizades crescendo. Alguns desses amigos passam tempo com membros da nossa equipe ou ocasionalmente se juntam a nós em festas e eventos, como o *Serve the City* (servir a cidade, em português).[26] Por meio dos nossos amigos e outros contatos, nós estamos bem interligados na cidade. Sabemos muito sobre este lugar e seus ritmos, suas necessidades e suas alegrias, seus anseios e sua dor. Há tanto potencial para a bondade de Deus deixar uma marca nova aqui!

Por onde é que nós começamos? Onde estão esses nichos, esses lugares ou aquelas redes sociais em que podemos causar maior impacto? Como podemos lançar as sementes do evangelho mais deliberada-mente e compartilhar as Boas Novas com aqueles com quem nos importamos ou com vizinhos cujas histórias temos o privilégio de ouvir? E como nós,

---

26 www.servethecity.net

como equipe, coordenamos nossos movimentos e nossa participação na cultura, de modo que realmente comecemos a nos mover com maior ímpeto como comunidade missionária?

Essas são o tipo de perguntas que dirigem a dinâmica que chamamos de *inicie*. Como você pode ver a partir da descrição acima, ela envolve uma "resposta" ao que temos aprendido por meio da *inserção* ao nosso contexto, da oração e da nossa interação como uma equipe. *Iniciar* acrescenta as dimensões de discernimento, coordenação e liderança facilitadora, já que nossa equipe agora tenta coordenar com sabedoria nossa comunidade missionária para seguir Jesus em uma missão duradoura e um evangelismo integral.

Em Gotemburgo, na Suécia, Marcus Fritsch e sua equipe descrevem a dinâmica *inicie* em termos de construção de um contrapeso ou uma contrabalança na cultura. Como Marcus diz, qualquer cultura que encontrarmos terá seus pontos positivos, mas também terá áreas onde estará caída e doente. Estes pontos positivos e negativos, naturalmente, variam de um conjunto cultural para outro, mas em cada caso eles se tornam normativos em sua respectiva cultura. Por exemplo, uma história predominante na cultura ocidental é que somos consumidores: a "vida boa" é consumir coisas e experiências materiais. Como resultado, muitos ocidentais se tornaram imunes às manifestações sutis e não tão sutis dessa história: ganância, inveja e egoísmo, para citar alguns apenas. Na verdade, o consumo se tornou o próprio fundamento das economias ocidentais!

Essas formas de viver muitas vezes se tornam tão arraigadas que são difíceis de serem vistas dentro da cultura, e muito menos de serem desfeitas. Como Martinho Lutero disse uma vez: "Aprendam de mim o quão difícil é jogar fora erros confirmados pelo exemplo do mundo inteiro e que, por causa do hábito constante, tornaram-se como nossa segunda

natureza". Temos de identificar as áreas desequilibradas e construir contrapesos saudáveis enraizados na Escritura. Seja qual for o grau de sucesso nisso, provavelmente teremos mais atenção. *Iniciar* significa desafiar a nós mesmos e aos outros a pensar de uma nova maneira para ajudar as pessoas a questionarem suas cosmovisões. Ao *iniciarmos* bem, vamos essencialmente construir a base para o evangelismo para que as pessoas estejam prontas para ouvir e ponderar sobre a mensagem que estamos proclamando.

À medida que as equipes começarem a, em seu contexto, *iniciar* ações bem discernidas, seus estilos de vida e a maneira como tratam as pessoas e a criação de Deus se destacarão como aspectos vivificantes e atraentes. Parte do chamado profético do corpo de Cristo é viver de maneira que o presente aponte para o Reino de Deus e, ao mesmo tempo, dê uma amostra do Reino pleno que está por vir. No entanto, ao nos envolvermos na cultura, também podemos ser ágeis em identificar o bem que está acontecendo em termos de formação de seres humanos saudáveis e de progresso no nosso mundo. Identificar o bem no mundo e trabalhar ao lado desse bem pode trazer glória a Deus e testemunho ao Seu nome tanto quanto afastar as pessoas de maneiras danosas de se viver. Para se viver como um povo alternativo, no mundo mas não do mundo, requerem-se ambas as atividades – visivelmente afirmar o bem proveniente da cultura e do nosso contexto imediato ao mesmo tempo em que devemos resistir ao que é prejudicial. Essa postura de dois lados, como Marcus sugere acima, ajuda a preparar o terreno para que as pessoas abram seus ouvidos e corações para receber o chamado de Deus à vida em Cristo e na família de Cristo.

Reconhecendo que a cultura possui muitos aspectos positivos que podemos observar, o exercício seguinte foi elaborado para ajudar a sua equipe a responder aos desequilíbrios que lesam as pessoas a fim de que novos caminhos para o evangelho possam ser abertos.

Abordando desequilíbrios na cultura

Tempo: 60 a 90 minutos
Material: post-its, lápis ou canetas, quadro branco e marcadores de quadro branco

1. Em pequenos grupos, liste alguns valores que exemplificam a forma que a cultura seduz pessoas que agem contrariamente ao estilo de vida ensinado por Jesus. Escreva cada uma dessas formas em um post-it. Cole no quadro branco e leia em voz alto quando for pedido.

2. Em equipe, classifique essas formas em ordem de importância de acordo com seus impactos negativos (ou sua significância) na cultura. Para o pior impacto, coloque dez e, para o menor, coloque um.

3. Dos cinco mais importantes, a equipe deve escolher qual desequilíbrio cultural abordará. A equipe deve sugerir maneiras simples de abordar os desiquilíbros e como podem ser implementadas nas próximas 24 horas.

    Exemplos:
    *   Para um desrespeito geral do espaço público e, assim, por um ao outro, pode-se recolher o lixo da rua.
    *   Para uma cultura que é imprudente em rodovias, pode-se dirigir menos agressivamente e dar a vez para outros motoristas.
    *   Para uma comunidade que não respeita os mais velhos, pode-se visitar um cidadão idoso, ajudar nos afazeres domésticos leves ou levar comida a ele.

4. Cada pessoa deve adotar suas próprias práticas entre as sugeridas. Depois, cada um dos membros da equipe deve acordar com sua equipe o que fará para tratar o desequilíbrio em sua cultura. Após uma semana, o grupo deve se reunir e contar histórias sobre suas experiências.

De dentro para fora... De baixo para cima e de fora para dentro

Quando pensamos em atividades ou práticas que possam corrigir os desequilíbrios na cultura, estamos tomando a postura de criar um contrapeso positivo. Isso pode envolver a concepção de algumas práticas espirituais que dão às pessoas uma forma alternativa de agir (por exemplo, tirando um dia de descanso sabático enquanto nossa cultura valoriza um comportamento hiperativo de se ocupar 24 horas por dia, 7 dias por semana). Porém, há comportamentos e ritmos positivos na cultura sobre os quais podemos construir também. Como observamos no capítulo dois, podemos cultivar esse bom terreno que encontramos na cultura. No capítulo cinco, vamos dar um passo adiante e explorar como enxertar nossas próprias disciplinas e atividades espirituais nos comportamentos saudáveis da cultura.

No entanto, como parte do *iniciar* precisamos ir além das respostas missionais para fora, devemos levar em conta o aprofundamento de nossa comunidade em si, bem como nossa formação espiritual em Deus. Se negligenciarmos isso, nossas atividades missionárias e nossa proclamação da Palavra provavelmente nos desgastarão.

Outra maneira de dizer isso é colocá-lo em uma linguagem que tenha as funções elementares da igreja: comunhão, comunidade e missão. Essas ações para cima, para dentro e para fora resultam em uma expressão da igreja em seu nível mais básico. Nesta fase de *iniciação*, nossa equipe naturalmente começará a fortalecer não apenas sua capacidade individual e coletiva para a missão, mas como as outras duas funções também. Nossa equipe vai começar a enfrentar questões como: de que forma podemos ser uma comunidade solidária e atenciosa para com os outros nesta fase do nosso desenvolvimento? O que podemos começar a fazer para promover mais nosso crescimento espiritual em Deus como indivíduos e como comunidade? À medida que nossa equipe for respondendo a essas perguntas e começar a *iniciar* ações apropriadas para administrá-las, somos levados a aprender como começar a agir como um pequeno corpo coordenado.

Uma maneira de representar essas funções elementares é com um triângulo, com a missão no vértice superior. A imagem a seguir capta a ideia de movimento na cultura, e não apenas um retrato estático das três funções. Como se pode ver, dá-se atenção simultânea a todas as três e, ainda assim, estamos sempre em movimento em direção à cultura como um povo que responde ao seu Deus, que já está trabalhando antes mesmo de chegarmos (Efésios 1: 22-23, onde Cristo reina sobre toda a criação, não apenas sobre a igreja!).

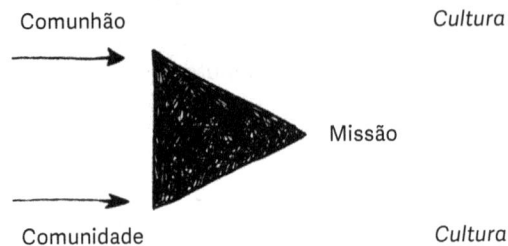

No próximo capítulo, vamos explicar como essas três funções estão relacionadas com o desenvolvimento de práticas básicas para discipulado. Por agora, esperamos que você ache libertador se dar conta que a plantação de igrejas começa nesse nível mais simples. Enquanto as equipes determinam e implementam ações para consecução desses três compromissos, pequenos e singulares corpos de Cristo começam a surgir. E são esses pequenos e singulares corpos que queremos estimular para crescer em qualquer forma que o Espírito e a sabedoria acham mais apropriada ao nosso contexto. Com o crescimento da comunidade, novos papéis e possibilidades para nossa equipe crescer também surgem, e os membros da equipe com o dom da liderança devem avançar com mais proeminência.

O discernimento comunitário e a resposta estratégica característicos da fase *inicial* serão idealmente contínuos. Desde o nascimento de uma simples comunidade missional até o desenvolvimento de uma igreja em amadurecimento, as equipes devem sempre estar iniciando. Como líderes de projeto, devemos nos esforçar para continuar capacitando e acionando nosso povo na missão local como parte essencial do discipulado. Isso nos permite continuar cultivando nosso contexto para o nascimento de novas iniciativas missionais e para a plantação de igrejas.

A importância do discernimento em grupo em todas as nossas decisões importantes como equipe

Como a dinâmica de *iniciação* é sobre ajudar equipes a sábia e sustentavelmente semear o evangelho em seu contexto, não é surpreendente que o discernimento deve ser de central importância. Ruth Haley Barton define o discernimento como "uma qualidade de atenção a Deus que, ao longo do tempo, desenvolve-se na capacidade de sentir o coração e o propósito de Deus em um determinado momento".[27] As práticas de discernimento ajudam a equipe a basear sua tomada de decisão e a semeadura do evangelho na sabedoria e na condução do Espírito, e não somente em boas ideias.

Se realizássemos uma pesquisa com a maioria das equipes de plantação de igrejas, certamente nos surpreenderíamos ao descobrir como somente poucas realmente sabem alguma coisa sobre o discernimento comunitário. A tomada de decisões é muitas vezes baseada em um conjunto de considerações práticas, orientações superficiais e, por vezes, apenas no sentido do líder solitário de "ouvir do Senhor". Na Comunitás, incentivamos fortemente as equipes a definirem um bom processo de discernimento para suas decisões-chave, uma vez que terão de empregar continuamente esse processo ao longo da vida do seu projeto. Mas como uma equipe define tal processo? Vamos nos aprofundar nisso um pouco.

Assim como Elias descobriu, a voz de Deus muitas vezes não vem em trovões ou terremotos, mas vem de forma pequena e doce. A única maneira que podemos ouvir essa voz é ao nos abrandarmos,

---

27 BARTON, Ruth Haley. Pursuing God's Will Together: A Discernment Practice for Leadership Groups. Downers Grove: InterVarsity Press, 2012, p. 57.

acalmarmos e ouvi-la. Ouvir requer espaço, tempo e, muitas vezes, disciplina. Ouvir já é algo difícil de se fazer como indivíduos quando tentamos escutar a voz de Deus. Torna-se ainda mais difícil se, como uma equipe, tentarmos discernir a voz de Deus juntos.

O primeiro princípio para discernir a voz de Deus como uma equipe é discernir como indivíduos. Cada pessoa da equipe precisa praticar como reconhecer a diferença entre sua própria vontade e a vontade de Deus, aprendendo a responder à pergunta: "eu realmente desejo a vontade de Deus mais do que qualquer outra coisa?" Ou, como a espiritualidade inaciana coloca: "eu sou indiferente a qualquer coisa, menos à vontade de Deus?" À medida que os indivíduos no grupo aumentarem sua própria capacidade de discernir a vontade de Deus, eles serão mais capazes de trazer isso para a tomada de decisões do grupo.

Não é um trabalho fácil discenir em conjunto. Isso requer uma profundidade de confiança uns nos outros que traz à tona instintos primitivos de autoproteção, padrões de desconfiança herdados de nossas famílias ou de outras comunidades, e dos nossos próprios eus falsos. E mesmo quando o discernimento é alcançado, ele não é mantido aleatoriamente ou ao acaso.

Para fazer esse trabalho árduo juntos, é necessário um forte compromisso. O núcleo desse compromisso é com Cristo e Seu chamado em nossas vidas. Em resposta a esse chamado fundamental, nossa equipe deve se comprometer a valores claros que definem o lugar seguro para ouvirmos, a práticas que trazem esses valores à vida e a uma aliança que coloca esse compromisso em palavras. Se sua equipe ainda não identificou seus valores norteadores, há um exercício muito útil para isso no Apêndice I.

Atos 15 nos mostra um exemplo incrível do povo de

Deus, em conjunto, discernindo Sua vontade e Seu anseio. Seja qual for a pergunta que a sua equipe está enfrentando, provavelmente não é nada se comparada ao que esse corpo de tomada de decisão teve de enfrentar. Por causa do trabalho de Paulo entre o povo não judeu, um grande número de pessoas seguia a Jesus como seu Senhor. Porém, Jesus e Seus seguidores até esse ponto ainda eram judeus, seus líderes eram judeus, e eles estavam se encontrando em sinagogas e até mesmo no templo. O símbolo central da aliança com Deus era a circuncisão. Muitos na jovem igreja argumentavam que esses novos seguidores precisavam ser circuncidados – basicamente, que os novos crentes precisavam se tornar judeus – como evidência de seu compromisso de adorar a Jesus. Paulo e os outros discordaram. Atos 15 conta a história de como os líderes discerniram o anseio de Deus por Sua jovem igreja acerca dessa questão central de identidade. Seu discernimento permitiu que eles lidassem sabiamente com um grande conflito.

Sabedores que os desentendimentos muito comumente ocorrem entre as equipes, fornecemos o seguinte exercício para ajudar sua equipe a desenvolver uma prática de discernimento saudável para resolução de conflitos.

Desenvolvendo uma prática de discernimento em grupo para resolução de conflitos

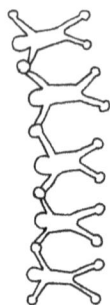

Tempo: 60 minutos
Material: Bíblia, diário/caderno, lápis e canetas

1. Leia Atos 15 cinco vezes antes de começar a discussão. Escreva em seu caderno o que chama sua atenção nessa passagem. Pode ser palavras ou temas repetidos ou conceitos incomuns.

2. Em pequenos grupos, anote os conflitos-chave que o Concílio de Jerusalém estava considerando. Depois responda as perguntas a seguir:
   - *O que discerniram ser os problemas centrais?*
   - *O que estava em jogo? Quais problemas pareciam surgir com mais frequência?*
   - *O que decidiram fazer e por quê?*
   - *Quais valores pareciam ser os mais importantes para eles dado o nível de conflito?*

3. Estude os exemplos abaixo. Estas regras foram escritas por outras comunidades de fé a fim de determinar o que fazer em situações de conflito. O que você consegue observar nesses exemplos?

   Exemplo: *antes de tomarmos uma decisão sobre o que fazer, nossa equipe fará a seguinte pergunta: "quem será deixado de fora por causa da nossa decisão?"*

   Exemplo: *ao se envolver em um conflito, nossa equipe ouvirá todos os lados da história antes de tomar uma decisão. Chamaremos um terceiro se for necessário para manter a objetividade.*

4. Leia em voz alta a passagem a seguir em seus grupos.

O Concílio de Jerusalém estava lidando com algumas questões. Uma era o que fazer com a prática de Paulo como missionário à luz das acusações dos judaizantes. Será que eles tinham razão ou não? Pedro e Tiago já haviam dado a Paulo o sinal verde alguns anos antes. Paulo queria saber se eles ainda estavam com ele. O Concílio resumiu que a unidade era a questão mais importante, enquanto os judaizantes defendiam a adesão à Lei Mosaica. O Concílio tomou sua decisão com base no valor da unidade, que permitiria aos judeus e não judeus desfrutar da comunhão à mesa – um grande passo, considerando que os judeus que respeitavam a lei pensavam que os não judeus eram bárbaros repulsivos. No final, conseguiram discernir um sábio caminho, e a unidade prevaleceu. O que sua equipe fará quando confrontada por um conflito tão profundo?

5. Imagine o que você teria feito se fosse Pedro e Tiago. Em pequenos grupos e com os exemplos em mente, escreva uma regra que você acha que o Concílio de Jerusalém teria escrito, tendo em vista sua decisão. Compartilhe a regra com sua equipe quando o facilitador orientar.

6. Como você vai incorporar a unidade em seus valores? Que regra escreveria para si mesmo? Agora você tem cinco minutos para escrever, individualmente, sua própria regra. Compartilhe com sua equipe quando for o momento.

A primeira parte de uma prática de discernimento comunitário é preparar adequadamente o terreno. Para começar, queremos nos certificar de que as pessoas certas estão presentes e fazem parte do processo. Inclua as pessoas responsáveis pela tomada de decisão e pela sua execução, mas inclua também aquelas que são afetadas pelo resultado da decisão. A próxima ação para aprontar o terreno é fazer a pergunta certa. Uma pergunta tão simples como "em que noite devemos nos encontrar?" pode, na verdade, disfarçar a questão mais profunda: "que tipo de pessoas queremos que se sintam bem-vindas entre nós?" Em outras palavras, nem todas as perguntas exigem um processo completo de discernimento, mas algumas perguntas vão se tornar mais profundas quando percebemos o que realmente está sendo perguntado. Outra maneira de preparar nossos corações para o discernimento é reafirmando os valores centrais do grupo, juntamente com a história mais ampla que nos trouxe a este lugar. Quando tivermos uma questão importante e decisiva à vista, e já nos lembrarmos de nossos valores e de nossa história, estaremos prontos para nos aprofundarmos no processo de discernimento.

O próximo aspecto do discernimento comunitário envolve o trabalho interior – colocando-nos humildemente diante de Deus para perguntar: "estou verdadeiramente aberto à Sua vontade para nós?" Precisamos investir tempo para examinar nossos corações e ver se nutrimos orgulho, desconfiança, planos ou sonhos pessoais. Qualquer coisa que possa estar nos atrapalhando de ouvir o verdadeiro anseio de Deus deve ser entregue a Ele. Devemos nos perguntar: "o que precisa morrer em mim para que a vontade de Deus encontre morada em minha vida?" Nós temos de permitir que o Espírito Santo nos confronte e nos prepare. Depois de um tempo examinando a nós mesmos à luz de tais questões, tanto individualmente como em grupo, reconhecemos nossa plena dependência da sabedoria de Deus e nossa total confiança nEle.

Finalmente, estamos prontos para ouvir as opções, os problemas, os planos e as possibilidades. Ouvimos a história que nos trouxe até este ponto. Ouvimos uns aos outros e as impressões e as preocupações que temos. Nós acessamos os fatos, a Palavra e tudo o que aprendemos em nosso processo de *inserção* que pode ter relevante para a nossa questão central. Sintonizamo-nos às vozes externas e às experiências internas. Fizemos *brainstorming*, dialogamos, discutimos e tentamos fazer cada opção viável a melhor que poderia ser. A intensidade e o tempo que damos a esse momento de ouvir e ponderar sobre as contribuições dadas variam de acordo com a complexidade e o potencial impacto da nossa questão de discernimento. Durante todo esse árduo trabalho juntos, continuamos atentos à voz de Deus, que muitas vezes provê percepções claras e também empurrões sutis.

Quando chegamos a um ponto em que podemos identificar um ou mais possíveis planos de ação, nós damos espaço para o silêncio. Essa pausa dá lugar ao Espírito Santo para acrescentar mais percepção, orientação e conforto. Em decisões muito complexas, que provavelmente terão maior impacto (por exemplo, relacionadas a pessoas, finanças, oportunidades/limitações do ministério etc.), é conveniente termos um dia ou mais para refletir sobre as possibilidades que identificamos.

Nosso tempo de discernimento termina quando concordamos com uma decisão juntos. O acordo pode assumir uma variedade de formas, desde um consenso sem reservas até uma disposição hesitante para ir adiante. Na maioria das situações, a vontade coletiva deve perseverar, ou continuar na missão junto não pode ser mantido pela regra do voto da maioria ou do veto do líder pontual. Cada comunidade terá de decidir o que acordo e desacordo significam para eles. Os Quakers oferecem uma forma de consenso que vai de "concordo sem reservas" a "não concordo por estas razões, mas estou disposto a deferir" até "não posso ir adiante com esta decisão". Cada equipe também precisará levar em consideração se uma determinada decisão é reversível ou não. Com algumas escolhas, nós, como uma equipe de liderança, podemos retroceder ou mudar o curso se a consequência de uma decisão enfraquecer ou prejudicar a comunidade. Com outras opções, não há volta ou nenhuma maneira fácil de se desfazer o que foi feito. Se uma decisão iminente que não pode ser revertida deve ser tomada, nosso processo de discernimento provavelmente exigirá mais tempo, sensibilidade e consenso.

Depois de todo esse trabalho de ouvir, processar e decidir, voltamos a descansar. Silenciamos nossas almas e criamos espaço para ouvir a confirmação de Deus e/ou qualquer outra Palavra.

Todavia, o discernimento não termina com uma decisão. O discernimento termina com a ação. Examinamos o que sabemos e o que nos foi revelado por Deus, e está na hora de administrar esse conhecimento. Deus nos presenteia com tal decisão para que possamos agir de acordo com a luz que é dada. Deus nos mantém responsáveis por isso.

Um princípio muito valioso para se ter sempre em mente durante todo o processo de tomada de decisões importantes como uma equipe: não se trata de tomar a *decisão certa* juntos, mas de fazer o melhor que podemos à luz do amor de Deus, que nos dirige a tomar uma *boa decisão*. Nos Apêndices F, G e H damos amostras de práticas espirituais que podem auxiliar o seu processo de discernimento em grupo (Lectio Divina, exame inaciano, movimentos no discernimento de liderança corporativa). Nossa amostra não é de forma alguma exaustiva, e nós o encorajamos a procurar outras que possa achar mais adequadas. O exercício seguinte foi criado para guiá-lo no uso de uma prática espiritual com a finalidade do discernimento em grupo.

Práticas espirituais para discernimento

Tempo: 2 a 4 horas
Material: diário/caderno, lápis e canetas, Apêndices F, G ou H

1. Em pequenos grupos, volte para o exercício anterior neste capítulo intitulado **Abordando desiquilíbrios na cultura**. Escolha um problema que a cultura está impondo às pessoas que é mais um mau pressentimento quando se tenta colocar o estilo de vida de Jesus em prática. Ele deve ser um desequilíbrio diferente daquele que já teve medida tomada por você.

2. Vá para o Apêndice e escolha uma prática espiritual de discernimento.

3. Sente-se em oração com seu pequeno grupo e passe pela prática juntos com o problema do primeiro passo em mente.

4. Quando terminar, responda estas perguntas:
   - *Que abordagem sua equipe fará para tratar do problema?*
   - *Quais valores você exemplificará? Como os exemplificará?*
   - *Qual ação como grupo vocês tomarão para abordar o problema?*

5. Reúna-se com sua equipe e conte os prós e os contras do seu processo de discernimento. O que foi útil e o que foi inútil? Onde é que o trabalho se encontra neste processo de discernimento? Ainda em equipe, continue a identificar práticas que possam abrir seus ouvidos para escutar a vontade de Deus.

6. Gaste um tempo para escrever em seu diário/caderno suas reflexões feitas neste exercício.

Então, o discernimento é o ponto inicial para determinar como nós, como equipe, devemos proceder. Em um vasto campo de oportunidades missionais, ser capaz de escolher com sabedoria para o que dizer "sim" e para o que dizer "não" pode ser a chave para a sobrevivência. *Iniciar* capacita nossos grupos a demonstrar e proclamar o evangelho de maneira muito mais focada e duradoura. É uma combinação de tomada de decisões saudáveis e um movimento sólido para frente.

Proclamando as boas novas enquanto nos relacionamos e servimos em nome de Cristo

Uma parte vital da *iniciação* é ajudar as pessoas a encontrarem o caminho para a fé em Cristo. As equipes precisam orar seriamente nesse sentido. Hoje, muitas vezes as pessoas nas culturas ocidentais encontram a fé em Cristo somente depois de um longo período pertencendo de alguma forma à comunidade cristã. Enquanto que nas gerações passadas muitos creram ao serem convencidos pela lógica ou pelo apelo racional da mensagem cristã, agora as pessoas geralmente precisam experimentar a autêntica comunidade de Cristo antes que a fé faça sentido para elas. Elas não crêem mais simplesmente em certas coisas e, por conseguinte, pertencem oficialmente à igreja. As pessoas agora geralmente precisam *pertencer antes de crer*. É essa experiência mais próxima às pessoas que amam a Jesus e também a um modo de vida transformador que os ajuda a "ver a luz" e crer.

Stuart Murray, historiador da Igreja, observa que, quando o cristianismo se tornou mais popular no século IV, tornou-se mais fácil para as pessoas se considerarem parte da fé simplesmente porque pertenciam a uma igreja e acreditavam nas coisas certas. Finalmente, isso permitiu que a frouxidão moral adentrasse a igreja à medida que a ênfase se afastava da adoção de um modo de vida que exigia obediência a Cristo. O cristianismo se tornou mais sobre confessar credos e praticar rituais da igreja do que se comportar ou agir como Jesus tomados pelo entusiasmo de um relacionamento vivo com Deus. De maneira semelhante hoje, o evangelho tem sido um tanto mascarado pelo "igrejismo", cujo foco está em crer nas doutrinas corretas e ir à igreja para cumprir obrigações religiosas. Para realmente ver a verdade e fazer a escolha de seguir a Jesus, mais e mais pessoas agora precisam desse pacote todo de *pertencer* à comunidade cristã, bem como se *comportar* como Cristo.[28]

À medida que um grupo se insere e começa a *iniciar* uma resposta coordenada para semear o evangelho em seu contexto, é um bom momento para propositadamente encontrar maneiras de incluir e envolver

aqueles que ainda não são cristãos. Isso pode significar a criação de esferas relacionais para pertencimento, tais como grupos de interesses especiais, momentos de interação semanal em um pub ou bar local, grupos de processamento de fé, como o Curso Alpha, ou iniciativas de compaixão, como o programa Servir a Cidade. Essas linhas de serviço e pertencimento relacional proporcionam esferas naturais para compartilhar nossas histórias e, conforme o Espírito conduzir, proclamar a Jesus e as boas novas de Deus.

Encontrar maneiras de convidar pessoas para pertencer e participar enquanto exploram a fé é apenas um lado da moeda. As medidas tomadas por um grupo central para incluir e envolver os não-cristãos por vezes são meramente um convite do tipo "venha para cá". Tais medidas precisam ser complementadas por aquelas que envolvem "ir na direção deles". Uma equipe precisa se perguntar "para que seremos convidados por aqueles fora dos nossos círculos? Quem está nos estendendo um convite para pertencer e participar, e o que já está sendo realizado para que nós possamos nos unir?" Seria bom aprender com Jesus, que parecia procurar oportunidades para ser convidado (e no caso de Zaqueu, em Lucas 19:1-10, Jesus realmente deu um passo adiante e se convidou para ser um convidado na casa de Zaqueu!).

Qualquer que seja a escolha de uma equipe para incluir e envolver pessoas de fora, seu serviço e relacionamento devem ter ligação com a energia, a capacidade e o discernimento coletivo em equipe. Essa gestão das reservas internas da equipe, dos dons, das paixões e das lideranças ajudam a garantir a sustentabilidade, enquanto também os protege do esgotamento e de ganhar pouco alcance.

O próximo exercício ajudará sua equipe a explorar dois aspectos de pertencimento e comportamento: oferecendo àqueles que precisam e acessando-os em espaços já existentes em sua cidade.

---

28 MURRAY, Stuart. Post-Chrisendom: Church and Mission in a Strange New World. Waynesboro: Paternoster, 2005, p. 64-73.

Criando espaços para pertencimento e conduta

Tempo: 2 horas
Material: Quadro e pincéis

Este exercício de aprendizagem consiste em duas partes para ajudá-lo a cultivar os dois aspectos do *pertencimento* e da conduta: oferta e acesso.

Antes de iniciar os exercícios, revise com seu time as seguintes definições:

As oportunidades de *pertença* são ocasiões repetitivas para incluir nossos amigos em eventos, atividades ou grupos de interesse comum que também envolvem outros de nossa equipe ou comunidade de fé. Exemplos incluem equipes esportivas, clubes de livros, noites de pôquer e atividades no bairro.

Oportunidades de *conduta* são ocasiões que permitem que ainda-não-cristãos participem de práticas de disciplina em direção ao objetivo da formação espiritual. Essas oportunidades podem ocorrer dentro de nossa comunidade de fé ou em parceria com outro grupo. Os exemplos incluem: estudo da Bíblia / grupos de reflexão, experiências de adoração criativas, horários de oração em grupo ou projetos regulares de serviço (*semear shalom*).

CAPÍTULO 4

Parte 1: Oferecendo oportunidades para pertencimento e conduta

1. Juntos como uma equipe, nomeie algumas pessoas ainda-não-cristãs que estão à margem do seu grupo. O facilitador escreve seus nomes no quadro branco. Aqueles que os conhecem dão uma breve descrição de cada pessoa.

2. Considerando os interesses e personalidade dos nomes individuais no quadro:
    *   Sugira quantas maneiras você puder para oferecer oportunidades de *pertencer* a cada pessoa no quadro.
    *   Sugira quantas maneiras você puder para oferecer oportunidades de *conduta* a cada pessoa no quadro.

3. Discuta o seguinte com sua equipe: considerando os presentes, interesses e as lideranças de sua equipe, quem seria o melhor para convidar cada pessoa em uma ou mais das oportunidades de pertencimento ou de conduta que você listou? Como eles fariam o convite?

Parte 2: Acessando oportunidades de pertencimento e conduta

1. Cite as boas causas, clubes, grupos de interesse, ligas de esportes recreativos, etc. em sua cidade que sejam de interesse para sua equipe. Embora estes possam não ser formativos em um sentido de "discípulo cristão", eles frequentemente podem promover conexão relacional e abertura para Deus / espiritualidade. O facilitador escreve isso no quadro. Responda às seguintes perguntas:
    *   *O que lhe interessa sobre esses grupos?*
    *   *Como os indivíduos da sua equipe (ou talvez de toda a equipe) podem se envolver nas redes, grupos e iniciativas de serviço social de não-cristãos na sua região?*
    *   *Como o envolvimento com esses grupos proporcionaria maior acesso a oportunidades de pertencer e de conduta para as pessoas que você identificou acima? Como esse envolvimento pode ser uma ponte para as oportunidades de pertencimento e de conduta oferecidas por sua comunidade de fé?*

2. Pares da equipe se voluntariam para visitar um ou mais desses grupos na próxima semana.

3. Na próxima reunião de equipe, conte a história de suas visitas e avalie a experiência em conjunto. Quais etapas você vai adotar esta semana para convidar outras pessoas a participarem junto com você em uma ou mais dessas oportunidades?

Iniciar não é apenas sobre o que fazemos. É também sobre o que dizemos. Ao falarmos sobre a proclamação – o que normalmente chamamos de evangelismo –, muitas vezes perdemos de vista algumas coisas importantes. Em primeiro lugar, o evangelismo é sobre a proclamação das boas novas. No Novo Testamento, a palavra que traduzimos como *evangelho* realmente significa *boas novas*. A versão em latim dessa mesma palavra grega, *evangel*, constitui a base do verbo em português "evangelizar". Embora não seja gramaticalmente correto dizer assim, quando evangelizamos um amigo, estamos essencialmente *boanoticiando* para ele ou ela. Ser evangelista é ser um portador das boas notícias. Vale lembrar disso quando falamos de Jesus àqueles que não o conhecem. As boas novas marcam nossa maneira de ser e nossa mensagem? Nós nos concentramos tanto na má notícia do pecado humano e na sua separação de Deus que isso acaba abafando nossas boas novas? Tratamos as pessoas como nossos projetos, em vez de tratá-las com a mesma dignidade e amor imutável que Jesus ofereceu? Compartilhamos as boas novas e, por meio do nosso cuidado para com as pessoas, *somos* boas novas para elas.

Outra coisa que muitas vezes falta quando se fala de evangelismo é a simplicidade do que estamos proclamando: uma Pessoa viva. Eu, Dan, perguntei uma vez a um grupo de amigos cristãos o que queremos dizer quando usamos a palavra evangelho. Que boas novas são essas que estamos proclamando? Alguns disseram que o Reino de Deus está próximo – o governo bondoso de Deus sobre toda a criação é apresentado com a vinda do Filho de Deus. Alguns mencionaram que Cristo morreu numa cruz pelos pecados do mundo para que pudéssemos ser perdoados e adotados como filhos de Deus. Outros disseram que a boa nova é que Jesus, o Messias, reina, e não qualquer César dos dias atuais nem qualquer outro poder. Ainda assim, outros mencionaram que Deus está reconciliando e fazendo todas as coisas novas – colocando os humanos em um relacionamento correto com Deus, pessoas em relacionamentos corretos uns com os outros e libertando toda a criação da corrupção, da decadência e da morte.

Todas essas definições inquestionavelmente fazem parte das boas novas, e há ainda mais a acrescentar. Porém, o que eu notei que estava faltando em todas as definições da nossa igreja-mundo foi Jesus Cristo, a Pessoa viva. Quando trazemos boas novas, anunciamos a vinda do Ressurreto, o que vivo está. Quaisquer que sejam as palavras que escolhemos para descrever o evangelho, estamos testemunhando um Deus vivo e muito amoroso. A História em que Jesus está situado é muito importante e faz parte das camadas do evangelho que compartilhamos. É esse Jesus que conhecemos e amamos e com quem nos relacionamos que é a essência de nossas boas novas e, apenas secundariamente é o evangelho como conceitos a se entenderem ou como um enredo cativante que podemos contar aos outros.

Como diz 1 João 1:1, "O que era desde o princípio, o que ouvimos, o que vimos com os nossos olhos, o que contemplamos e as nossas mãos apalparam – isto proclamamos a respeito da Palavra da vida". Proclamamos a mensagem e proclamamos a Pessoa viva de Jesus Cristo.

Enquanto as equipes iniciam as atividades para demonstrar e proclamar o evangelho, é bom reunir-se em torno de uma definição comum do que significa se envolver em evangelismo. Embora existam muitas maneiras pelas quais as pessoas definem isso, um autor de um livro popular sobre evangelismo definiu o termo desta maneira:

O evangelismo é aquele conjunto de atividades amorosas e intencionais governado pelo objetivo de iniciar pessoas no discipulado cristão em resposta ao reino de Deus.[29]

A série de exercícios seguinte foi criada para ajudá-lo a discernir e desenvolver uma abordagem de evangelismo que seja apropriada para seu contexto.

---

29 JONES, Scott J. The Evangelistic Love of God and Neighbor. Nashville: Abingdon Press, 2003, p. 18.

Criando sua própria definição de evangelismo e discernindo sua prática

Tempo: 60 a 90 minutos
Material: diário/caderno, lápis e canetas, quadro branco e marcadores para quadro branco, post-its

Este exercício foi dividido em duas partes: reflexão pessoal e em equipe.

Reflexão pessoal:

1. Escreva a definição acima de evangelismo. Deixe bastante espaço entre as linhas e palavras. Depois, responda às perguntas abaixo:
   - *O que você gosta nessa definição? Circule essas partes/palavras.*
   - *O que diria que está faltando, não está claro ou mal elaborado? Corte essas frases/palavras.*
   - *O que precisa ser adicionado? Adicione seus pensamentos/palavras onde for apropriado.*
   - *Você pode adicionar algo sobre a orientação do Espírito Santo.*
   - *Referências da Escritura podem ser importantes para você. Adicione o que achar necessário.*
   - *Você pode acrescentar algo que seja específico ao grupo de pessoas com quem você trabalha.*

2. Quando terminar com a "cirurgia" dessa definição, escreva sua própria definição coesa de evangelismo em seu diário/caderno e em um post-it.

Reflexão em equipe:

1. Se revezem para compartilhar as definições de evangelismo. Coloquem as notas no quadro branco e leiam-nas em voz alta para a equipe. Ouça atentamente às definições dos outros.

2. Depois que todo mundo compartilhar sua definição, o grupo compila uma lista de resultados esperados no evangelismo. O facilitador os escreverá no quadro. Para cada resultado, liste duas ou três ações que podem inspirar esses resultados.

   Exemplos:

   Resultado: uma pessoa aprende que Deus é fiel.
     Ações: conte um momento no qual Deus provou ser fiel em sua vida.
       Mostre o que fidelidade.
   Resultado: uma pessoa aprende que pode falar com Deus.
     Ações: pergunte se já orou alguma vez antes.
       Ofereça-se para orar por ela (ensine como orar).

3. À medida que você faz a pesquisa sobre os resultados esperados, responda as perguntas de discussão sugerindo alguns itens de ação que podem atrapalhar/ajudar nessa situações.

Atrapalham:

- *Em que você se sente contrariado em seu contexto que vai atrapalhar esses objetivos?*
- *Discuta sobre maneiras que você pode reduzir ou minimizar o efeito dessas coisas que parecem ficar no caminho do evangelismo no seu contexto.*

Ajudam:

- *O que a cultura oferece que o ajudará em seu contexto específico?*
- *Como você impulsionará esses aspectos positivos do seu contexto?*

4. Enquanto o facilitador registra as respostas no quadro, escreva-as em seu diário/caderno. Escolha um item de ação para colocar em prática com um parceiro nesta semana.

5. A equipe deve se encontrar em uma semana. Relate seus resultados para toda a equipe, avaliando o sucesso ou o fracasso em atingir os resultados. Seus resultados precisam ser revistos? Se sim, a equipe deve estabelecer um tempo para ajustá-los.

Agora que já chegamos a uma definição de evangelismo que funciona e a um conjunto de resultados esperados, vamos observar como Jesus e Paulo evangelizavam. Com certeza há muito o que aprender com a abordagem deles!

Primeiramente, vamos considerar a forma que Jesus compartilhava as boas novas.

Comparando a forma que Jesus compartilhava as boas novas com a nossa

Tempo: 60 a 90 minutos
Material: Bíblia ou cópias de João 4, diário/caderno, lápis ou canetas

1. Em pequenos grupos, leia João 4:1-38 três vezes em voz alta. O que chama sua atenção?

2. Analise a progressão do encontro de Jesus com a mulher samaritana. Em seu diário/caderno, escreva a estratégia Dele em tópicos. Ao lado de cada ponto, anote que valor Jesus exemplifica.

3. Revezem-se para contar sobre um momento em que você compartilhou as boas novas para alguém. Se você nunca fez isso antes, conte uma vez em que você viu alguém fazê-lo, ou quando alguém compartilhou as boas novas com você.

4. Depois que todas as histórias forem contadas, responda as perguntas abaixo:
   - *Diga os valores que foram empregados.*
   - *Tendo em vista o exemplo de Jesus, como poderia ter sido diferente e talvez mais eficaz?*
   - *O que você ouviu dos outros que pode encorajá-lo em seu próprio evangelismo?*

Claro que Jesus é Deus, então talvez não seja justo nos compararmos muito com o jeito que Ele evangelizava. Entretanto, podemos pelo menos reconhecer que as formas como Ele agia são dignas de serem imitadas. Jesus se envolvia nos contextos sociais, levando suas conversas espirituais para a esfera pública. Na passagem de João 4 supracitada, Jesus usa o exemplo imediato da água como uma maneira de atraí-la para conversas sobre questões mais profundas e para estimular o interesse espiritual. Jesus, apesar de saber a história sórdida dessa mulher, não a condenou. Ele também se focou no assunto central, recusando-se a se distrair pelas tentativas da mulher de fugir de Suas perguntas. Em vez disso, Jesus guiou a conversa para o que era mais importante e chamou a mulher para responder à realidade de que era o Messias que estava diante de seus olhos. É especialmente importante observar a atitude de humildade de Cristo ao longo desse encontro. A humildade deve regrar cada aspecto do nosso evangelismo. Além disso, observe a disposição de Cristo em ultrapassar ousadamente as barreiras culturais com o propósito de levar água viva às pessoas, especialmente àquelas que são facilmente esquecidas ou desprezadas, como no caso da mulher samaritana.

Agora, vamos ver a abordagem evangelística de Paulo.

Observando e aplicando os princípios do evangelismo de Paulo

Tempo: 60 a 90 minutos
Material: Bíblia, diário/caderno, lápis ou caneta

1. Leia II Cor. 5:17-21 algumas vezes, pelo menos uma vez em voz alta. Depois, responda as perguntas abaixo em seu diário/caderno:
    *   *O que levou Paulo a compartilhar o evangelho tão destemidamente?*
    *   *O que estava no coração da mensagem de Paulo sobre as boas novas?*
    *   *Com o que ele parecia se importar mais? (DICA: o que foi repetido?)*

2. Leia Atos 16. Responda as perguntas abaixo em seu diário/caderno:
    *   *Quando e como Paulo confiou em Deus?*
    *   *Onde você vê evidências do planejamento estratégico de Paulo?*
    *   *Como uma demonstração do poder de Deus abre portas para o evangelho?*

3. Leia Tito, capítulos 2 e 3, atentamente. Responda as perguntas abaixo em seu diário/caderno:
    *   *A palavra "tato" é definida como: 1) um senso apurado do que dizer ou fazer para evitar ser ofensivo; 2) habilidade em lidar com situações difíceis ou delicadas. Apesar de Paulo não usar a palavra tato, ele recomenda diversos grupos de seguidores de Cristo a agir dessa maneira. Identifique exemplos nos quais ele pede que seus leitores tenham tato em favor do evangelho. O que mais você nota na estratégia de Paulo?*
    *   *O que você acredita ter sido a maior razão de Paulo em pedir aos cristãos de Creta que tenham tato em seus comportamentos? Como isso pode ser aplicado em sua prática evangelística?*

Como com Jesus, é um pouco injusto para nós tentarmos extrair muito dessas passagens bíblicas para informar o nosso evangelismo atual. Afinal de contas, nenhum de nós somos apóstolos hoje na maneira como Paulo era para a igreja primitiva. Contudo, vemos elementos que são aplicáveis a nós. Em sua exortação aos Coríntios (II Cor. 5:17-21), o evangelismo de Paulo envolveu um apaixonado senso de urgência. Ele não simplesmente proclamou, mas teve um senso sincero e nítido de quão importante era as pessoas não procrastinarem, mas sim receberem o dom de Deus e serem reconciliadas. Ele usa a palavra "reconciliado" em várias formas cinco vezes nessa curta passagem, já que ele tanto desejava que as pessoas tomassem atitude e fechassem essa lacuna entre si e Deus.

No enredo de Atos 16, vemos Paulo se voltando para o senso comum e para a confiança no poder e na liderança de Deus no evangelismo. Com sabedoria, nós o vemos escolhendo circuncidar Timóteo para aumentar a repercussão do evangelho entre os judeus. Então, o escritor Lucas mostra Paulo caminhando em seu chamado aos gentios, mas sempre sensível à liderança e ao tempo do Senhor. Deus bloqueia seu progresso na Bitínia por um momento e os direciona para a região da Macedônia. Lá, Paulo toma uma decisão estratégica em não realizar o ministério na cidade de Neópolis, a fim de chegar a Filipos, a cidade líder do distrito. Em Filipos, eles se estabeleceram "por vários dias", descobriram um lugar de oração onde pessoas que buscavam a Deus se reuniam e depois elegeram esse local como a área para se compartilhar Cristo. Paulo e sua equipe continuavam indo adiante conforme Deus ia abrindo as portas. Lídia se converte e acolhe o grupo cada vez maior de Paulo. O progresso do evangelho é otimizado por Deus, validando as boas novas com poder. Certamente, podemos imitar a atenção de Paulo ao bom planejamento, sua confiança no direcionamento de Deus a cada momento e sua expectativa de que Deus movesse por vezes em poder.

Finalmente, nos capítulos dois e três de Tito, vemos várias e várias vezes a dedicação de Paulo em ajudar seus irmãos e irmãs cristãos a se comportarem de maneiras favoráveis ao evangelho. Em suas famílias, em suas vocações, em sua participação como bons cidadãos na sociedade – em qualquer função em que se encontravam –, eles devem se comportar com tato para que sua reputação e estilo de vida tornem o evangelho mais atrativo (Tt 2, 4- 5, 2: 8, 2: 9-10, 3: 1-2, 3:14). E, para que não tenhamos problemas em citar o conselho de Paulo a mulheres e escravos aqui, vamos ser claros sobre o que ele parece estar ensinando. Paulo não estava condescendendo com a escravidão ou, no caso das mulheres, insistindo que continuassem "ocupadas em casa", como se essas instruções fossem a vontade imutável de Deus (2:5). Paulo pede paciência e resistência às dificuldades dos escravos e das mulheres, porque, naquele contexto cultural, tanto a escravidão como as mulheres confinadas vocacionalmente à vida doméstica eram normas sociais. O objetivo imediato de Paulo não era derrubar a velha ordem. Parecia ele crer que os princípios do evangelho eventualmente resolveriam esses desequilíbrios com o passar do tempo. O objetivo naquele momento era não dar qualquer razão às pessoas de "caluniar a palavra de Deus", e também para "fazer de todos os modos o ensino sobre Deus, nosso Salvador, atraente".

Tudo isto para dizer que, seja seguindo o exemplo de Cristo ou de Paulo, as nossas comunidades eclesiásticas e qualquer grupo com o nome de "cristão" devem viver juntos de forma responsável, humilde e atraente à cultura hospedeira, de modo que as pessoas possam ser atraídas a explorar a mensagem e a Pessoa por trás dessas atitudes e ações: Jesus.

Muitas pessoas são tímidas ou relutantes em falar sobre grandes questões, como os temas abordados no Evangelho. Portanto, um missionário perspicaz procura maneiras confortáveis de construir amizades com as pessoas. Elas fornecem vias de acesso a uma cultura com menos barreiras, bem como expressam a hospitalidade a uma cultura em pequeninas porções. Envolvem, também, relacionar-se com pessoas além da "conversa de elevador". Fáceis vias de acesso às pessoas podem envolver aspectos comuns de música local, dança, comida, um tipo específico de dom, festivais, arte, atividades recreativas etc. A história abaixo de Deborah Loyd ilustra um exemplo de descoberta de uma via de fácil de acesso.

Planejamos começar uma igreja em uma área metropolitana política e socialmente liberal de Portland. Sabíamos que as pessoas atraídas para o nosso projeto eram jovens hipsters (nosso coração explodiu). Não tinhamos qualquer problema em fazer amigos e conversar tomando um cafezinho. Eles ficaram intrigados conosco por algumas razões, mas, à medida que as semanas passavam, ficava claro que eles não se comprometeriam com uma comunidade da igreja, embora estivessem sedentos por uma prática espiritual que fizesse sentido para eles. Não obstante mantivessem os momentos de café conosco, e tivéssemos muitas conversas espirituais instigantes, não havia compromisso além disso. Estávamos confusos quanto ao que fazer em seguida. Como poderíamos ser acolhedores falando a língua deles?

E foi então que a nossa filha de 18 anos disse: "faça parecer uma boate, escura e barulhenta. Dê instrumentos e deixe-os decorar o prédio". Depois de descobrir o líder de fato da comunidade, fizemos uma proposta para ele, porque observamos que outros confiavam nele e seguiam sua liderança. Ele poderia convidar qualquer pessoa que quisesse para o projeto de construir um espaço para sua comunidade. Nós forneceríamos o orçamento e eles orientariam a decoração do prédio, quais instrumentos seriam incluídos e quais seriam as prioridades sociais. Ele confiou em nós para as prioridades espirituais. Juntos, criaríamos a comunidade. Em nosso primeiro dia, compareceram 82 músicos, artistas e dançarinos,

e durante onze anos esse número nunca foi menor que esse. Como observado, nossa filha sabia mais sobre como se aproximar da comunidade do que a gente. Ela foi nossa profetisa. Quais foram os caminhos para acessar a cultura? Música, arte, dança e o empoderamento do líder da comunidade, mas sobretudo controle criativo.

Alguns anos depois, acabamos em uma situação semelhante com um grupo de jovens que vivem nas ruas. Queríamos que eles se sentissem bem-vindos em nossa comunidade de fé. Onde descobrimos o acesso? Em sanduíches de pasta de amendoim e geleia, café e cigarros. Muitas igrejas dão comida, mas não muitas se sentem confortáveis distribuindo cigarros. Eu, certamente, não me sentia confortável. Apesar dos meus protestos, a comunidade prosseguiu e a comunidade estava certa. Nossos amigos que vivem ao ar livre começaram a ir às nossas reuniões semanais. Eles começaram trabalhando como voluntários na limpeza e, por fim, alguns se juntaram à equipe de adoração. Como a nossa comunidade descobriu esse ponto de acesso? Eles foram para o centro da cidade, onde nossos amigos se reuniam, observaram e notaram o que sua comunidade mais valorizava. Em seguida, testaram sua hipótese e confirmaram suas observações. Assim, o evangelismo com cigarro foi lançado. Desde então, nasceram mais duas igrejas que servem mais de quatrocentas pessoas desamparadas em nossa cidade... E distribuem cigarros.

Embora distribuir cigarros para pessoas marginalizadas em nossa cidade possa parecer bem pouco convencional em alguns círculos, a história de Deborah ilustra que algumas vezes meios não convencionais são exatamente o que precisamos para ganhar acesso à outra cultura. Todas as culturas têm essas vias de acesso. A dificuldade para nós, forasteiros, é encontrá-los. O exercício seguinte ajudará sua equipe a descobrir suas próprias, e potencialmente surpreendentes, vias de acesso à cultura.

Descobrindo vias de acesso à cultura

Tempo: 60 minutos
Material: acesso à internet, cadernos, lápis ou canetas

1. Em pequenos grupos, reveja suas observações sobre II Coríntios 5, Atos 16 e Tito 2-3 do exercício de aprendizagem ***Observando e aplicando os princípios do evangelismo de Paulo*** neste capítulo. Revise a forma como Paulo se envolvia no evangelismo e também como ele encorajava a igreja primitiva a se conduzir de acordo com os valores daquela cultura específica. Sobre quais valores Paulo estava falando? Liste-os em seus cadernos.

2. Agora, considere seu contexto específico ou a cultura que você deseja alcançar. Aqui estão algumas perguntas que refletem seus valores culturais:
   - *São matriarcais ou patriarcais?*
   - *Como tratam os mais fracos?*
   - *Qual é o valor do trabalho nessa cultura?*
   - *Qual é o valor dos recursos locais ou da propriedade de terra?*
   - *Como dão e recebem presentes?*
   - *Quais são as marcas de pertencimento?*
   - *Quais práticas religiosas você consegue notar?*
   - *Quanto tempo leva para alguém de fora se sentir pertencente?*
   - *Qual é o papel que a arte ou a beleza desempenham nas compreensões culturais?*
   - *Como usam a linguagem?*
   - *Essa sociedade vive em volta do que?*
   - *A que dão mais valor?*
   - *Outras coisas sobre as quais você possa ter curiosidade que o dariam uma via de entrada para essa cultura.*

3. Cada pessoa em seu pequeno grupo escolherá uma dessas perguntas acima para responder. Em seguida, elas devem acessar a internet ou falar com seus defensores culturais para pesquisar informações contextuais para a pergunta escolhida. O que as suas descobertas mostram sobre os valores em seu contexto?

4. Relate suas descobertas para seu pequeno grupo. Desenvolva algumas estratégias de abordagem para seu contexto de acordo com o que pesquisou.

5. Escolha uma via de acesso e faça um plano para praticá-la com seu pequeno grupo no decorrer do mês. Agende uma reunião com a equipe para se encontrarem e compartilharem suas experiências.

Enfatizando o lado comunitário do evangelismo

Começamos este capítulo discutindo a necessidade de o discernimento ser um comportamento comunitário. Esse discernimento coletivo permite que os membros da equipe definam com sabedoria seu compromisso individual e comunitário de compartilhar o evangelho. Embora seja importante que cada membro de uma equipe e comunidade faça a sua parte no evangelismo (e trataremos brevemente desse papel individual), queremos dedicar a maior parte do restante deste capítulo para enfatizar o papel coletivo do corpo local de Cristo no evangelismo, mostrando também como aqueles que são excepcionalmente dotados para o evangelismo se encaixam nesse cenário.

O autor e evangelista Michael Frost afirma que todo seguidor de Cristo é chamado a viver de tal maneira que inspire o povo não cristão a fazer perguntas sobre Deus, sobre fé e sobre nosso modo de vida. No entanto, Frost argumenta que dizer que todo crente é um evangelista é um mito. Em vez disso, ele diz que o apóstolo Paulo assume uma dupla abordagem quando se trata de evangelismo. Paulo, escrevendo como um apóstolo e como um evangelista talentoso, escreve para a igreja em Colosso:

[2] *"Dediquem-se à oração, estejam alertas e sejam agradecidos. Ao mesmo tempo, orem também por nós, para que Deus abra uma porta para a nossa mensagem, a fim de que possamos proclamar o mistério de Cristo, pelo qual estou preso. Orem para que eu possa manifestá-lo abertamente, como me cumpre fazê-lo. Sejam sábios no procedimento para com os de fora; aproveitem ao máximo todas as oportunidades. O seu falar seja sempre agradável e temperado com sal, para que saibam como responder a cada um"* – Col. 4:2-6

Paulo pede aos colossenses que orem pelos evangelistas, tanto por oportunidades de compartilhar Cristo e como por coragem para proclamar o evangelho. Porém, ele não enfatiza que os colossenses orem por si mesmos na mesma medida em que lhes pede para orar pelo ministério dos evangelistas. O papel de crentes que não têm dons evangelísticos (como em Efésios 4:11) é conduzir-se de forma sábia em direção às pessoas de fora e buscar oportunidades para responder às perguntas feitas.

Essencialmente, Frost argumenta que os evangelistas devem proclamar e os crentes devem dar respostas. Ele capta essa distinção nesta tabela bastante útil:

A dupla abordagem de Paulo para evangelismo na igreja

Tipo de ministério	Prioridades	Tipo de ministério falado
Evangelistas com dons	Clareza no evangelho; procura por oportunidades	Proclamação audaciosa
Crentes evangelistas	Oração; vigilância; socialização sábia	Respostas graciosas

Frost acredita que o Apóstolo Pedro está em concordância com Paulo. Considere I Pedro 3:15-16, por exemplo:

[15] *"Antes, santifiquem Cristo como Senhor no coração. Estejam sempre preparados para responder a qualquer que lhes pedir a razão da esperança que há em vocês. [16] Contudo, façam isso com mansidão e respeito, conservando boa*

consciência, de forma que os que falam maldosamente contra o bom procedimento de vocês, porque estão em Cristo, fiquem envergonhados de suas calúnias".[30]

Ainda que essa distinção não seja adequada para descrever a diferença de ministérios de evangelistas com dons e crentes evangelistas, ela nos ajuda a ver que ambos os evangelistas, aqueles raros com "E maiúsculo" e os mais comuns com "e minúsculo", devem trabalhar juntos. Ao trabalharem juntos, a equipe ou igreja se torna mais eficiente no evangelismo. As ideias de Frost ressaltam que a apresentação simples e unida da igreja a respeito da vida de Jesus leva as pessoas a fazerem perguntas.[31]

Essa apresentação comunitária de uma vida de evangelismo atraente é certamente um tema forte no Novo Testamento. Observe o que Jesus diz em Mateus 5:13-16:

[13] *"Vocês são o sal da terra. Mas se o sal perder o seu sabor, como restaurá-lo? Não servirá para nada, exceto para ser jogado fora e pisado pelos homens.* [14] *Vocês são a luz do mundo. Não se pode esconder uma cidade construída sobre um monte.* [15] *E, também, ninguém acende uma candeia e a coloca debaixo de uma vasilha. Pelo contrário, coloca-a no lugar apropriado, e assim ilumina a todos os que estão na casa.* [16] *Assim brilhe a luz de vocês diante dos homens, para que vejam as suas boas obras e glorifiquem ao Pai de vocês, que está nos céus"*

Ao contrário da nossa leitura frequentemente individualista desses versos, o Senhor está falando com Seu povo corporativamente.

Também vemos esse papel coletivo na proclamação ensinado ao longo de toda a carta de Paulo a Tito. E Filipenses 2:14-16 (A mensagem) talvez capture da forma mais nítida possível o ensinamento de Paulo:

"Façam tudo pronta e alegremente — nada de brigas ou apelações! Apresentem-se imaculados para o mundo, como um sopro de ar fresco nesta sociedade poluída. Deem às pessoas um vislumbre de uma vida boa e do Deus vivo. Levem a Mensagem portadora de luz noite adentro, para que eu possa me orgulhar de vocês no dia em que Cristo voltar. Vocês serão a prova viva de que não trabalhei em vão".

Como o autor Bryan Stone uma vez disse,

"O evangelismo cristão é fundamentalmente baseado na eclesiologia. Pode até se dizer que a igreja não precisa de uma estratégia evangelística. A igreja é a estratégia evangelística".[32]

O exercício a seguir vai ajudar sua equipe a aprofundar o seu conhecimento sobre o papel da comunidade no evangelismo, bem como criar um plano para colocar isso em prática.

30 FROST, Michael. Surprise the World: The Five Habits of Highly Missional People. Colorado Springs: Navpress, 2016, p. 1-7. Tabela usada com autorização.

31 É interessante que Frost apresenta o exemplo de uma igreja vivendo o tipo de "vida questionável" sobre o que ele está falando. A *Small Boat Big Sea* (em português, Barco Pequeno, Grande Mar), em Sydney, Austrália, definiu um ritmo de vida espiritual que foi ilustrado em cinco práticas simples. O ritmo tem o acrônimo em inglês B.E.L.L.S. (em português, sinos): abençoar, comer e beber, escutar o Espírito, aprender sobre Cristo e Seus caminhos, agir como enviados (procurando por oportunidades para alertar as pessoas sobre o reino de Deus). Após mais de uma década vivendo dessa maneira, pode-se dizer que essa forma de viver continua provocando muitos questionamentos por parte daqueles que estão fora da igreja!

32 STONE, Bryan. Evangelism after Christendom: The Theology and Practice of Christian Witness. Grand Rapids: Brazoz, 2006, p. 15.

O papel da comunidade no evangelismo

Tempo: 60 minutos
Material: quadro branco e marcadores de quadro branco, diário/caderno, lápis e canetas

1. Leia em silêncio as citações abaixo. Sublinhe palavras ou conceitos que achar interessante ou importante.

    A Igreja deve ser inerente à história cristã. É a presença e a encarnação da história cristã que a torna compreensível (e talvez até atraente) para a sociedade. São as ações da comunidade cristã que "exegetam" a mensagem cristã. Dizer que os cristãos acreditam em Deus é "verdade, mas não é interessante" até que a comunidade se molde para revelar o caráter do Deus cristão.[33] - Daniel Oudshoorn

    A congregação deve estar tão profunda e intimamente envolvida nas preocupações seculares do bairro que fica claro para todos que ninguém ou nada está fora do alcance do amor de Deus em Jesus [...] Deve ficar claro que a congregação local cuida do bem-estar de toda a comunidade e não apenas de si [...] Porém, e este lembrete é muito necessário, esse envolvimento não deve se tornar algo que abafe a nota característica do evangelho. A igreja não deve caber tão confortavelmente na situação de modo que seja simplesmente acolhida como mais uma bem-intencionada agência de filantropia.[34] - Lesslie Newbigin

2. Em pequenos grupos, revezem-se contando o que sublinharam. Por que foi significativo para você? O que o inspirou?

3. Revezem-se respondendo às perguntas abaixo:
    *   *Como sua equipe pode se moldar "para revelar o caráter do Deus cristão"?* (Tornando-se algo diferente)
    *   *Como a sua "congregação local cuida (ou pode cuidar) do bem-estar de toda a comunidade e não apenas de si"?* (Fazendo algo diferente)

4. Reunidos em equipe, cada pequeno grupo compartilha suas respostas para "tornar-se" e "fazer" algo diferente. O facilitador escreve as respostas no quadro branco.

5. Em equipe, decidam uma maneira que sua equipe espera "tornar-se" algo diferente ou outra forma que você espera "fazer" algo diferente a respeito do evangelismo em seu contexto.

---

33 OUDSHOOM, Daniel. Speaking Christianly as a Missional Activity in the Midst of Babel. Stimulus, vol. 14, Nº 1, fev. 2006.

34 WESTON, Paul. Lesslie Newbigin Missionary Theologian: A Reader. Cambridge: SPCK, 2006, p. 145.

6. Ainda em equipe, desenvolva um plano simples que você possa utilizar como prática comunitária para ajudar a "tornar-se" e a "fazer". No exercício anterior, **Descobrindo vias de acesso à cultura**, você colocou em prática novas vias de acesso ao seu contexto. Liste algumas abordagens que foram bem sucedidas. Como você iria além para "tornar-se" e "fazer"? Escreva isso em seu diário/caderno e discuta acerca delas enquanto desenvolve seu plano.

7. Marque uma data com a sua equipe para começar sua nova prática comunitária. Marque outra data para a avaliação de seus resultados.

8. Implemente seu plano e depois levante dados conforme a sua agenda!

Outras estratégias para nos ajudar a sermos evangelistas melhores

As comunidades missionais precisam viver bem, no poder do Espírito, para provocar questionamentos nas pessoas de fora para que tenham oportunidades de compartilhar as boas novas. Contudo, que outras estratégias podem ser úteis para mobilizar o corpo para a proclamação? Aqui estão algumas que você pode levar em consideração, e o convidamos a elaborar sua própria lista.

- O evangelista e fundador da Comunitás, Linus Morris, quando perguntado sobre a maneira mais eficaz de levar as comunidades ao evangelismo, tinha isto para oferecer: "faça perguntas, expresse interesse genuíno na vida das pessoas. Em algum momento, ao longo do tempo, você vai ver que as conversas vão pender tanto para o lado do seu próximo que, finalmente, ele vai começar a fazer perguntas sobre sua vida". De que maneira somos ouvintes que vêm munidos de perguntas e paciência?

- Quantos de nós vimos pessoas chegarem à fé porque a palavra/vida estão unidas a demonstrações do poder do Espírito Santo? Em Atos 13, Paulo encontra um feiticeiro judeu, Simão Barjesus, e declara cegueira sobre ele como

sentença por sua tentativa de bloquear o progresso do evangelho. O texto nos diz que o procônsul, um "homem culto", crê quando vê o que aconteceu, "profundamente impressionado com o ensino do Senhor". Oramos com expectativa, na esperança de que Deus por vezes validará a verdade do evangelho com atos de poder ou palavras de conhecimento ou profecia?

- Grande parte da questão do evangelismo se resume aos crentes aprendendo alguns conceitos básicos e simples. Oramos regularmente pelos nossos amigos? Isso é tanto para nossos corações quanto para ver Deus abrir seus corações. Priorizamos o tempo relacional com pessoas que não conhecem a Jesus? O tempo gasto com os não cristãos mostra que os valorizamos, e isso muitas vezes os leva a se sentirem seguros o suficiente para fazerem perguntas e serem vulneráveis. Posicionamos estrategicamente nossos amigos cristãos dentro de nossas redes? O evangelho é, então, visto e ouvido por meio das vidas de um grupo e não apenas de nós como indivíduos. Perguntamo-nos uns aos outros sobre a fé? Isso nos dá a oportunidade de saber o que nossa resposta autêntica e pessoal poderia ser se/quando nossos amigos não cristãos perguntarem. Finalmente, identificamos um ou dois evangelistas talentosos em nossa equipe? Precisamos orar por seus ministérios e integrá-los nas oportunidades que Deus está dando ao corpo.

Considerações finais: *Uau! Então,* iniciar *envolve diversas atividades importantes! Nós discernimos e decidimos como podemos semear o* **shalom** *de Deus de maneiras que sejam saudáveis, estratégicas e sustentáveis. Nós nos organizamos para demonstrar e proclamar sensivelmente as boas novas em nome de Cristo, ao mesmo tempo em que começamos a praticar a comunhão, a comunidade e a missão. À medida que nossa equipe de plantação de igrejas colocar em prática a dinâmica inicie, encontraremos maior liberdade ao seguirmos Jesus na missão em nosso contexto local. E haverá frutos em razão de uma base crescente de relacionamentos que se movem na direção de Jesus, com alguns – se o Senhor quiser – decidindo dobrar os joelhos diante Cristo pela primeira vez.*

(M) Faça um PAM!

Volte ao seu Plano de Ação Missional no Apêndice A. Vá para a seção *Inicie* na seção *Estratégia*. Percorra com sua equipe as perguntas lá sugeridas à luz das reflexões feitas nos exercícios deste capítulo. Escreva três atividades de *iniciação* que sua equipe se comprometerá a fazer.

Minhas reflexões sobre *iniciar*:

Quais dúvidas você ainda tem sobre iniciar?

Como você vai abordar a cultura de forma diferente?

O que você aprendeu sobre evangelismo que você não sabia antes?

Se você tivesse que classificar quão confortável se sente ao evangelizar em uma escala de um a dez, dez sendo o mais confortável e um sendo o menos, que nota se daria?

O que funcionou bem para você neste capítulo? O que você está animado para fazer?

O que precisa ser mudado? O que você está evitando?

Quais lições aprendeu neste capítulo?

PARTE TRÊS –APROFUNDANDO: FORMANDO QUEM SOMOS

Com as dinâmicas da **inserção** *e da* **iniciação** *ativadas, estamos bem no nosso caminho para nos tornarmos uma comunidade capaz de demonstrar e proclamar o evangelho intencionalmente. Criamos maneiras para que as pessoas pertençam e participem ao nosso lado enquanto exploram quem é Jesus e a diferença que Ele faz em nossas vidas. Estamos agindo como uma comunidade missional com impulso o suficiente para desafiar uns aos outros a crescer em direção a Deus e aos outros. Nesta fase, é a hora certa para aprofundarmos e concordarmos a respeito da nossa identidade comunitária e o nosso modo de vida juntos para que possamos não apenas nos formar como comunidade sustentável, mas também nos formar como um povo que pensa, age e cuida como Jesus. As perspectivas, as atividades e os processos estruturados que nos ajudam a aprofundar o discipulado e a iniciar a longa jornada de amadurecimento como uma igreja saudável são as dinâmicas* **pratique** *e* **amadureça.** *Essas dinâmicas, que são abordadas nos próximos dois capítulos, permitem que nossa comunidade espiritual cresça para se tornar uma igreja acessível, autogovernante e autossustentada.*

Capítulo 5 – Pratique: Expressando nossa identidade singular

À medida que continuamos a nos envolvermos em nosso contexto por meio da inserção *e da* iniciação, *é muito provável que nos encontremos em meio a uma pequena comunidade. Como plantadores de igrejas, nosso instinto natural é tornar nosso projeto "oficial" começando um culto de adoração. Por agora, nós o exortamos a resistir a esse instinto. Há um pouco mais de trabalho a ser feito primeiro. E esse trabalho é crítico nesta fase – compreender quem somos, quem queremos ser e como vamos chegar lá. Precisamos estabelecer nossa identidade comunitária. Neste capítulo, vamos guiá-lo por inúmeros exercícios para ajudá-lo a resolver todas as questões relacionadas à identidade: sua visão, seus valores, suas crenças, suas metáforas essenciais e talvez até mesmo ajudá-lo a dar um nome para a sua comunidade. A partir daí, vamos ajudá-lo a fazer o que muitas vezes é esquecido: vamos orientar sua equipe a desenvolver e adotar práticas e ritmos espirituais que o incentivem a ser verdadeiramente quem você diz ser. Este é um trabalho empolgante e importante: aprender a expressar sua assinatura única como um distinto corpo local de crentes!*

PRATIQUE - *expresse a identidade e a vida de Jesus para as quais está convidando as pessoas*

Neste ponto, você pode estar pensando: OK, gastamos uma boa parte do nosso tempo e da nossa energia vivendo como missionários locais. Estamos compreendendo mais a nossa cidade e, após nos inserirmos, encontramos maneiras de monitorar a cultura local. Conhecemos nossos vizinhos pelo nome e passamos a ter convivência. Ocasionalmente, servimos ao lado deles. Estamos aprendendo a ser melhores ouvintes do que falantes, mas, ao mesmo tempo, não hesitamos em compartilhar, de forma apropriada, Jesus como Deus nos pede. Organizamo-nos o suficiente como equipe para tomar decisões informadas sobre quando e quantas vezes nos encontramos, o que fazemos quando nos reunimos e como administrar essa coisa que estamos fazendo, que se tornou uma comunidade espiritual por direito próprio.

Então, o que vem depois? Não é esta a hora de alcançarmos e focarmos mais no desenvolvimento da vida em conjunto? Já que inserir-se e iniciar são sobre estabelecer a presença da semeadura do evangelho "lá fora", não é hora de criar uma forma de adoração compensatória para que todos possam participar "aqui dentro"?

O que significa *colocar em prática* e porque é tão importante

Bem, pode ser um bom momento para começar a se reunir de maneira mais formal e com regularidade como uma comunidade acessível, mas isso vai depender de uma série de fatores que estão relacionadas com a situação particular da sua equipe. Nós da Comunitás pensamos que, nesta fase, há atividades mais importantes que devemos dar nossa atenção do que mudar o nosso foco para o desenvolvimento de uma reunião de adoração com um grande grupo. Há duas razões para isso. Por um lado, é fundamental que as equipes continuem alimentando as dinâmicas de *inserção* e *iniciação* no seu grupo principal. Isso leva tempo e demanda atenção contínua. Não podemos apenas nos *inserir* e *iniciar* uma vez e pensar que está pronto. Pelo contrário, acreditamos que existe um trabalho ainda mais importante no qual devemos investir nossas energias nesta fase. A liderança da equipe deve agora ajudar a comunidade espiritual em formação a concordar sobre quem é e agir como tal, entender o que ela representa, para onde está indo e quais disciplinas ou ritmos irão moldar sua vida como povo.

A Comunitás rotula essas atividades com a palavra de ação *pratique*. Escolhemos esse verbo porque nesta fase a comunidade deve investir na prática ou na vivência de dois elementos de desenvolvimento: 1) sua identidade comunitária única – o que quer ser como um corpo local distinto com Jesus como o Cabeça; e 2) seu padrão de discipulado – o que ela quer que seus membros façam juntos para ajudá-los a pensar, agir e cuidar como Jesus. Esses dois elementos-chave funcionam como cola para ajudar a comunidade a se manter unida enquanto navega por mudanças, conflitos e influxos de novas pessoas com suas próprias ideias sobre o que um grupo deve ser e o que devem fazer.

A identidade comunitária inclui os aspectos relacionados ao *ser* da visão, dos valores, do nome, da postura teológica da nossa equipe etc. É diferente dos aspectos gerais de identidade de que falamos no capítulo um que se aplicam a todos os cristãos – nossa identidade pessoal como filhos amados de Deus e nossa identidade ou chamado geral para sermos criadores e cultivadores do *shalom* de Deus no mundo. Novamente, a identidade comunitária está relacionada com *a nossa marca única como um distinto corpo local de crentes.*

Nosso padrão de discipulado, por outro lado, inclui aquele conjunto definido de práticas ou ritmos que escolhemos para nos moldar ou formar positivamente à medida que os praticamos ao longo do tempo.

Agora, você deve estar dizendo para si mesmo: "sim, é claro que praticar é importante, mas não é tão difícil apresentar documentos bem formulados que capturam os elementos da nossa identidade e das nossas disciplinas espirituais". Isso é verdade! É fácil navegar nos sites de igrejas bem sucedidas ou plantações de igreja de ponta e cortar e colar a descrição perfeita de quem queremos ser e como vamos discipular pessoas. O que não é tão fácil é realmente viver ou experimentar essa identidade e esse modo de vida. É exatamente por isso que muitas equipes de liderança fazem a parte da definição bem ao passo que esco-lhem ignorar a *prática* real daquilo que definiram.

É por isso que a Comunitás enfatiza a *prática* como uma dinâmica-chave na plantação de igrejas missionais. As equipes precisam "percorrer o caminho" para experimentar o que significa *colocar em prática* uma identidade e um modo de vida antes que possam convidar, com credibilidade, outros para entrar nessa jornada comunitária de ser e fazer. Caso contrário, eles se tornam vendedores de uma identidade e um modo de vida que ainda não estão vivendo. Os valores, a visão, o nome, a teologia, as disciplinas espirituais etc. – esses elementos todos só significam algo porque foram delineados após terem sido realmente vivenciados no grupo. Como podemos alegar que eles têm significado para nós e nos transformam se nós mesmos não os testarmos?

Nos estágios iniciais da formação de uma comunidade, a equipe central precisará apenas produzir um conjunto básico de declarações de identidade e estruturar um padrão simples de práticas de discipulado. No entanto, os elementos e *práticas* que compõem nossa identidade comunitária e nosso padrão de discipulado precisarão ser monitorados e revisados com o tempo, uma vez que a igreja é um organismo vivo que precisa se adaptar para manter sua direção, seus valores, suas crenças e suas práticas consistentes com o objetivo de fazer mais e melhores discípulos.

A jornada para descrever quem somos (nossa identidade comunal)

Colocar em prática a identidade exclusiva do grupo pode não parecer tão importante para você agora, mas toda clareza e unidade que alcançarmos acerca da visão, dos valores, das crenças centrais e até mesmo do nome que escolhermos nos serão de

grande valia à medida que caminhamos para o futuro. Para começar, as pessoas terão a informação de que precisam para decidir se se encaixam ou não na nossa comunidade (e vice-versa). Essa clareza e unidade também nos dará uma maneira de avaliar quais oportunidades de ministério e parcerias nossa equipe deve buscar em meio a uma série de possibilidades.

Outra grande vantagem de se definir claramente a identidade do nosso grupo está relacionada à liderança. Com uma visão clara (por escrito) de quem a comunidade pretende ser, os líderes são capazes de servir ao grupo, mantendo o ministério, as atividades e o modo de agir dentro da esfera dessa identidade acordada. Esses acordos unem a comunidade de modo que os líderes não tenham de gastar todo seu tempo tentando manter as pessoas unidas. Como escreve a escritora espiritual e guru dos negócios Margaret Wheatley:

"[Foi dito] que a principal tarefa de ser um líder é se certificar de que a organização se conhece. Ou seja, devemos perceber que a nossa tarefa é reunir as pessoas com frequência, para que todos ganhem clareza sobre quem somos, quem acabamos de nos tornar e quem ainda queremos ser. Isso inclui as interpretações dadas por nossos clientes, nossos mercados, nossa história e nossos erros. Se a organização pode permanecer em uma conversa contínua sobre quem é e quem está se tornando, então os líderes não têm de realizar a impossível tarefa de tentar manter todos juntos".[35]

Embora Wheatley esteja se dirigindo a organizações empresariais, seu conselho é igualmente relevante para as comunidades que desejam formar igrejas sustentáveis. Em sua própria jornada de plantação

---

35 WHEATLEY, Margaret. Goodbye, Command and Control. Disponível em: <http://margaretwheatley.com/wp-content/uploads/2014/12/Goodbye-Command-and-Control. pdf> Acesso em: 15 set. de 2016.

de igrejas, a Eucaristia San Francisco, uma igreja parceira da Comunitás, descobriu quão importante é dar atenção à sua formação identitária. Ryan Jones, pastor fundador da Eucaristia, compartilha um pouco do processo de sua comunidade para discernir quem querem ser:

Quando começamos na área da Baía, esperávamos que nossos maiores desafios seriam de natureza financeira, dado o custo de vida em San Francisco. As finanças limitadas para atender às necessidades pessoais e ministeriais foram motivo de momentos de ansiedade, mas posso afirmar com segurança que as finanças não foram nosso maior desafio. Para nossa surpresa, praticamente todos os nossos desafios foram relacionados à reunião de um grupo central forte com um sentido de missão, cultura e visão alinhado, incluindo alguns líderes maduros que compartilham esse alinhamento.

Achamos esse desafio surpreendente, porque inicialmente focamos tanto na missão, visão e cultura da igreja que pretendíamos ser, mesmo antes de chegarmos a San Francisco. Passamos meses processando nossas fundações teológicas e missionais e achamos que tínhamos um forte senso de identidade. Também tínhamos pensado com bastante cuidado em nosso senso de visão para a igreja antes mesmo de começarmos. Fizemos o nosso melhor para não ser grandioso demais. Nós nos mantivemos firmemente focados no "tipo" de igreja que seríamos, em vez de especificações sobre como a nossa igreja seria (tamanho, prédios, ministérios especializados, o tipo de pessoa a ser alcançado etc.). Todavia, todo esse trabalho externo não nos preparou adequadamente para o desafio de testar a identidade e o senso de vocação na vida real.

Nossa jornada até agora me levou a acreditar que muitas das questões de identidade mais importantes não podem ser propriamente compreendidas se desvinculadas das várias crises ou conflitos que uma congregação enfrenta. Essas crises ajudam uma igreja a se definir com mais clareza e profundidade. E, para evitar que tais crises se tornem destrutivas, toda igreja precisa lutar contra as consequências de um senso de direção e de estrutura teológica intencionalmente definido.

Ao olhar para trás nos últimos anos, todos os grandes desafios e momentos definidores que nós, como comunidade, lidamos tiveram relação com identidade de uma forma ou de outra. Apresento aqui algumas perguntas com as quais nos defrontamos ou ainda estamos labutando na Eucaristia que se mostram relevantes para nossa busca em compreender nossa identidade mais claramente:

- *Como nos definimos para nós mesmos a autoridade das Escrituras e como nos relacionamos com ela?*
- *Como nos relacionamos com as tradições e o ensino histórico da Igreja?*
- *Como nos relacionamos com as emoções em nossa vida de igreja e formação espiritual?*
- *Como nos relacionamos com outras igrejas e cristãos (Fundamentalistas, Evangélicos, Protestantes da linha principal, Católicos e Ortodoxos)?*
- *Como nos relacionamos com não cristãos que interagem com a nossa comunidade (interessados, céticos, hostis, apáticos etc.)?*
- *Como nós, como membros de uma comunidade local, nos relacionamos uns com os outros (conflitos, transparência emocional, expectativas, compartilhamento, estruturas versus espontaneidade etc.)?*
- *Como nos relacionamos com questões sobre autonomia pessoal versus identidade de grupo (individualismo versus coletivismo)?*
- *Como nos relacionamos com questões sociais controversas (sexualidade, política, finanças etc.)?*

Nossa declaração de missão também tem sido um ponto de união para nós: "fazer aprendizes de Jesus para que se tornem cúmplices da História de Deus". Da mesma forma, nosso nome, Eucaristia, é uma maravilhosa imagem simbólica que nos vincula ao senso de chamado e pode ser resumido no nosso lema: "aprender a encarnar a hospitalidade de Deus". E, da mesma maneira, conseguimos conceber nosso "documento de cultura", o qual serve como base para nós como comunidade.

Nossa identidade foi fortalecida pela escolha de nos basearmos no calendário cristão e nas suas estações (que nasceram de nossa inquietação por não estar em comunhão com a Igreja em todo o mundo e na história). Nossa escolha de nos enraizar em uma determinada parte geográfica de San Francisco também foi um adendo para a nossa identidade. Recentemente, esclarecemos para nós mesmos que nosso foco missional primário é ser uma igreja para as pessoas dentro de um raio de aproximadamente dois quilômetros do nosso prédio no centro de San Francisco. Esse raio aumenta e concentra nosso senso de chamado.

Como parte de seu desenvolvimento, a comunidade Eucaristia precisava batalhar para saber quem gostaria de ser como um povo. A comunidade da igreja recentemente decidiu se basear na tradição anglicana; assim, a sua prática continua a ser refinada. Toda a sua busca

pelo autoconhecimento foi um longo processo e não foi sem dor. Porém, agora a igreja consolidou e renovou os elementos nos quais se centram. Isso ajudará a jovem igreja em amadurecimento a andar em unidade ao longo do período de desenvolvimento que a espera.

Então, quais são alguns processos que podemos usar para nos ajudar a definir alguns elementos importantes da identidade comunitária? Abaixo você verá uma série de exercícios para ajudá-lo a definir os valores, a visão, a metáfora ou o nome, e as crenças fundamentais do seu grupo. Vocês precisarão gastar um tempo em um ambiente mais isolado para esclarecer questões de identidade e como desejam se projetar dentro da sua cidade.

Definindo os valores da igreja

Tempo: 2 a 4 horas, dependendo do método e do tamanho da equipe
Material: quadro branco e marcadores para quadro branco, post-its, lápis ou canetas

O que são valores? Valores são ideais duradouros compartilhados pelos membros de uma comunidade de fé. São aquelas convicções profundamente arraigadas que são mais importantes para o grupo – pelo que vão lutar, pelo que vão perder noites de sono para proteger ou alcançar. No Apêndice I, você encontrará um processo de equipe para começar a delinear o conjunto inicial de valores da comunidade. As declarações de valores que vocês elaborarem como equipe devem ser usadas neste exercício.

Como os valores compartilhados são essenciais para a saúde de uma comunidade de fé, recomendamos que vocês trabalhem juntos neste exercício duas vezes; primeiro, com a liderança central de sua equipe e, depois, com a sua equipe de liderança juntamente com outras pessoas da comunidade de fé. O grupo chegará ao entendimento de que estão ajudando a descrever mais claramente os valores compartilhados da igreja, os quais serão finalizados pela equipe de liderança e pelos representantes da comunidade em geral.

1. O facilitador descreve ao grupo o que são valores, por que os valores compartilhados da igreja são importantes, e por que este exercício é importante. Ele deve dar exemplos de valores da igreja e explicar que a equipe de liderança já fez uma lista preliminar, descrevendo valores potenciais a que o trabalho de hoje será integrado.

2. Em pequenos grupos, discuta quais são os valores de sua comunidade da fé. Crie uma lista com pelo menos seis valores. Depois, escreva cada um desses valores em um post-it, classificando-os de acordo com a importância, sendo "1" o mais importante e "6" o menos importante.

3. De volta ao grande grupo, cada pequeno grupo apresenta seus valores e os cola no quadro branco. Organize os valores no quadro de acordo com a classificação. Todos os números "1" devem estar juntos, depois os números "2" e assim por diante.

4. Quando todos tiverem colocado seus valores, reagrupe os valores de acordo com o tema dentro de cada categoria numerada. Por exemplo, "honestidade" e "integridade" são similares o suficiente para serem colocados no mesmo grupo. Sinta-se à vontade para mudar os valores de uma categoria númerica para outra conforme for apropriado.

5. O grupo todo decide sobre quatro a oito valores a serem levados em consideração como valores-guia para sua igreja. O grupo pode expandi-los com explicações, versículos bíblicos, imagens, histórias, entre outros, conforme for necessário.

6. A equipe de liderança e vários membros da comunidade de fé devem concordar em levar essa conversa adiante e comparar e contrastar a proposta dos valores da equipe de liderança com a que foi combinado no grupo maior. As duas propostas devem ser sintetizadas em um texto final contendo os valores da igreja.

OBSERVAÇÃO: certifique-se que você tenha captado o que pretende ajudar sua comunidade de fé a realmente viver. Muitas declarações de valores acabam com um ou mais valores que ficam somente latentes ou inativos. Como equipe, você está a procura de *valores reais* e não *valores aspiracionais*. É por isso que uma comunidade de fé deve testar ou praticar o que for definido como valores para verificar se são factíveis.

Definindo a visão da igreja

Tempo: 4 horas
*Material: papel em branco, lápis ou canetas, post-its, quadro branco e marcadores para quadro branco, lista de valores do exercício **Definindo os valores da igreja***

O que é visão? Uma visão é uma imagem que se tem em sua mente que demonstra onde uma comunidade ou um indivíduo deseja estar no futuro. Nesta fase do desenvolvimento da sua comunidade, a equipe central já tem alguma noção do futuro almejado pelo grupo – e isso precisa ser descrito por escrito pela equipe.

Assim como no exercício anterior, a visão da igreja é tão importante que recomendamos que você faça este exercício duas vezes; primeiro, com a liderança central da sua equipe e, depois, com a sua equipe de liderança juntamente com outras pessoas da comunidade de fé. O grupo chegará ao entendimento de que estão ajudando a descrever mais claramente a visão de igreja, a qual será finalizada pela liderança da equipe e pelos representantes da comunidade

Crie um ambiente sem distrações. Forneça para cada pessoa uma folha de caderno e uma caneta. Cole onde todos possam ver ou distribua a lista de valores elaborada no exercício anterior.

1. Em pequenos grupos, cada grupo seleciona um valor comunitário da lista. Cada pessoa deve escrevê-lo na parte de cima do papel e, depois, acrescentar a visão que ele ou ela tem para viver e demonstrar esse valor na comunidade. Quais são os resultados que você espera alcançar? Como você os visualiza? Você pode fazer isso de maneira narrativa, em forma de parágrafo ou em tópicos. Este processo deve demorar 10 minutos.

   Quando o tempo acabar, todo mundo passa o papel para a pessoa da esquerda. Cada um terá cinco minutos para ler, comentar ou acrescentar alguma coisa. Depois de cinco minutos, passe os papéis de novo para a pessoa da equerda. Repita o processo até que os papéis voltem para seus donos.

2. Dentro do seu pequeno grupo, desenvolva um parágrafo curto que descreva como aquele valor pode ser vivido e mostrado dentro da comunidade como parte da sua visão. Isso virá da escrita criativa realizada no primeiro passo. Escreva a visão em um post-it.

3. O facilitador reúne todos os grupos. Quando solicitado, cada pequeno grupo compartilha seu valor, depois coloca sua visão no quadro branco e lê em voz alta para o grupo. Depois de cada apresentação, o grupo maior é encorajado a fazer perguntas elucidativas. Repita este processo até que todos os valores/visões sejam apresentados.

4. O facilitador agrupa os papéis por valores. Depois, de forma colaborativa, o grupo cria declarações de visão para cada valor representado.

5. Um voluntário compila todas as declarações de valor/visão no quadro branco. Essas declarações representam a versão completamente única dos valores que moldarão a visão da sua igreja.

6. A equipe de liderança e vários membros da comunidade de fé devem concordar em levar essa conversa adiante e comparar e contrastar a proposta de declaração de visão da equipe de liderança com a que foi acordada com o grupo completo. As duas propostas devem ser sintetizadas em um texto final contendo as declarações da visão da igreja.

Escolhendo um nome ou uma metáfora central

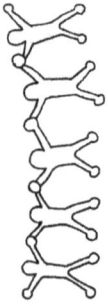

Tempo: 3 horas
Material: quadro branco e marcadores para quadro branco

O que é uma metáfora? A metáfora é algo concebido para representar outra coisa; é um símbolo. Por exemplo, quando Jesus disse: "Eu sou o pão da vida", ele não estava afirmando ser um pão. Ele queria que percebêssemos ser Ele o nosso sustento. As metáforas podem estar cheias de significados profundos e poderosos. As metáforas que usamos para nos descrever muitas vezes moldam a maneira como nos vemos, e a maneira como os outros nos veem também. Os nomes de igrejas, como O Poço, Oásis e Decoupage, são exemplos interessantes de metáforas bem escolhidas e contextualmente significativas.

1. Pense em todas as metáforas que usou para sua equipe ou igreja. O facilitador deve escrevê-las no quadro. Que nomes as pessoas de fora da sua comunidade deram para vocês? Liste histórias ou imagens bíblicas que foram significantes para sua equipe. Se não tiverem nomes, faça um *brainstorm* durante cinco minutos e faça uma lista em seguida. O que você gosta ou não gosta em cada um deles?

2. Responda as perguntas abaixo com sua equipe:
    *   *Como você quer que sua igreja seja conhecida na comunidade como um todo?*
    *   *Que imagem você quer que seus membros tenham em mente como a identidade da igreja?*
    *   *Que imagem você quer que as pessoas de fora associem com a sua igreja? Que tipo de metáfora apoia os valores da sua equipe (veja o exercício anterior)?*
    *   *É mais importante para você dar um nome a sua igreja para aqueles que são cristãos e já estão na igreja ou para aqueles que ainda não pertencem a ela?*

    Exemplos de nomes de igrejas para satisfazer aqueles que já estão na igreja (conversa para familiarizados): Teófilo, Imago Dei, Eucaristia, Igreja Ágape, Areópago, O Templo do Rei, Pão e Vinho, Paróquia Coletiva, Shabbat, Pórtico de Salomão etc.

    Exemplos de nomes de igrejas para atrair os que são de fora (nomes-farol): A Luz da Varanda, A Varanda da Frente, A Ponte, O Refúgio, Igreja Alimento, Subterrâneo, Lar, A Igreja de Jesus, A Âncora etc.

    O que você consegue notar acerca dos nomes para familiarizados quando comparados com os nomes-farol?

3. Decida que tipo de metáfora você prefere para sua igreja. Tente encontrar um nome que seja significativo para aqueles que já fazem parte da igreja e também seja um farol de esperança para aqueles que ainda virão.

4. Desenvolva uma pequena lista de metáforas para a sua comunidade de fé. O facilitador deve, então, escrevê-la no quadro. Use alguns minutos para ler em voz alta cada metáfora. Fale sobre sua comunidade de fé usando uma metáfora. Para cada metáfora específica, responda as perguntas abaixo:

   - *Quais são as implicações da metáfora?*
   - *Ela se conecta aos seus valores?*
   - *Como ela se aplica de forma única a você?*
   - *Como é a sua semântica? Parece muito com outra coisa?*
   - *Ela possui uma imagem que pode ser usada?*
   - *Ela se encaixa a você?*

   Elimine qualquer metáfora que não seja satisfatória.

5. Apague a lista maior e escreva a nova lista curta no quadro branco. Entre as metáforas que sobraram, promova um processo de discernimento em equipe para se escolher uma metáfora-guia e/ou um nome.

À medida que concluímos esta série de exercícios de aprendizagem, queremos concentrar sua atenção no tema crítico das crenças centrais. Uma crença central é uma crença que é tão integrada ao sistema que, sem ela, ele ruiria. Enquanto os exercícios antecedentes nesta série aludiram a crenças fundamentais em linhas gerais, nenhum alcançou a magnitude das crenças teológicas centrais. Crenças teológicas pessoais são muitas vezes profundamente enraizadas e intransigíveis. No entanto, nossas equipes são formadas por indivíduos que raramente se encontram em perfeito alinhamento teológico. Os exercícios a seguir são destinados a ajudar sua equipe a definir um conjunto básico de crenças centrais, mas note que o primeiro da série é um exercício para o discernimento e o processamento de conflitos. Acreditamos que este é o momento apropriado para iniciar uma tarefa tão importante como essa. Encorajamos você a se envolver nesses exercícios em espírito de oração, com humildade e com paciência. Esteja pronto para gastar todo o tempo que for necessário nestes dois exercícios.

Discernindo conflitos sobre crenças centrais

Tempo: 2 horas
Material: cópias do Apêndice J, lápis ou canetas

1. Os integrantes leem o Apêndice J e sublinham os itens na lista que acreditam ser absolutamente necessários na prática cristã. Escreva declarações adicionais se necessário.

2. Com um parceiro, compare seus resultados e discuta sobre as áreas que vocês discordaram, usando as questões abaixo:
   - *Onde estão seus pontos de tensão?*
   - *Como vai navegá-los?*
   - *De que maneira não lidar com essas tensões pode ameaçar a viabilidade de uma missão ou plantação de igreja?*

3. Reúna-se em equipe. Revezem-se para compartilhar suas experiências com a equipe. Compartilhe seus pontos de tensão e como os administrou.

4. Depois que todos tiverem compartilhado, discuta as seguintes questões:
   - *O que aprendeu sobre si mesmo?*
   - *De que maneira não lidar com essas tensões pode ameaçar a viabilidade de uma missão?*
   - *Como você lidará com conflitos teológicos?*

Definindo crenças centrais

Tempo: 90 minutos
Material: post-its, quadro branco e marcadores para quadro branco

1. Cada um volta algumas páginas neste capítulo para revisar as perguntas da Eucaristia acerca da compreensão de sua identidade. Quais perguntas parecem ser mais interessantes para o desenvolvimento de sua igreja? Por quê?

2. Faça uma lista das suas cinco principais crenças centrais definidoras para a prática cristã em post-its, uma crença por nota. Volte ao Apêndice J se necessário.

3. Agora em equipe, cada um deve compartilhar suas crenças centrais com a equipe e colocá-las no quadro.

4. Depois de todos terem compartilhado, o facilitador deve liderar a equipe em uma discussão para organizar as crenças em ordem de importância. Leve o tempo que for necessário para que todos sejam ouvidos.

5. Após chegarem a um consenso a respeito da ordem de importância, a equipe deve selecionar um conjunto de crenças centrais definidoras que os leva em direção à unidade teológica. Registre-as em seu caderno para consultas futuras.

Descobrindo nossa forma de vida (o padrão de discipulado da nossa equipe)

Em setembro de 1999, líderes cristãos de mais de 54 países, representando cerca de 90 organizações, denominações e igrejas, reuniram-se em Eastbourne, na Inglaterra, para abordar a crescente ausência da prática de discipulado transformador entre as igrejas de hoje. À luz dessa crise, tinham como objetivo elaborar uma declaração de compromisso comum – chamaram-no de manifesto. Ao longo de quatro dias, a declaração foi revisada seis vezes para refletir mais de cem comentários e recomendações desse grupo diverso. O resultado foi interessante. Eles declararam:

"Ao enfrentar o novo milênio, reconhecemos que o estado atual da Igreja é marcado por um paradoxo de crescimento sem profundidade. Nosso zelo de ir mais longe não foi acompanhado por um compromisso de ir mais fundo. Pesquisadores e investigadores documentaram o fato de que muitas vezes:

1. *Os cristãos são tão diferentes da cultura que os cerca. Quando o vento do deserto sopra, ele molda a areia, e a Igreja se tornou mais como a areia do que como o vento.*
2. *Nos entristecemos que muitos dentro da Igreja não estão vivendo vidas de pureza, integridade e santidade bíblica. A necessidade se encontra tanto no púlpito como nos bancos das igrejas.*
3. *A falta de discipulado verdadeiro resultou na falta de poder da Igreja para impactar nossa cultura".[36]*

A Comunitás acredita que a maneira como praticamos nossa fé deve nos mudar para o bem. À medida que as iniciativas e igrejas missionais se multiplicam em muitos continentes, desejamos ver crescimento *com* profundidade. Percebemos que isso não acontecerá sem que as equipes tenham um compromisso firme e duradouro com a dinâmica da *prática*.

Ao longo da história da igreja, o autor e historiador Alan Roxburgh observa que encontramos comunidades locais moldadas por práticas de vida ou disciplinas que as levam a se destacar e a chamar a atenção dos outros. Essas comunidades aprenderam a viver como uma "sociedade de contraste" moldada por práticas, como a hospitalidade, o perdão radical, a quebra de barreiras sociais e raciais e o amor autossacrificial. Conforme vivemos dentro da história de Deus, esses hábitos de vida nos capacitam a dar ao mundo uma amostra do Reino de Deus que está por vir".[37]

A identidade da comunidade é um aspecto crítico da dinâmica da *prática*. Mas o outro lado da mesma moeda tem a ver com o padrão de discipulado que um grupo decide viver. As equipes precisam experimentar seus ritmos e disciplinas escolhidos e ajustar ou mudar aspectos deles ao longo do caminho para que eles alcancem seu objetivo de moldar vocês como um povo. Apresento agora a história de como a Decoupage em Madri, na Espanha, desenvolveu a dinâmica *pratique*. Ao ler, observe os elementos de formação da identidade e aquelas atividades que se tornaram ritmos espirituais para o grupo. A April Te Grootenhuis Crull nos mostra o relato:

Em 2007, Kelly e eu expressamos onde sentimos que Deus estava nos levando a começar uma iniciativa missional em

---

36 WEBBER, Robert. citado por CADY, Troy.; SWACINA, Amy. Ancient Future Evangelism. Discipleship as Sacramental Living em Grow Where You're Planted: Collected Stories on the Hallmarks of Maturing Church. Portland: Christian Associates Press, 2013, p. 84.

---

37 ROXBURGH, Alan.; BOREN, M. Scott. Introducing the Missional Church: What It Is, Why It Matters, How to Become One. Grand Rapids: Baker, 2009, p. 105.

um bairro muito específico, Malasaña, para fazer um tipo de ministério que se focasse no compromisso radical uns com os outros e com viver diariamente entre os nossos vizinhos. Ao compartilharmos essa visão com os outros, três pessoas decidiram se juntar a nossa equipe de iniciativa missional.

No primeiro ano da nossa equipe, ao nos comprometemos a nos inserir, também enfrentamos lutas uns com os outros para entender nossa prática de seguir Jesus. Viemos de uma diversidade de contextos e compartilhamos o objetivo comum de nossa comunidade refletir a cultura na qual nos encontrávamos. Primeiramente, analisamos os valores e a declaração de missão que o Kelly e eu inicialmente escrevemos, revisando e reescrevendo enquanto tentávamos concordar sobre os conceitos. Em seguida, perguntamos a nós mesmos o que realmente significa ser uma igreja juntos. Nós concordamos quanto às ideias de formação, adoração, comunidade e missão centradas em torno de Jesus Cristo. Colocamos esses conceitos no nosso mapa do bairro e começamos a desenvolver ritmos que atendiam essas diferentes áreas, com muita experimentação. Por exemplo, inicialmente tivemos um momento diário de oração na praça central em Malasaña, refletindo um ritmo do bairro que era se reunir para beber lá no final do dia.

Quando percebemos que esse nível de comprometimento não era sustentável para os membros bi-vocacionais da equipe, a ação acabou se reduzindo para três vezes por semana, depois uma vez por semana, até que percebemos que realmente não servia à nossa comunidade ou às nossas intenções. Também criamos um grupo semanal de discussão espiritual que incluía uma refeição juntos cuja ação foi modelada em um hábito da vizinhança de grupos de discussão. Esse formato, e até mesmo a hora da reunião, permaneceu desde que começamos. Mesmo que tenhamos tentado várias iterações, sempre retornávamos a esse ritmo. A natureza participativa desse grupo foi constantemente desafiada pelos recém-chegados e consistentemente escolhida pela comunidade. No primeiro ano, tínhamos também uma reunião semanal de desenvolvimento de liderança que, com o tempo, teve a frequência diminuída à medida que nossa visão compartilhada se aprofundou.

Nossa igreja foi fundada com uma forte priorização de membros vivendo ou passando uma quantidade significativa de tempo em Malasaña. Conectada a essa identidade surgiu a pergunta sobre o que fez a nossa igreja em desenvolvimento ser única entre outras igrejas, e também como os cristãos de outras igrejas se relacionariam conosco. Escolhemos incentivar os cristãos já envolvidos em uma igreja a encontrar inspiração em nós, mas a permanecer comprometidos com sua igreja atual.

Também enfrentamos lutas com a teologia. Nos primeiros meses do nosso projeto, nosso primeiro filho nasceu e nossa comunidade teve de enfrentar nossas opiniões e práticas de batismo, e, como resultado, nosso processo de envolvimento com conceitos teológicos centrais, envolvimento uns com os outros e conflitos foram desenvolvidos. Após esse processo, logo examinamos nossas crenças sobre o dízimo e a necessidade (ou não) de manter o dinheiro em comum, o que nos levou ao processo de decidir como usar esse dinheiro como uma comunidade em missão. O nosso artista no programa de residência nasceu a partir dessa questão do dízimo, com base em nossas experiências de inserção e iniciação. Refletir sobre essas conversas e sobre os momentos de luta revela que o resultado não foram somente os conceitos e as palavras aos quais escolhemos nos comprometer como comunidade, mas a criação da cultura e da prática do processo que usamos para tomar decisões e vivê-las juntos.

Com alguns anos de caminhada em nosso projeto, conforme a comunidade continuava a crescer pouco a pouco, reunimo-nos com uma comunidade missional em outra parte da Espanha. Eles compartilhavam uma de suas práticas, chamada grupos de crescimento, na qual duas ou três pessoas se reuniam semanalmente para fazer, entre si, uma série de perguntas sobre sua jornada de vida cristã. Reconhecemos a relevância dessa prática para nossa cultura e decidimos experimentá-la.

Dentro de semanas, o grupo dos homens conseguiu crescer abundantemente e achar a felicidade nessa prática de discipulado. O grupo das mulheres teve vários recomeços *durante alguns anos antes de encontrar uma maneira que funcionasse para elas.*

O exercício a seguir vai lhe ajudar a examinar a jornada no mundo real da Decoupage (acima) ao desenvolverem seu estilo de vida comunitária.

Entendendo a práctica em ação

Tempo: 45 minutos
Material: diário/caderno, quadro branco e marcadores para quadro branco, lápis ou canetas

1. Individualmente: na história acima da Decoupage, sublinhe padrões ou estruturas de discipulado que foram desenvolvidos.

2. Em equipe, discuta as práticas centrais da Decoupage. Escreva as percepções mais importantes no quadro branco. Use as seguintes perguntas:
   - *O que eles "fizeram"?*
   - *Como essa história o remete às suas próprias práticas de grupo?*
   - *Como isso o desafia?*
   - *O que o inspiram a "fazer"?*

3. Registre suas reflexões no diário/caderno. Sublinhe itens potenciais de ação para você e sua equipe.

Diferentes igrejas em diferentes culturas identificaram padrões centrais de discipulado. Como podemos esperar, seus padrões de discipulado também se diferem. Embora haja universalidade para os padrões, cada igreja individualmente os expressa de maneira única. Algumas igrejas chamam esses padrões de formação espiritual, enquanto outras os chamam de discipulado, ensino, disciplinas espirituais, ritmos ou regras de vida. Seja qual for o nome, a que estamos nos referindo aqui são comportamentos que moldam nosso espírito e nossas ações para que possamos parecer-nos mais com Jesus.

Inagrace Dietterich identifica cinco categorias gerais de práticas que a igreja, historicamente, comumente participa:

1. Batismo – unir e compartilhar
2. Partir do pão – comer e beber
3. Reconciliação – ouvir e cuidar
4. Discernimento – testar e decidir
5. Hospitalidade – acolher e fazer amizade[38]

Dorothy Bass e Craig Dykstra defendem outro conjunto específico de práticas:

---

38 GUDER, Darrel L. Missional Church: A Vision for the Sending of the Church in North America. Grand Rapids: Eerdmans, 1998, p. 153-182.

"Honrar o corpo, a hospitalidade, a economia doméstica, dizer sim e dizer não, guardar o sabá, o testemunho, o discernimento, formar comunidades, o perdão, a cura, morrer bem, cantar a vida – entretecidos juntos, essas práticas constituem um modo de vida. Cada uma delas pode ser encontrada em algum lugar na vida de cada congregação cristã".[39]

Os elementos do discipulado vão crescer naturalmente em complexidade, conforme a igreja amadureça e tenha mais recursos para investir na formação espiritual de seus membros. No entanto, manter a simplicidade da prática do discipulado é sábio. Há duas razões importantes para se manter a simplicidade. Primeiramente, ela permite que tantos membros quanto possível possam se envolver significativamente em uma vida em comum. Ao mesmo tempo, as pessoas de fora têm uma entrada facilitada para a vida de uma comunidade de fé. Tanto os cristãos como os não cristãos recém-chegados podem começar a participar dos ritmos da igreja antes de se tornarem membros da comunidade. Como mencionado anteriormente, eles podem não só pertencer antes de acreditar como também *se comportar* antes de acreditar.

A *Small Boat Big Sea*, uma igreja missional em Sydney, na Austrália, nomeia suas práticas básicas em uma estrutura simples chamada E.C.O.A.A. (*B.E.L.L.S.*, em inglês), que é um acrônimo dos cinco hábitos-chave que compõem o ritmo de vida da comunidade em Cristo. Algumas igrejas ao redor do mundo adotaram esse padrão como uma maneira inicial de dar os primeiros passos em direção a um ritmo de discipulado. O padrão é definido da seguinte forma:

B.E.L.L.S. significa que, semanalmente, os membros da *Small Boat Big Sea* se comprometem a:

E = Enviados (praticando enraizamento e libertação) – *Eu escreverei durante a semana todas as maneiras que eu alertei meu próximo para o reino universal de Deus por meio de Cristo.* Desde usar nossas paixões e nossos dons para o bem dos outros, praticar simples atos de compaixão, até criar parceria com outros em nossa cidade para o bem comum; vemos a SBBS (*Small Boat Big Sea*) como uma comunidade enviada. Seja na capacitação de líderes para o ministério, na semeadura de novos projetos e comunidades de fé ou no uso de nossos recursos para o bem dos outros (em vez de grandes programas e grandes produções); queremos enviar regularmente.[40]

C = Comer e beber (praticando comunhão e hospitalidade) – *Eu comerei com três pessoas esta semana, e pelo menos uma delas não é membro da nossa igreja.* Assim como Jesus construiu a comunidade em torno da comunhão à mesa, comemos e bebemos com amigos e "estranhos" regularmente – seja uma xícara de café, um copo de vinho ou uma refeição –, notando a presença de Deus naquele momento. Temos jantares em comunidade regulares, assim como praticamos a Mesa do Senhor em conjunto semanalmente.

O = Ouvir (praticando silêncio e atenção) – *Eu passarei pelo menos um período da semana ouvindo a voz do Espírito.* Nós nos esforçamos para ser uma comunidade que ouve: ouvindo Deus, as vozes dos outros e os anseios do nosso bairro. Isso acontece em nossas reuniões ao ouvirmos as Escrituras e orações litúrgicas, ao ouvirmos a história de alguém, em silêncio, ao escutarmos passeios ao redor do

---

39 BASS, Dorothy.; DYKSTRA, Craig. Christian Practices and Congregational Education in Faith. Disponível em: <http://www.practicingourfaith.org/pdf/Christian%20 Practices%20&%20Congregational%20Education.pdf>. Acesso em 10 nov. 2016.

---

40 FROST, Michael. Surprise the World: The Five Habits of Highly Missional People. Colorado Springs: Navpress, 2016, p. 22.

bairro, por meio de práticas de oração pessoal e de várias outras maneiras.

A = Abençoar (praticando generosidade e graça) - *Eu abençoarei três pessoas esta semana, e pelo menos uma delas não é membro da nossa igreja.* A palavra "bênção" no hebraico antigo pode simplesmente significar: "afetar para o bem". Reconhecemos regularmente a beleza e a generosidade de Deus, permitindo que essa graça transborde para outros. Procuramos maneiras de "afetar as pessoas para o bem" sendo generosos, agregando valor ao nosso bairro e reconhecendo e afirmando o *Imago Dei* em alguém. Todos estes são dons dados sem expectativa.

A = Aprender (praticando descoberta e crescimento) – *Eu passarei pelo menos um período da semana aprendendo sobre Cristo.* Nós regularmente nos dispomos a aprender o que nos incentiva e aumenta a nossa fé [...] vendo a vida espiritual como uma jornada contínua de transformação. Isso acontece em nossos encontros por meio da leitura das Escrituras e da discussão, do ensino e das experiências interativas.

Algumas igrejas ligam suas práticas espirituais aos compromissos básicos da igreja de Comunhão, Comunidade e Missão. Esses compromissos para CIMA, para DENTRO e para FORA fazem parte de um quadro natural sobre o qual apoiamos as práticas básicas de uma comunidade.

As igrejas também desenvolvem diferentes formas de prestação de contas. Um movimento seguiu os grupos monásticos no desenvolvimento de uma "Lei da vida". Trevor Miller, da Northumbria Community, expande esse conceito, observando o que sua comunidade semi-monástica quer dizer quando usam a palavra "regra":

Uma Regra é um meio pelo qual, debaixo da vontade de Deus, assumimos a responsabilidade pelo padrão das nossas vidas espirituais. É uma "medida", e não uma "lei". A palavra "regra" tem conotações ruins para muitos, implicando restrições, limitações e atitudes legalistas. Porém, uma Regra é essencialmente sobre liberdade. Ela nos ajuda a permanecer centrados, trazendo perspectiva e clareza ao modo de vida para o qual Deus nos chamou. A palavra deriva do latim regula, que significa "ritmo, regularidade de padrão, um padrão reconhecível" para a conduta de vida. Esther De Waal apontou que "regula é um substantivo feminino que carregava conotações suaves" ao invés dos aspectos negativos que nós frequentemente associamos à frase "regras e regulamentos" de hoje [...] Uma Regra é uma maneira ordenada de existência, mas nós a aceitamos como um modo de vida, não como uma lista de regras. É um meio para um fim – e o fim é que possamos buscar a Deus com autenticidade e viver mais efetivamente para Ele.[41]

Outras igrejas acham útil vincular perguntas pessoais específicas a cada prática. Perguntas convidam os participantes a ponderar, a cada semana, a forma como aplicarão essa prática a sua própria situação. Por exemplo, se definíssemos uma de nossas práticas como a *aplicação regular das Escrituras em nossas vidas*, algumas perguntas que poderíamos nos fazer seriam: quando eu (nós) investirei tempo para escutar as Escrituras juntos na próxima semana? Quem se juntará a nós nessa reflexão, e como vamos garantir que estamos realmente aplicando o que estamos aprendendo? Como aproveitaremos as histórias de transformação em nosso meio para nos encorajar a permanecer comprometidos com a Escritura?

Como recursos para a aplicação das práticas que estamos experimentando, muitas igrejas, tanto as mais jovens quanto as mais velhas, enxergam

---

41 MILLER, Trevor. "What is a Rule of Life?" Disponível em: <http://www.northumbriacommunity.org/who-we-are/our-rule-of-life/what-is-a-rule-of-life/>. Acessado em: 9 dez. 2007.

díades ou tríades (grupos de duas ou três pessoas do mesmo gênero) como uma maneira útil de manter as pessoas motivadas e crescendo em um ritmo comum de discipulado. Os pequenos grupos também podem ser úteis, mas muitas vezes não há substituto para a intimidade de grupos de dois ou três para promover o compartilhamento, a vulnerabilidade e o progresso em direção à mudança.

Em resumo, há muitas maneiras de se moldar uma regra de vida para sua comunidade de fé; as opções são quase infinitas. As práticas que você adota devem refletir a singularidade de sua igreja e seu contexto. O elemento mais essencial, entretanto, é que você e sua equipe verdadeiramente se comprometam com um conjunto de práticas espirituais que vocês exercerão em conjunto. A regra de vida de sua comunidade provavelmente será o fundamento de seu discipulado, servindo para aproximar as pessoas de Deus e umas das outras, além de torná-las mais investidas de seu senso de propósito no mundo. Sugerimos um padrão que se correlaciona com as três funções elementares da igreja – Comunhão, Comunidade e Missão (CCM). O próximo exercício ajudará sua equipe a desenvolver uma regra de vida em torno dos três elementos.

Identificando as práticas espirituais ou a regra de vida da sua comunidade

Tempo: 90 minutos
*Material: uma enorme folha de papel (2 metros por 1 metro) e canetinhas. O papel pode ser colado usando papel-jornal ou papel pardo. Cópias dos arquivos Valores e Visão desenvolvido em exercícios anteriores (ver capítulo cinco), práticas do exercício **Abordando desequilíbrios na cultura** no capítulo cinco, quadro branco e marcadores para quadro branco, papel, fita adesiva, lápis ou canetas*

1. Individualmente: reveja as práticas gerais de discipulado descritas na seção acima (tanto as práticas históricas gerais como o ritmo E.C.O.A.A.). Em post-its separados, escreva de três a cinco práticas que você acha que podem ser apropriadas para sua equipe experimentar em um futuro próximo. Coloque uma prática em cada nota.

2. Depois, cada pessoa deve compartilhar com a equipe suas práticas, colocando as notas no quadro e explicando o porquê de cada uma. Enquanto se compartilham as práticas, o facilitador anota onde há uma sobreposição do que já foi mencionado.

3. Em equipe, reveja os documentos de Valores e Visão elaborados anteriormente. Sublinhe cinco ou seis frases que parecem ser críticas para as práticas de discipulado. Compare essas frases com a lista no quadro. Se alguma prática estiver faltando, escreva-a em uma nota e cole-a no quadro.

4. Em pequenos grupos de quatro ou menos, leve em consideração sua cultura e seu contexto locais:
   - Identifique algumas formas que a cultura local está defendendo um estilo de vida que promove a saúde comunitária e valores divinos. Que passagens bíblicas são referências para essas práticas? Escreva cada prática e sua referência na Escritura em um post-it.
   - Reveja as práticas elaboradas no exercício **Abordando desequilíbrios na cultura** no capítulo anterior. Escreva em post-its qualquer prática que possa ajudar a sua comunidade a responder onde a cultura está prejudicando as pessoas.

5. Reúna-se em equipe. Quando direcionado, cada pequeno grupo deve colocar seus post-its no quadro e lê-los em voz alta. Compare cada nova nota com a lista presente no quadro, adicionando qualquer prática que esteja em falta e que seja importante para a prática espiritual da sua equipe.

6. Chame um voluntário. Essa pessoa vai se deitar no chão sobre a folha grande. Com um marcador preto, faça o contorno dela com os braços levantados. A equipe avalia as práticas nas notas e categoriza cada uma delas, colocando cada prática na figura delineada do corpo:
   - Nas mãos levantadas, coloque as práticas que os trazem para mais perto da Comunhão com Deus.
   - No peitoral, coloque as práticas que discipulam os nossos corações e fortalecem os laços de Comunidade entre nós.
   - Nas pernas e pés, coloque as práticas que impactam vidas por meio da Missão.
   - Se a prática for aplicada a algumas áreas, indique isso ao conectar as práticas às áreas que forem aplicáveis. Use um marcador preto. É bom que haja sobreposição!

7. Pendure a figura na parede. Dê um passo para trás e a observe. Leia novamente cada contribuição e, em consenso, decida quais práticas desejam adotar como regra de vida para sua igreja. Priorize aquelas que mais se alinham com sua visão, aquelas que são aplicáveis a uma área ou mais, e aquelas que são convidativas a pessoas que não fazem parte da sua igreja. Registre essas práticas em seu caderno para consultas futuras.

Como você com certeza já viu até agora, desenvolver um padrão central de identidade e discipulado é um trabalho difícil e demorado. No entanto, é um trabalho crucial que paga dividendos na vida atual e futura de sua comunidade. Mesmo que você tenha realizado os muitos exercícios deste capítulo, sua equipe não pode estar totalmente convencida de ter capturado completamente a linguagem e as práticas que definem sua singularidade. Queremos encorajá-lo a manter-se nessa busca! Esse é um processo que envolve criatividade, experimentação e pacientes testes de suas ideias para se chegar às declarações de identidade e práticas apropriadas para a sua comunidade. Sugerimos também que você as revise periodicamente. Elas podem precisar ser alteradas à medida que sua comunidade crescer e se aprofundar.

Considerações finais: *Cchegar-se a um acordo sobre as duas questões vitais de "ser" e "fazer" representa um dos trabalhos mais importantes que uma equipe de plantação irá realizar. Por meio da formação da identidade e do desenvolvimento de uma estrutura de discipulado, a comunidade em formação começa a habitar plenamente a casa espiritual que construiu e convida outros a viver lá também. Com intrepidez, a equipe pode convidar outros a viver essa identidade e esse ritmo de vida, visto que eles mesmos começaram a ver tais aspectos como transformadores. Algumas experiências com a identidade e o modo de vida sem dúvida têm ocorrido antes mesmo desta fase de prática, mas aqui elas são intencionalmente colocadas à prova na comunidade central (ou seja, os interessadas no projeto). A fase da* **prática** *prepara a igreja para eventualmente "escancarar as portas", projetar sua face pública e convidar outros para a longa jornada de amadurecimento como uma igreja local.*

Esse trabalho será revisitado muitas vezes durante a vida do projeto. Assim, como é o caso da **inserção** *e* **iniciação**, *a dinâmica da* **prática** *é não apenas relevante para o início de um projeto, mas também para igrejas em amadurecimento durante sua vida inteira.*

(M) Faça um PAM!

Vá para o seu Plano de Ação Missional no Apêndice A. Vá para a seção de *Prática* na seção *Estratégia*. Percorra com sua equipe as perguntas sugeridas lá à luz da reflexão feita nos exercícios deste capítulo. Escreva três práticas que sua equipe se comprometerá a fazer. Depois, vá para a seção *Visão*. De acordo com tudo que foi trabalhado neste capítulo, há algum ponto que você gostaria de registrar aqui? Você precisa editar alguma coisa que escreveu antes? Por fim, visite novamente a seção *Fundamentos da igreja*. Registre qualquer pensamento ou comentário que você tenha ou revise o que você tiver escrito.

Minhas reflexões sobre *colocar em prátic*:

Quais dúvidas você ainda possui sobre praticar?

O que funcionou bem para você neste capítulo?

Quais partes foram mais difíceis para você compreender e por quê?

O que precisa ser abordado que não está aqui?

Qual é a maior lição que você tira deste capítulo?

Uma aventura dinâmica

Capítulo 6 – Amadureça: crescendo como uma comunidade de fé sustentável

Como aprendemos, o propósito da prática é descobrir por meio da experimentação, como um grupo escolhe se expressar como corpo de Cristo. Se nos inserimos e iniciamos com qualidade, nosso contexto instruiu de forma profunda a formação da identidade do nosso projeto, o "quem nós escolhemos ser juntos à luz do chamado de Deus no bairro". Ao viver essa identidade e também envolver ritmos e atividades que nos formam espiritualmente, a prática permite que nos tornemos cada vez mais uma expressão única do corpo de Cristo – uma comunidade no caminho certo para se tornar uma igreja local.

O amadurecimento é o processo de desenvolvimento da comunidade em uma expressão única e local do corpo de Cristo. Embora possa ser visto apenas como uma extensão da prática, há mais do que isso. O amadurecimento exige que nossa equipe exerça uma intencionalidade ainda não presente na prática. Devemos fazer um compromisso coletivo mais profundo para que nos tornemos uma expressão mais completa da identidade e do propósito que discernimos. Esse compromisso ajuda a garantir a saúde e a sustentabilidade do nosso projeto, ao mesmo tempo que proporciona ao contexto local maiores vias de acesso.

AMADUREÇA - *desenvolva-se como uma expressão única e local do corpo de Cristo*

A essência da dinâmica do *amadurecimento* é que a igreja agora está assumindo vida própria. A igreja está em processo de se tornar uma comunidade sustentável que não depende mais dos sonhos de seus fundadores e das ações da equipe original. Ela está crescendo como *corpo* de Cristo, uma unidade complexa de recém-chegados e membros mais antigos que se movem juntos e projetam uma presença pública em seu ambiente local. Com Jesus como o Cabeça, os líderes da comunidade projetam ritmos e estruturas saudáveis que promovem o desenvolvimento de cada membro, permitindo que cada um desempenhe o seu papel na missão e no ministério. Eles também tomam medidas para administrar a expressão pública da comunidade como uma entidade distinta e comunitária que representa e carrega a *presença* de Cristo.

Para avançar para essa dinâmica, a equipe de plantação de igrejas precisa parar de criar faíscas e começar a alimentar o fogo – capacitando mais e mais pessoas para encarnar Cristo individual e coletivamente em seu chamado, seu caráter, seus dons e seus talentos. A equipe não carrega mais a carga sozinha para liderar, nutrir e capacitar a comunidade. Em vez disso, ela desenvolve novos líderes e promove um sentido maior de investidura e compartilhamento dessas responsabilidades entre os membros do corpo.

Por que *amadurecer* é importante e o que é necessário

Por que amadurecer é tão crítico

As igrejas em *amadurecimento*, independentemente de sua forma, ajudam a abrilhantar e sustentar o testemunho do evangelho em todas as áreas que habitam. À medida que cada igreja local cresce em direção à plena estatura de Cristo, ela se torna capaz de preparar mais e mais pessoas para pensar, agir e cuidar, como fez Jesus.[42] E como esses membros operam juntos em harmonia, o corpo é capaz de se mover construtivamente como um organismo visível e responsivo, atendendo tanto às suas próprias necessidades como também às do contexto anfitrião.

O trabalho de desenvolvimento envolvido no *amadurecimento* de uma igreja também permite que ela seja um *sinal* e um *prenúncio* mais vívido da renovação de todas as coisas que Deus está cumprindo – o que os escritores bíblicos chamam de o Reino de Deus ou a Nova Criação. As igrejas reluzem intensamente como sinais desse Reino quando expressam comportamentos tais como amar sacrificialmente uns aos outros, reunir-se para orar e lembrar-se uns aos outros da história de Deus e da participação de cada um nela, celebrar a Ceia do Senhor e os batismos e buscar servir com compaixão e justiça no nome de Jesus. Essas atividades (e muitas mais) funcionam como sinais de trânsito que apontam as pessoas para um destino – no nosso caso, o destino é o Reino para a qual a história está se movendo, onde a morte será destruída juntamente com todos os poderes que resistem ao reinado amoroso de Deus.[43]

As igrejas muitas vezes não conseguem ver a importância desse ministério público que aponta para algo além de si mesmos. Negligenciam também um aspecto ainda mais crítico do que significa "tornar-se público" – convidar vizinhos locais não cristãos para provar a realidade do Reino no meio do povo de Deus. Quando as igrejas se tornam intencionalmente acessíveis e incluem os não cristãos na oração, na comunidade da graça e em outras práticas e circunstâncias onde o Espírito de Deus e a vida com Cristo podem ser experimentados, isso pode ser um testemunho altamente persuasivo do poder do evangelho para transformar vidas.

Dessas e outras formas, as igrejas em fase de *amadurecimento* crescem cada vez mais como sal (prenúncio) e luz (sinal); e, por conseguinte, fortalecem seu testemunho profético em seus cenários locais. Essa é uma grande razão para se levar a sério o *amadurecimento*, mas ainda há outras boas razões de ser tão importante se investir nessa dinâmica. As igrejas que estão *amadurecendo* são também capazes de aumentar sua capacidade de impacto em seu contexto como *agentes* do Reino. Seu compromisso com o discipulado sob a orientação de

---

42 Ef. 4:13.

---

43 I Cor. 15: 20-28.

Jesus permite que os frutos do Espírito se espalhem abundantemente em todas as direções, transformando pessoas e enriquecendo bairros e cidades. À medida que se busca *amadurecer*, o Espírito é capaz de usar essa profundidade e energia para alimentar todos os tipos de iniciativas que bendizem o Reino e mostram a compaixão e a justiça de Deus. Além disso, o compromisso de amadurecer muitas vezes permite que igrejas desenvolvam a força e a resiliência comunitárias para semear novas igrejas missionais, tanto próximas quanto distantes.

O que é necessário para o amadurecimento

Na Comunitás, não insistimos que nossas iniciativas e projetos missionais se pareçam com qualquer forma particular de igreja ao *amadurecerem*. Não temos um modelo preferido ou ideal em vista. Em vez disso, confiamos que cada equipe discirna, por meio de seu próprio trabalho de *inserção*, *iniciação* e *prática*, a expressão apropriada de igreja para seu contexto. Seja qual for a forma que uma igreja tome, seus líderes precisarão continuamente tomar medidas deliberadas para manter o crescimento de sua comunidade em direção ao seu potencial único.

Usamos, conscientemente, a palavra "deliberadas" acima para descrever o esforço necessário para o *amadurecimento* de uma igreja local. Ser deliberado significa combinar a intencionalidade com o acompanhamento por meio de uma série de frentes para promover o desenvolvimento progressivo da comunidade de fé. Ele "cresce" para o próximo nível, muito parecido com o amadurecimento de uma pessoa quando ele(a) toma medidas concretas para ajudar seu próprio crescimento. O pastor e psicólogo Dr. Hud McWilliams frequentemente nos lembra que os seres humanos precisam de mais do que simplesmente boas intenções para crescer como pessoas. Seu desenvolvimento é produto de uma ação deliberada em que a intenção é colocada em ação ao se seguirem passos em direção a metas de crescimento específicas e é rodeada de relacionamentos e recursos que garantem um bom acompanhamento. O

amadurecimento em nível humano requer envolvimento em metas e desafios de crescimento, dispondo de apoio e responsabilidade para ajudar a permanecer no curso. Escolher a passividade ou deixar o crescimento ao acaso, segundo assevera Hud, quase invariavelmente provoca um desenvolvimento atrofiado.

Se os humanos exigem tal atividade intencional para crescer como indivíduos, por que devemos imaginar que seria diferente para grupos de seres humanos (comunidades) que querem crescer na plena estatura de Cristo? Nós, na Comunitás, estamos convencidos de que nossos projetos e nossas igrejas devem ser intencionais em sua busca pela *maturidade*. Tal desenvolvimento não vem por acidente em um nível humano nem cairá do céu para igrejas que negligenciam buscá-lo.

Em qualquer época, cada projeto e igreja – a sua própria maneira – precisará definir, por meio de oração, medidas para ajudar a desenvolver sua comunidade. Isso se aplica tanto a projetos nos primeiros estágios de desenvolvimento quanto a igrejas já com desenvolvimento mais avançado! Amadurecer pode significar que a comunidade implementa um processo para selecionar presbíteros para ampliar e aprofundar a base de liderança da igreja. Em outro exemplo, amadurecer pode denotar líderes articulando um caminho claro para que pessoas se juntem à comunidade e se tornem partes interessadas comprometidas com seu desenvolvimento. Em outro cenário, amadurecer pode significar a liderança desenvolver parcerias com outras igrejas e organizações locais de forma que aumentem o impacto geral de Cristo em sua cidade. Independentemente do que a equipe discernir fazer em algum momento, *amadurecer* exigirá intencionalidade e acompanhamento de seu processo a fim de se desenvolverem as capacidades de resistência e impacto em seu contexto local.

Como parte desse discernimento, todas as igrejas, sejam elas jovens ou mais experimentadas, em processo de *amadurecimento* terão de parar periodicamente para refletir e ter uma perspectiva de onde vieram, como estão operando e para onde querem ir em seguida. Uma vez que os ritmos, os sistemas e as estruturas do ministério são estabelecidos em um determinado período, é muito fácil cair no mero "modo de manutenção" e agir de maneiras que não mais direcionem a igreja para o impacto do ministério em longo prazo. Promover a dinâmica de *amadurecimento* significa que as equipes de liderança devem fomentar momentos para novas reflexões e extrair daí inovações, de modo que suas comunidades permaneçam aptas e ágeis para atender a um futuro em constante mudança.

Para o restante deste capítulo, queremos explorar quatro áreas que são particularmente importantes para o *amadurecimento* de qualquer comunidade de fé, seja ela nova ou não. Depois de anos assistindo a várias expressões de igreja emergirem do solo de muitas culturas, reconhecemos que essa zona de transição, em que uma comunidade muda de uma forma simples para uma mais complexa e madura, requer intencionalidade para: 1) manter a visão atualizada, clara e inspiradora; 2) permitir que cada membro do corpo desempenhe seu papel; 3) desenvolver a profundidade e a capacidade da comunidade de liderança da igreja; e 4) discernir metas de progresso apropriadas que ajudem a *amadurecer* a comunidade para o período em questão.

Mantendo a visão atualizada, clara e inspiradora

Todas as igrejas e equipes de plantação precisam revisar periodicamente sua visão. Mencionamos isso aqui porque encontramos tantos casos em que as comunidades permitem que sua visão se torne obsoleta ou desistem completamente dela. Porque tanta coisa depende da clareza da visão, em termos de sua contribuição para a moral, o planejamento e a manutenção de um grupo no caminho certo, as comunidades de fé

devem certificar-se de que a visão permaneça relevante e articulada de forma clara e inspiradora.

A visão precisa ser analisada em dois níveis simultaneamente – no nível geral (macro) e no específico (micro). Juntas, essas duas maneiras de ver dão "noção de profundidade", da mesma forma que a visão humana precisa de ambos os olhos funcionando para conseguir um campo de visão completo e claro. Para que uma igreja ou uma plantação de igreja possa manter a percepção de profundidade, é preciso cultivar uma visão ampla e inspiradora do sonho de Deus para o corpo de Cristo e também uma visão cativante do que sonham que sua comunidade possa se tornar para seu contexto local específico. Ambos os aspectos da visão, o mais amplo e o mais local, impulsionam a comunidade e permitem que o sonho duplo se torne realidade no aqui e no agora. Vamos explorar como cada um desses pode ser cultivado ao longo do tempo, começando com a visão macro e, em seguida, abordando a micro.

Por meio do enredo e dos ensinamentos das Escrituras, o Espírito pinta uma visão maravilhosamente encantadora, mostrando quão bela a Igreja de Deus deve ser como o Corpo de Cristo no mundo. Acreditamos que muitos que entram no âmbito de plantação de igreja são impulsionados pelo desejo de melhorar o que já existe, e não pelo sonho de Deus para a Noiva. Assim, desenvolveram um senso apurado do que não gostam sobre a igreja em geral ou sobre as igrejas que frequentaram. Em resposta, eles desenvolvem uma fome de inventar quase qualquer tipo de comunidade alternativa que não tenha as falhas dessas igrejas. Essa postura reativa não é ruim por si só, mas em um certo ponto ela precisa ser transformada em uma postura positiva para o futuro. Em outras palavras, os pioneiros precisam gastar menos tempo na reatividade contra os aspectos negativos e mais tempo para nutrir uma apreciação pelo que Deus declara que a igreja pode ser.

Ao longo da leitura deste guia, você aprofundou sua

capacidade de apreciação do que a igreja pode se tornar para o seu contexto. Desenvolvemos o exercício abaixo para ajudá-lo a manter seus olhos fixos em uma visão ampla e cativante do que Deus chamou a igreja para ser.

Captando uma visão encantadora para "A bela igreja"

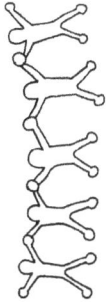

Tempo: 2 horas em 2 partes
Material: Cópias do Apêndice K, quadro branco e marcadores para quadro branco, papel, uma folha de papel grande, lápis ou canetas

Este exercício consiste em duas partes: reflexão pessoal e discussão em equipe. Sugerimos que a reflexão pessoal seja feita antes da reunião em equipe.

Reflexão pessoal:

1. Leia o breve ensaio do Dr. Wesley White, "A bela igreja", no Apêndice K, sublinhando as palavras, frases ou conceitos que realmente instigam seu coração. Observe três pontos específicos onde Wesley captou sua imaginação e os circule.

2. Identifique as palavras, frases ou conceitos circulados que você já vivenciou. Anote-os em seu diário/caderno juntamente com outras experiências que você teve com a igreja que foram encorajadoras e edificantes.

3. No seu diário/caderno, desenhe ou indique uma representação visual de suas experiências positivas com "A bela igreja". Adicione uma ou duas palavras de ação para cada experiência ilustrada.

4. Traga sua ilustração e suas observações para a discussão em equipe abaixo.

Discussão em equipe:

1. Com sua equipe, cada um deve revezar e compartilhar seus destaques e os três pontos que mais gostou no ensaio. Explique como "A bela igreja" atende as suas esperanças e expectativas ou lhe surpreende de alguma forma. Compartilhe suas ilustrações da bela igreja e as palavras de ação que você usou para descrevê-las. O facilitador escreve essas palavras no quadro branco.

2. Categorize as palavras de ação no quadro branco usando tantas categorias quanto necessárias. Em seguida, escolha três palavras de ação que moverão seu grupo a praticar "A bela igreja". Em uma folha de papel grande o suficiente para todos ficarem a sua volta, crie um esboço ou um conjunto de esboços feito pelo grupo, ilustrando como essas três ações se evidenciam em seu contexto e como refletirão "A bela igreja".

Na Comunitás, nós amamos a igreja! É a Noiva de Cristo, e nós consideramos um privilégio estarmos envolvido em dar início a comunidades com tal potencial de beleza e impacto no nosso mundo. O exercício acima dá uma amostra da razão de acreditarmos ser tão imensamente importante para cada expressão do corpo de Cristo crescer em tudo o que Deus pretende para ela. As equipes de liderança devem revisitar essa visão geral periodicamente, além de criativamente mantê-la visível diante de suas comunidades. Porém, as equipes também devem deliberadamente rever e reformular criativamente aquele outro aspecto da visão que mencionamos antes: a visão específica que discerniram para sua igreja local em seu contexto particular. No frenesi de construir ministérios internos e responder às muitas necessidades do contexto, muitas igrejas comumente experimentam um "desvio de visão", o que significa que lentamente perdem de vista seu sonho original e se afastam do curso. Isso pode resultar não apenas em uma má administração dos recursos e energia limitados da igreja, mas também leva à baixa autoconfiança dentro da igreja, uma vez que as pessoas esquecem porque eles estão fazendo o que estão fazendo. As equipes devem periodicamente realinhar a comunidade ao "sonho original" e reformular criativamente, e até mesmo redirecionar, esse sonho conforme a condução do Espírito.

A história a seguir é de Remko Dekker, da Crossroads Leiden na Holanda, que relata a importância de se reexaminar a visão particular da igreja para auxiliar o *amadurecimento* da comunidade de fé

Um dos desafios do amadurecimento que enfrentamos neste momento está relacionado com a perda da visão na igreja. Ao longo dos anos, conforme a comunidade foi se desenvolvendo, certas áreas parecem ter tomado vida própria. Elas não estão mais (conscientemente) ligadas à "comunidade que um dia sonhamos ser". Um sentimento de "negócios como de costume" se infiltrou, levando pessoas/ministérios a adotarem um modo de manutenção excessivo. O desvio da visão é comum em organizações e igrejas, mas é sempre visto mais profundamente quando se está no meio dele. Dessa forma, você vê o quão lentamente, mas com nitidez, que isso foi se infiltrando com o passar dos anos.

Então, agora nós sentimos que é hora de revisitar essa parte da nossa identidade e nos reconectar ao sonho de quem queremos ser. No início do nosso desenvolvimento como comunidade, pedimos a cada equipe de ministério que traduzisse o documento geral de missão/visão em uma missão/visão para seu ministério específico. Ao reformularmos essa visão de quem queremos ser, novamente queremos pedir a todas as nossas equipes que revisitem essa missão/visão e se reconectem a ela, reescrevam-na e sonhem de novo com ela para seu ministério.

Como se pode no relato de Remko acima, o desvio da visão "infiltrou-se" de maneira despercebida e começou a afetar todas as áreas de ministério de sua igreja. Com sabedoria, a equipe de liderança diagnosticou isso como um problema e agora cabe a eles ajudar a comunidade a tomar medidas deliberadas para sonhar de novo e realinhar os ministérios da igreja com essa visão recém-reformulada. Nós elaboramos o seguinte exercício para sua equipe ou comunidade de liderança rever e reformular mais uma vez a sua visão local, bem como realinhar ministérios à versão atualizada.

Uma aventura dinâmica

Reavaliando e reformulando a visão e os valores comunitários

Tempo: um dia ou meio dia de retiro
*Material: folhas grandes de papel, canetinhas, cópias das declarações de visão e de valores desenvolvidas nos exercícios de aprendizagem **Definindo os valores da igreja** e **Definindo a visão da igreja** no capítulo cinco.*

1. Reúna a sua equipe de liderança e membros-chave da sua grande comunidade de liderança. Escreva o nome ou a metáfora central que você adotou para sua igreja ou projeto (conforme desenvolvido no exercício de aprendizagem **Escolhendo um nome ou uma metáfora central** no capítulo cinco) em uma folha grande de papel e coloque-o na parede. Em equipe, reflita sobre como o nome da sua comunidade dialoga com o sonho que você tem para sua igreja em seu contexto local. Coloque esses pensamentos no papel.

2. Distribua as declarações de visão e valores desenvolvidas nos exercícios de aprendizagem **Definindo os valores da igreja** e **Definindo a visão da igreja** do capítulo cinco. Voluntários devem ler as declarações para o grupo.

3. Discuta as perguntas abaixo com sua equipe. Um voluntário registra as respostas em duas folhas grandes de papel, uma para a visão e outra para os valores:
   - *Onde você sente que a comunidade está vivendo de acordo com sua visão e seus valores?*
   - *Onde você acha que a comunidade está aquém da visão e dos valores descritos?*
   - *Se você acha que está aquém em alguma área, como você poderia mudar sua visão, seus valores ou suas práticas para melhor suprir essa falta?*
   - *Quais oportunidades e necessidades você vê com mais clareza agora?*
   - *Quais você sente que o Espírito está convidando-o a responder?*
   - *Quais práticas você precisa desenvolver para realizar o que espera para o futuro?*

4. Coloque na parede a folha com os valores à esquerda de seu nome ou metáfora central e a folha contendo a visão à direita. Esse é o "mosaico dos sonhos" de sua equipe. Compare seu mosaico dos sonhos com suas declarações de visão e valores originais.
   - *O que mudou?*
   - *O que ainda é verdade?*
   - *O que faremos com as diferenças?*
   Decide what next steps are necessary.

Próximas etapas (opcional):

1. Eleja um grupo de trabalho que desenvolverá e proporá alterações à visão e aos valores do mosaico dos sonhos. Estabeleça uma data para o grupo de trabalho apresentar a declaração da visão e dos valores modificada ao grupo todo para reconsideração.

2. O grupo deve se encontrar para aprovar a versão final.

Capacitando cada membro de nossa comunidade para desempenhar seu papel

Por meio do compartilhamento e da demonstração das Boas Novas (*iniciação*) com discernimento e ao viver nossa identidade e nosso modo de vida (*prática*) únicos dados por Deus, provavelmente começamos a agir como um corpo de Cristo local mais coeso. Mais pessoas estão encaminhando-se para nossa comunidade e estão curiosos para descobrir como podem participar. Em vez de permitir que essas pessoas flutuem por sobre as margens e, ocasionalmente, preencham uma lacuna aqui ou ali, nossa equipe precisa tomar medidas específicas para ajudar essas pessoas interessadas a desempenhar um papel mais duradouro no interior da comunidade.

No capítulo da *inserção*, passamos por um exercício projetado para combinar as paixões e os talentos únicos da nossa equipe às necessidades do contexto (veja o exercício **Combinando nossas paixões coletivas com as necessidades da cultura local**). Como parte do *amadurecimento* de uma forma simples para uma forma mais complexa, precisamos expandir esse tipo de processo para que toda pessoa interessada possa expressar seus chamados, dons e talentos únicos.[44] Isso deve se tornar não só uma prioridade nesta fase de transição, mas um valor duradouro a longo prazo. Caso contrário, o corpo de Cristo local terá seu desenvolvimento atrofiado, tornando-se incapaz de crescer e funcionar da maneira que Deus deseja.

Os líderes, sabiamente, deveriam cultivar esse valor "cada membro, um ministro" já nas etapas iniciais de seus projetos. Miriam Phillips, pastora executiva da Igreja Internacional Crossroads, compartilha sobre como essa prioridade se tornou um valor duradouro em sua comunidade:

Quando a Igreja Internacional Crossroads de Amesterdã foi fundada em 1987, os Associados Cristãos [agora Comunitás] enfatizavam fortemente a reprodução de plantadores de igrejas e o envio de evangelistas. A equipe inicial intencionalmente criou uma cultura de orientação informal de liderança e, mais tarde, um treinamento formal de desenvolvimento de liderança. Essas medidas, além de tornarem norma investir no potencial dado por Deus a cada membro, estabeleceram um contexto dinâmico e proposital para o desenvolvimento de dons. Essa cultura tem persistido mesmo tendo sua forma mudada [ao longo dos anos], haja vista que a igreja cresceu de um pequeno grupo, que se reunia em uma sala de estar, para uma comunidade com média de 1.300 pessoas presentes em seus três cultos de domingo.[45]

A Crossroads estabeleceu uma cultura de desenvolvimento em toda a sua comunidade, investindo primeiramente em líderes que, por sua vez, investiram no desenvolvimento de todos os membros do corpo. Permanecer fiel a esse valor exigiu que sua equipe de liderança central convidasse mais vozes à mesa, além de capacitar outros a assumir a responsabilidade de cultivar os vários ministérios da igreja. Essa postura não é natural para aqueles que estão no comando de uma comunidade em crescimento. Pelo contrário, os líderes tendem a centralizar em suas mãos muitos ministérios por tempo demais, temendo que as coisas se desfaçam se deixadas sem seu comando. Isso sufoca o crescimento da igreja e sua capacidade de fazer discípulos (um corpo humano passivo não permanecerá saudável muito tempo, assim como não ficará o corpo da igreja!). Como Miriam diz: "o método tradicional de recrutar voluntários muitas vezes depende apenas dos líderes da igreja. Além disso, esse método é eficaz apenas

---

44 Definimos "dons e talentos" da forma como J. Robert Clinton define: a soma das habilidades naturais, dos dons espirituais e das capacidades de um indivíduo.

45 PHILIPS, Miriam citada por STEIGERWALD, Daniel; CRULL, Kelly. no livro Grow Where You're Planted no texto "Releasing People into Their Divine Design," Portland, Christian Associates Press, 2013, p. 173-4.

marginalmente, pelo fato de as pessoas desconfiarem de lideranças centralizadas e hierarquizadas (*top-down*), e tende a ser limitado pela visão e experiência de gestão da liderança. A noção de que a ligação entre voluntários e tarefas tem que ser negociada pela liderança [sozinha] limita o alcance das possibilidades".[46]

À medida que as igrejas *amadurecem*, os líderes precisam abrir espaço para outros líderes e voluntários desenvolverem, de forma responsável, os ministérios da igreja. Isso, obviamente, exigirá que a igreja permita deliberadamente que as pessoas identifiquem e expressem seu projeto dado por Deus. O exercício de aprendizagem **Combinando nossas paixões coletivas com as necessidades da cultura local** no capítulo três é uma maneira por meio da qual uma igreja pode fazer isso. Miriam compartilha outra maneira de ajudar para que isso aconteça:

Ouvir a história de vida de uma pessoa se tornou uma parte importante da forma como fazemos coaching e orientação. Em certo sentido, nós fazemos uma "exegese" (literalmente, "lemos") a vida de uma pessoa para ouvir o que Deus está falando no que diz respeito a seus dons, seus talentos e seu chamado. Essa tarefa é semelhante à maneira que devemos fazer a exegese das Escrituras ou da cultura que nos cerca.

Eu vi muitas pessoas experimentando momentos de grande autoconhecimento ao compartilharem suas histórias em um pequeno grupo, especialmente quando temas que não tinham sido notados antes apareciam na própria história da pessoa. Uma líder que defendeu o início de nosso ministério diaconal compartilhou que, no ensino fundamental, ela participava de um clube de meninas que ajudava idosos em tarefas domésticas. Um homem que contou a história de seu amor por aventura e por consertar objetos quando jovem percebeu que isso o havia preparado para ajudar missionários no campo com consertos simples ao longo de uma viagem de missões

de curto prazo. As pessoas percebem esses detalhes quando compartilham suas histórias de vida.

Quando um grupo de pessoas compartilha suas histórias, e percebemos uma combinação única de dons, talentos e habilidades se alinhando para criar uma nova oportunidade, fazemos o que podemos para conectar os pontos relacionais e organizacionais e começamos a falar sobre os próximos passos. Vale a pena ouvir as pessoas compartilharem suas histórias de vida.[47]

Carlton Deal, o pastor fundador da igreja The Well (O Poço), em Bruxelas, na Bélgica, encoraja líderes para prepararem pessoas para ministrar tanto dentro de sua igreja como também no cotidiano em que cada um vive:

Pessoas normais têm empregos ou estudam e têm dons para servir, talvez até mesmo para liderar. Esse tem sido um conceito central para nós em nosso desenvolvimento de liderança: como podemos desenvolver os sistemas e as estruturas da igreja de modo que a maior parte do ministério possa acontecer por meio do menor número de colaboradores? O outro conceito-chave era sobre missão – o ethos (conjunto de hábitos e crenças) de nossa comunidade deveria ser o envio [de pessoas].

Dois versos de Efésios repetidamente mexeram com nossos corações. Primeiro, o versículo dez do capítulo dois (Ef 2:10), que diz: "Porque somos criação de Deus realizada em Cristo Jesus para fazermos boas obras, as quais Deus preparou de antemão para que nós as praticássemos". E se pudéssemos ver cada pessoa como uma obra-prima criada por Deus para ser parte essencial de seu plano cósmico de renovar, redimir e restaurar todas as coisas? Esse versículo nos deu o fundamento para nosso desenvolvimento de liderança: enxergar beleza e talento em cada pessoa.[48]

---

47 Ibid., p. 186.

48 DEAL, Carlton. citado por STEIGERWALD, Daniel. e CRULL, Kelly no texto "Leadership and Organizational Development for Normal People," no livro Grow Where You're Planted. Portland: Christian Associates Press, 2013, p. 62, 65.

---

46 Ibid., p. 187.

O que Miriam e Carlton estão sugerindo acima é que a equipe de liderança principal precisa criar as conexões e a energia que permitem que todo o corpo experimente a alegria de servir a Deus junto. Esse ambiente permite que a comunidade se comporte como um corpo coordenado em amadurecimento, capaz de zelar sobre suas próprias necessidades internas mesmo quando ministra àqueles que estão além dele. A visão comum que compartilham de "cada membro um ministro" é o que agrega todas essas coisas. Miriam descreve essa visão em termos de equipes sinérgicas:

As equipes sinérgicas demonstram progresso no desenvolvimento de dons porque são equipes em que uma grande diversidade de dons está sendo trabalhada, mas em direção a um objetivo comum. Cada membro tem a humildade de valorizar a contribuição de todos os outros e a ousadia de sair e experimentar habilidades recém desenvolvidas. A sinergia acontece quando todos os membros da equipe atingem seu potencial enquanto usufruem do apoio da equipe. Os membros da equipe confiam uns nos outros não só no relacionamento, mas também para fazer sua parte e carregar sua carga para alcançar sua meta.[49]

Essas equipes, nas quais os dons de cada membro são respeitados e aprimorados, dado que todos os membros da equipe trabalham em direção a um objetivo comum, são uma esfera ideal para se descobrirem dons e aprender-se a expressá-los bem. A equipe de liderança principal precisará priorizar encontrar e desenvolver líderes talentosos para serem facilitadores em tais equipes (na próxima seção, apresentaremos exercícios sobre como fazer isso).

À medida que procuramos capacitar as pessoas, aqui estão alguns conselhos testados ao longo do tempo:

investir em pessoas, a maioria das quais voluntariam seu tempo além de seus próprios horários de trabalho ou com a família, requer que as *utilizemos de acordo com sua vocação e seus dons, e não meramente para preencher posições vazias que julgamos importantes*! Isso, naturalmente, não significa que todo ato de serviço em favor do corpo de Cristo deve estar em consonância com os dons de uma pessoa – pertencer a uma comunidade significa que todos nós temos nossa participação esporádica no "trabalho sujo". Porém, muitas vezes é *somente* o trabalho sujo que os líderes pedem que os membros do corpo realizem.

Descobrindo nosso design único

Então, como podemos ajudar as pessoas a expressar seu papel único na igreja? Primeiramente, temos de abordar outras duas questões, as quais nos fornecerão as informações de que precisamos para responder à pergunta inicial. A primeira pergunta é: *quais são as paixões e os dons do indivíduo e como é que já começaram a surgir na comunidade?* Eles podem ser discernidos por meio de uma exploração deliberada da vocação, incluindo o uso de entrevistas, ferramentas de diagnóstico e *feedback*. Se a pessoa já estiver servindo na comunidade por algum tempo, a equipe de liderança pode considerar útil fazer uma avaliação 360, coletando dados daqueles que trabalham em estreita colaboração com o indivíduo.

A segunda pergunta que precisamos responder para obter as informações necessárias para capacitar as pessoas em seus dons e talentos muitas vezes não é tão bem explorada como a primeira: *como o indivíduo põe seus dons em prática de forma natural e satisfatória para si?* Deus criou cada pessoa exclusivamente, e esse design é profundamente satisfatório para uma pessoa quando ele é capaz de ser expresso. Vale a pena reservar tempo para explorar como as paixões, o talento e a experiência de cada membro se encaixam com a visão e os ministérios

---

49 PHILIPS, Miriam. citada no texto "Releasing People into Their Divine Design," no livro Grow Where You're Planted, p. 193.

da igreja – tanto presente como em potencial. Além disso, deve-se buscar descobrir se o membro tem dons mais adequados ao foco interno da igreja ou a sua visão externa. Encontrar o "lugar certo" para cada pessoa permite que elas floresçam, resultando em maravilhosas bênçãos para o indivíduo e também uma vitória para o Reino!

A seguinte série de exercícios foi criada para ajudar sua equipe a explorar o conceito bíblico de vocação e aplicá-lo ao contexto de sua equipe. Também foram criados para capacitar a sua equipe para ajudar os membros da comunidade em geral a descobrir seus dons e paixões, para que possam encontrar maneiras de expressá-los.

Explorando o uso do termo CHAMADO do Apóstolo Paulo

Tempo: 60-90 minutos
Material: Bíblias, diário/caderno, cópias do Apêndice L, lápis ou canetas

1. Cada pessoa deve ter um parceiro para discussão. Com sua dupla, ore e peça ao Espírito Santo que os guie nesta sessão de estudo. Leia alguns textos em que se usa uma forma da palavra grega kletos: Mt. 22:14; Rom. 1:1, 6-7; 8:28; I Cor. 1:1-2, 24; Judas 1:1; Ap. 17:14 (disponíveis no Apêndice L). Depois de ler cada passagem em voz alta, risque "chamado" e escreva "KLETOS" em cada uma delas.

2. Releia cada passagem das Escrituras estudando seu contexto. Discuta como você traduziria, com suas próprias palavras, o significado de *kletos* cada vez que é usado. Para entender seu sentido, não se esqueça de considerar todo o contexto da passagem no qual a palavra é usada. Escreva suas traduções ao lado de cada ocorrência de *kletos*. Levando em consideração suas traduções para o que *kletos* significa em cada passagem, trabalhe com sua dupla para criar sua própria definição dessa palavra (dica: nós somos *kletos* (chamados) para "ser", e não para "fazer" – o ministério flui de quem nós somos).

3. Junte-se em equipe e discuta as definições de cada grupo. Responda as seguintes perguntas:
   - *Como suas definições diferem das tipicamente utilizadas pelas igrejas para a palavra "chamado"?*
   - *Como sua equipe pode incorporar um sentido mais preciso e completo para o uso dessa palavra para que os voluntários encontrem profunda satisfação em seu serviço ao Senhor?*

4. Desenvolva três princípios norteadores que ajudarão sua comunidade a ativar seu entendimento de "chamado/*kletos*". Registre os princípios norteadores em seu diário/caderno.

Exemplos de princípios norteadores relacionados ao *kletos*:
- *Nossa comunidade não pressionará pessoas para realizar trabalho voluntário somente porque precisamos preencher uma vaga.*
- *Entendemos que somos todos chamados para seguir o caminho de Jesus, e não um trabalho específico na organização. Assim, encontraremos pessoas adequadas para todas as posições dentro da nossa comunidade.*

Discernindo a identidade exclusiva dos membros de sua equipe

Tempo: depende do tamanho do grupo. Marque 30 minutos por pessoa
Material: papel para escrever, fichas, lápis ou canetas

Recomendamos que este exercício seja praticado pela primeira vez junto de sua equipe de liderança. Em seguida, reúna os líderes de suas equipes de ministério e dos pequenos grupos e seja o facilitador do exercício entre eles. Idealmente, todos os líderes de suas "equipes sinérgicas" devem fazer o mesmo exercício com suas respectivas equipes.

1. Comece com uma oração, pedindo a Deus para guiar a imaginação de cada pessoa dentro do grupo. Dê 15 minutos de silêncio para a equipe. Durante esse tempo, cada pessoa deve refletir sobre uma vez em que se sentiu realizada no que estava fazendo (se isso nunca aconteceu, talvez haja alguém que admirem e que possam usar para este exercício – o que eles fazem que eu considero tão inspirador?).

2. Escreva a história desse acontecimento ou atividade em uma folha de papel, descrevendo tudo o que for possível sobre ela. Observe as atividades ou maneiras de ser/liderar/trabalhar, o que se aplicar, que são especificamente satisfatórias.

3. Revezem-se contando suas histórias de realização. Uma pessoa se voluntaria para contar sua história à equipe. Quando terminarem, o grupo terá um minuto de oração silenciosa pedindo a Deus para ajudá-los a dar *feedbacks* positivos sobre os dons dessa pessoa, conforme ilustrado em sua história ou ao se observar o falante. As pessoas do grupo podem fazer perguntas elucidativas.

4. Cada membro do grupo irá escrever o nome do membro da equipe no topo de uma ficha, adicionando três ou quatro pensamentos ou observações sobre os dons da pessoa e, em seguida, passá-los para ele/ela. O membro da equipe lê, então, em voz alta a contribuição que recebeu para afirmação e apreciação. O facilitador reafirma o que foi compartilhado.

5. Repita até que todos tenham compartilhado e recebido suas contribuições.

Descobrindo suas preferências vocacionais

Tempo: 60 minutos
Material: cópias do Apêndice M, cartolina, papel, canetinhas de diferentes cores

Assim como no exercício anterior, recomendamos que este exercício seja primeiro praticado entre membros da equipe de liderança. Idealmente, todos os líderes de suas "equipes sinérgicas" devem fazer o mesmo exercício com suas respectivas equipes. Finalmente, planeje usar este exercício com seus pequenos grupos e outras equipes de ministério. Este exercício consiste em duas parte: reflexão pessoal e discussão em duplas.

Reflexão pessoal:

1. Considere a sua vida profissional, incluindo trabalhos remunerados, voluntários e aqueles dentro de sua unidade familiar, anotando cada um em uma linha do tempo. Pode ser uma linha reta, uma espiral ou um círculo. Pode parecer com a linha das montanhas, ou com o oceano, ou com o que lhe agradar. Acrescente uma representação visual de cada trabalho em sua vida profissional em ordem cronológica, como observado acima.

2. Ao lado de cada trabalho, anote seus deveres e tarefas pelas quais era responsável. Escreva as atividades de que você não gostou abaixo da linha e as atividades que você gostou, acima da linha. Organize em temas, como: o que você gosta de fazer e como? O que teve em cada trabalho que você gostou ou detestou? Anote seus temas.

3. Vá para o Apêndice M: preferências vocacionais e analise cada preferência. Destaque três que lhe chamem mais a atenção. Compare-os com o que você observa na sua vida profissional. Quando você compara sua experiência profissional com as preferências vocacionais, o que você descobre sobre si mesmo?

4. Agora, leve em consideração o feedback que você recebeu no exercício de aprendizagem anterior, ***Discernindo a identidade exclusiva dos membros de sua equipe***. Como esses pedacinhos de autoconhecimento podem ajudá-lo a servir o corpo de Cristo mais plena e autenticamente? O que você gostaria de fazer para servir na sua igreja ou no seu bairro?

Discussão em duplas:

1. Procure uma pessoa para ser sua dupla de discussão e explique o que você aprendeu sobre si mesmo e como você se sentiria mais autêntico ao servir na igreja ou na sua região (bairro). Explique a ela quais dons e preferências justificam seu desejo.

2. Troque os papéis e ouça sua dupla de discussão conforme ela lhe explica o que descobriu sobre si mesma.

3. Dedique alguns minutos para escrever um parágrafo descrevendo como seria o seu trabalho *ideal*.

4. Ouça sua dupla de discussão ler seu parágrafo, faça perguntas e encoraje-a. Leia o seu parágrafo para ela. Da mesma forma, ela lhe fará perguntas e o apoiará.

Descobrindo os talentos que fortalecem o corpo de Cristo

Outro aspecto da busca para libertar todos os membros do corpo de Cristo em seu chamado, seu talento e sua experiência únicos se encontra na instrução do Apóstolo Paulo no capítulo quatro de sua carta aos Efésios. No meio desse capítulo, nos versículos 7 a 12, Paulo observa que Deus deu cinco dons fundamentais para a edificação do corpo de Cristo – apóstolos, profetas, evangelistas, pastores e mestres:

E a cada um de nós foi concedida a graça, conforme a medida repartida por Cristo. Por isso é que foi dito: "Quando ele subiu em triunfo às alturas, levou cativo muitos prisioneiros, e deu dons aos homens". [...] E ele designou alguns para apóstolos, outros para profetas, outros para evangelistas, e outros para pastores e mestres, com o fim de preparar os santos para a obra do ministério, para que o corpo de Cristo seja edificado, até que todos alcancemos a unidade da fé e do conhecimento do Filho de Deus, e cheguemos à maturidade, atingindo a medida da plenitude de Cristo. - Ef. 4:7-8,11-13

Observe, antes de tudo, no versículo sete, que esses dons ("graças", literalmente) foram distribuídos entre todos do corpo – "a cada um de nós" –, não apenas entre aqueles que são dotados para serem líderes. Em segundo lugar, eles são dados em suas cinco variedades para capacitar a igreja, de modo que ela possa amadurecer à "toda a medida da plenitude de Cristo". Em outras palavras, *precisamos de todos esses dons para ver os corpos de Cristo locais se elevarem à plena estatura de Cristo.*

Descobrimos que a compreensão desses dons em nossas próprias vidas pode nos ajudar a desenvolvê-los e usá-los para edificar e capacitar a igreja. As seguintes definições desenvolvidas por Alan Hirsch nos dão uma perspectiva sobre como esses dons atuam na comunidade.

Os APÓSTOLOS (*apostles*, em inglês) ampliam o evangelho. Como "enviados", eles garantem que a fé seja transmitida de um contexto para outro e de uma geração para a outra. Estão sempre pensando no futuro, superando barreiras, estabelecendo igrejas em novos contextos, desenvolvendo líderes e criando vínculos translocalmente. Sim, se você se concentrar apenas em iniciar novas ideias e obter expansão rápida, você pode ferir as pessoas e as organizações. As funções do pastoreio e do ensino são necessárias para garantir que as pessoas sejam cuidadas e não simplesmente usadas.

Os PROFETAS (*prophets*, em inglês) conhecem a vontade de Deus. Eles estão particularmente sintonizados com Deus e sua verdade para os dias de hoje. Eles trazem correção e desafiam os pressupostos dominantes que herdamos da cultura. Insistem que a comunidade obedeça ao que Deus ordenou. Questionam o status quo. Sem a presença dos outros tipos de líderes, os profetas podem se tornar ativistas beligerantes ou, paradoxalmente, desvincular-se da imperfeição da realidade e tornar-se alheios a este mundo.

Os EVANGELISTAS (*evangelists*, em inglês) recrutam. Esses comunicadores propagadores da mensagem do evangelho recrutam outros para a causa. Eles nos convocam para uma resposta pessoal à redenção de Deus em Cristo, e também atraem crentes para se engajar na grande missão, fomentando, assim, o crescimento da igreja. Os evangelistas podem estar tão concentrados em alcançar aqueles que estão fora da igreja que o amadurecimento e o fortalecimento dos que estão dentro é negligenciado.

Os **PASTORES (***shepherds,* **em inglês)** cuidam e protegem. Como cuidadores da comunidade, concentram-se na proteção e na maturidade espiritual do rebanho de Deus, cultivando uma rede amorosa e espiritualmente madura de relacionamentos, fazendo e desenvolvendo discípulos. Os pastores podem valorizar a estabilidade em detrimento da missão. Podem, também, promover uma dependência não saudável entre a igreja e eles mesmos.

Os **MESTRES (***teachers,* **em inglês)** entendem e explicam. São comunicadores da verdade e da sabedoria de Deus, ajudam os outros a permanecer biblicamente fundamentados para discernir melhor a vontade de Deus, guiam o próximo à sabedoria, ajudam a comunidade a permanecer fiel à palavra de Cristo e constroem uma doutrina transferível. Sem a contribuição das outras funções, os mestres podem cair no dogmatismo ou no intelectualismo vazio. Podem deixar de ver os aspectos pessoais ou missionais do ministério da igreja.[50]

Como os dons APEPM (*APEST,* em inglês) são um aspecto tão importante do *amadurecimento* de uma igreja local, criamos os seguintes exercícios para ajudar sua comunidade a compreendê-los e ativá-los.

---

50 HIRSCH, Alan. no site What is APEST?. Disponível em: <http://www.theforgottenways.org/apest/> Acesso em: mai. 2016.

Descobrindo seus dons APEPM

Tempo: 90 minutos
Material: Bíblia, cinco folhas de papel grande, canetinhas, lápis ou canetas

1. Cada membro da equipe lê as descrições do APEPM de Alan Hirsch acima, sublinhando palavras ou frases que parecem significativas. Circule as duas descrições que melhor descrevem você.

2. Um voluntário lê em voz alta Efésios 4:1-16. Preste bastante atenção aos cinco dons APEPM no versículo 11.

3. Coloque cinco folhas grandes de papel na parede ao redor da sala, cada uma com um dom APEPM diferente escrito na parte superior. Os participantes andam pela sala visitando cada folha e adicionando suas próprias palavras, frases ou imagens de ação que descrevem esse dom.

4. Cinco voluntários, um para cada dom APEPM, devem ler ao grupo as descrições coletivas de cada dom. O facilitador conduz uma discussão, abrindo espaço para novas perguntas a respeito dos dons listados e adicionando palavras ou frases esclarecedoras nas folhas conforme necessário.

5. Cada membro da equipe visita cada uma das cinco folhas, lendo os descritores e as imagens para cada dom, ponderando em espírito de oração como cada dom o descreve. Depois de meditar sobre todos os cinco dons, a pessoa assina seu nome na parte inferior de duas folhas de dons APEPM que melhor a descrevem, circulando seu nome na folha que ela sente representar seu dom mais proeminente.

6. Reunidos em equipe, os membros se revezam compartilhando seus dons e explicitando como as imagens ou os descritores se relacionavam com seus próprios talentos e como veem os dons escolhidos atuando em suas vidas. Depois que cada pessoa falar, o facilitador deve conduzir uma breve discussão, permitindo que outros membros da equipe comentem e confirmem os dons uns dos outros. Os membros da equipe registram seus dons APEPM em seus diários/cadernos juntamente com quaisquer descritores ou imagens úteis. O facilitador mantém as cinco folhas APEPM para uso em exercícios subsequentes.

Criando uma atmosfera de colaboração na liderança entre os APEPM

Tempo: 90 minutos
*Material: papel, quadro branco e marcadores para quadro branco, folhas do exercício de aprendizagem **Descobrindo seus dons APEPM**, lápis ou canetas*

1. Em equipe, levante um questionamento relevante que você esteja enfrentando agora no ministério. O facilitador escreve a pergunta no quadro branco. Exemplos: como incluir nossos amigos não cristãos em nossa comunidade? Devemos realizar uma reunião semanal aos domingos? Está na hora de alugar um local?

2. Dividam-se em cinco grupos de acordo com o seus principais dons APEPM. Distribua as folhas de dons APEPM aos respectivos grupos. Cada grupo revê as palavras e as imagens de sua folha e, em seguida, escreve uma resposta à pergunta no quadro branco a partir do ponto de vista de seu dom APEPM.

3. Quando solicitado, cada grupo apresenta sua resposta à equipe.

4. Depois que todos os grupos tiverem compartilhado, discuta as perguntas a seguir em equipe:
   - *Quais semelhanças estão presentes nas respostas dos grupos? Quais são as diferenças?*
   - *Como as diferenças em nossas perspectivas afetam as soluções em potencial para a questão do ministério levantada?*
   - *Quais passos podemos tomar para garantir que todas as cinco perspectivas APEPM sejam integradas ao nosso processo de tomada de decisões? Por exemplo: convidar aqueles que estão fora da liderança, mas que claramente têm dons em outras áreas, para auxiliar nas decisões; pedir aos membros da equipe para colocar o "chapéu" de seu respectivo APEPM durante uma fase de discernimento; dividir a equipe em grupos de acordo com os dons APEPM certas vezes para desenvolver de forma plena a respectiva perspectiva em determinado assunto.*

Trazendo o equilíbrio APEPM para sua equipe

Tempo: 90 minutos
*Material: folhas do exercício de aprendizagem **Descobrindo seus dons APEPM**, cópias do Apêndice N, lápis ou canetas*

1. Cada membro da equipe lê a seleção *A revolução permanente* no Apêndice N, sublinhando tudo que pareça significativo.

2. Reunidos em equipe, revezem-se para compartilhar o que sublinharam. Conversem sobre palavras ou frases na passagem que lhes pareçam importantes. O facilitador as escreve no quadro branco.

3. Reúnam-se em cinco grupos de acordo com seus principais dons APEPM. Distribuam as folhas dos dons aos respectivos grupos. Olhe ao redor para os cinco grupos. Quais dons estão sub-representados em sua equipe? Quais são sobrerrepresentados?

4. Usando os descritores e as imagens nas folhas dos dons juntamente com a leitura sobre *A revolução permanente*, discuta em seu grupo os potenciais perigos para a equipe associados à sub ou sobrerrepresentação dos dons em seu grupo. Liste alguns passos simples que você pode tomar para minimizar esse perigo.

5. Reúna-se como equipe. Os grupos se revezam compartilhando suas respostas. Depois que todos os grupos tiverem compartilhado, use as seguintes perguntas para discutir o que aprendeu sobre a mistura de dons da sua equipe:
   - *Quão igualmente estão representados em nossa equipe os dons APEPM?*
   - *Quais dons estão sub ou sobrerrepresentados em nossa equipe, e quais benefícios e perigos eles nos impõem?*
   - *Se houver desequilíbrio substancial de dons em nossa equipe, quais são duas ou três ações que podemos realizar para promover seu equilíbrio? Por exemplo: incorporar as perspectivas APEPM no nosso processo de tomada de decisão; convidar um voluntário para se tornar um especialista em APEPM para nos ajudar a entender melhor a dinâmica de nossa equipe; considerar os dons APEPM da pessoa quando estivermos recrutando um novo membro para a equipe.*

Desenvolvendo a profundidade e a capacidade da comunidade de liderança da igreja

Nesta seção, abordaremos a questão da liderança na igreja. Discutiremos o que são liderar e o dom da liderança, bem como discorreremos sobre como identificar e desenvolver líderes. Finalmente, apresentaremos meios de implementar estruturas de liderança para a igreja continuar a amadurecer por muitos anos.

Explorando a liderança

Antes de mergulharmos neste assunto, queremos reconhecer que a palavra "liderança" pode ter uma gama de significados diferentes de uma pessoa para outra em sua equipe ou em sua comunidade de fé. Também percebemos que, para algumas pessoas, ela pode trazer à mente memórias de experiências dolorosas. Com essas possibilidades em mente, nós fornecemos dois exercícios já desde o início para ajudá-lo a se sentir menos sobrecarregado em sua prática de liderança conjunta.

Este primeiro exercício foi criado tanto para estimular o aprendizado dentro de sua equipe sobre o tema da liderança como também para ajudá-lo a chegar a uma definição adequada da palavra "liderança".

Explorando o significado de liderança

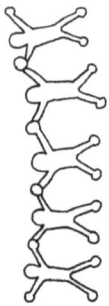

Tempo: 2 horas mais o tempo para se ler um livro, ler blogs ou assistir a um filme
Material: cópias do Apêndice O, quadro branco e marcadores para quadro branco

1. Cada membro da equipe escolhe um livro diferente para ler sobre liderança (veja o Apêndice O: Livros de liderança para ter ideias, mas sinta-se livre para desenvolver uma lista apropriada para seu contexto). Se a leitura de livros não for atraente para você, então descubra uma maneira de explorar a liderança por outros meios. Por exemplo: leia blogs sobre liderança, entreviste líderes exemplares usando perguntas abertas, assista filmes, como *Invictus*, *Calvário* ou *A missão*, enquanto toma notas etc.

2. Prepare uma breve resenha de seu livro, filme, blog etc., destacando os elementos mais importantes, incluindo a definição de liderança segundo o autor. Cada pessoa traz suas conclusões sobre liderança por meio de uma apresentação em tópicos para o grupo. O facilitador registra no quadro as palavras ou frases-chave que apareceram durante as apresentações. O grupo pode fazer perguntas ao apresentador para esclarecer as dúvidas, se necessário.

3. Assim que cada pessoa apresentar, o grupo compara e contrasta as ideias apresentadas, procurando semelhanças e diferenças. Utilize as seguintes perguntas para auxiliar na discussão:
    *   *Quais são as duas ideias ou percepções mais úteis que podemos colocar em prática?*
    *   *Quais ideias não se aplicam a nossa situação?*
    *   *Quais outras perguntas temos?*

4. Usando as informações obtidas no terceiro passo, o facilitador orienta o grupo na formulação de uma curta definição funcional de liderança (somente um parágrafo) que seja aceitável para a equipe.

O próximo exercício foi criado para ajudar individualmente os membros da equipe a processar experiências dolorosas ou negativas relacionadas a pessoas em posição de autoridade. Se você foi ferido por um líder, ou se você tem lutado com o conceito de liderança por causa de maus exemplos, então o exercício reflexivo a seguir é para você. Esteja ciente, no entanto, que este exercício pode desenterrar emoções que podem exigir que você procure conselho externo para lidar com elas.

Indo além da desconfiança ou da mágoa de líderes

Tempo: 60 minutos
Material: caderno ou diário, lápis ou caneta

1. Leia o trecho abaixo. Sublinhe as ideias que lhe interessarem de alguma forma.

> *Muitos foram magoados ou desiludidos pela má liderança e alguns, pela liderança que até mesmo poderia ser chamada de pecaminosa. As histórias são abundantes de líderes cristãos que sucumbiram ao orgulho, ao desejo pelo poder, à tentação sexual, à impropriedade financeira, ao narcisismo – entre tantos outros venenos.*

> *Muitíssimas pessoas experimentaram um tipo dominante de líder – uma pessoa que anulou a sua voz ou que limitou a sua influência. Pensamos particularmente em quão difícil é muitas vezes para as mulheres na igreja ou para aqueles que não são homens brancos. Muitas mulheres e muitos homens, por diversas razões, carregam mágoa ou ressentimento daqueles que os conduziram mal ou que se aproveitaram deles no passado.*

> *Talvez você tenha sido ferido ou irritado por sua experiência com lideranças no passado. Deus quer ajudá-lo nisso para lhe dar a perspectiva Dele sobre liderança e como ela deve ser praticada na igreja – tendo em mente que os líderes são pessoas falhas também. Reconhecemos a sua dor e esperamos que a comunidade da Comunitás e sua maneira de exercer a liderança possam trazer cura para sua alma. Nós o convidamos a se manifestar caso você note ou experimente iniquidades.*

> *O autor de Hebreus oferece ao corpo de Cristo este empurrãozinho: "Obedeçam aos seus líderes e submetam-se à autoridade deles. Eles cuidam de vocês como quem deve prestar contas. Obedeçam-lhes, para que o trabalho deles seja uma alegria e não um peso, pois isso não seria proveitoso para vocês" – Hebreus 13:17.*

> *Deus deseja que você confie e respeite aqueles chamados para guiá-lo. Isso pode exigir perdão de sua parte, mas você também deve assumir a responsabilidade pelo comportamento e por certas atitudes que desnecessariamente sobrecarregam aqueles colocados em sua vida como líderes. Nenhum de nós quer ser responsável por minar a alegria dos nossos líderes ou, de alguma forma, corroer sua eficácia no crescimento da igreja. E se nós carregamos questões não resolvidas do passado, elas inevitavelmente transparecem em nossa própria liderança e afeta negativamente aqueles que lideramos.[51]*

---

51 Trecho do material preparado por Dan Steigerwald em setembro de 2011 para o treinamento online da Comunitás, o "Matrix".

2. Compartilhe com seu mentor o que você sublinhou e diga porque esses pontos foram importantes para você. Se esse texto cria tensão ou resistência em sua alma, pare agora e reconheça suas emoções por escrito.

3. Em espírito de oração, peça que Deus esclareça porque você se sente assim. Peça a Deus que o guie a encontrar a cura. Escreva o que você ouve o Espírito Santo lhe dizer.

4. Planeje falar com alguém sobre sua dor. Você pode conversar com um terapeuta. Encontre um parceiro de oração para apoiá-lo em seu processo. Crie um plano de compartilhamento com o seu mentor para trabalhar sua tensão, dor e/ou resistência.

É conveniente ter uma visão ampla de liderança. Acreditamos que, se necessário, você começou a abordar a dor de experiências passadas que torna difícil acreditar que a liderança possa ser exercida de maneiras saudáveis. Agora, queremos voltar nossa atenção para a liderança no corpo de Cristo. Como você notará em breve, nós, na Comunitás, acreditamos que qualquer pessoa pode exercer liderança. Ao mesmo tempo, também acreditamos que a liderança é um dom espiritual que Deus dá a certas pessoas para ajudar no desenvolvimento do corpo de Cristo.

Em Romanos 12, o apóstolo Paulo sugere que a liderança é um dom dado por Deus:

[6] *"Temos diferentes dons, de acordo com a graça que nos foi dada. Se alguém tem o dom de profetizar, use-o na proporção da sua fé. Se o seu dom é servir, sirva; se é ensinar, ensine; se é dar ânimo, que assim faça; se é contribuir, que contribua generosamente; se é exercer liderança, que a exerça com zelo; se é mostrar misericórdia, que o faça com alegria."* - Romanos 12:6-8

Na passagem acima, *exercer com zelo* traduz duas palavras gregas. W.E. Vine e Colin Brown explicam que essas palavras significavam uma habilidade ou um chamado para dar suporte aos outros, "fornecendo cuidado, direção, proteção e apoio" no primeiro século.[52] De acordo com Vine e Brown, podemos concluir que um dom espiritual de liderança envolve *uma habilidade ou um chamado para se achegar diante dos outros com um coração que busca o bem-estar da comunidade, representando seus valores e facilitando seu crescimento e desenvolvimento.*

Na Bíblia, o apóstolo Paulo não é o único que chama a atenção para essa capacidade especial de liderar o povo de Deus. Vemos a liderança ser exibida em toda a narrativa das Escrituras. No Antigo Testamento, vemos a liderança ser exercida pelos patriarcas, por juízes, profetas, sacerdotes e reis, bem como por militares. Vemos Deus usando tanto homens como mulheres nas principais funções de supervisão nacional, como com José, Débora, Daniel, Ester, Neemias e outros. Na longa narrativa da história de Israel, vemos muitos exemplos de má liderança que são contrabalanceados por algumas histórias de boa liderança.

No Novo Testamento vemos o nascimento do corpo de Cristo, a Igreja, sob a chefia ou liderança de Jesus. E, com o tempo, vemos o surgimento de muitos grupos locais de crentes, com líderes específicos

---

52 RARDIN, Richard. The Servant's Guide to Leadership. Canada: Selah Publishing, 2001, p. 40-41.

Uma aventura dinâmica

chamados e escolhidos para administrar seu desenvolvimento nas várias cidades do Império Romano. O testemunho de "cristãos" (Atos 11:26) em todo o império romano é que o Jesus ressuscitado é verdadeiramente o Senhor – o líder supremo –, e não César ou qualquer outro poder. E aqueles que supervisionam as igrejas locais são chamados para ajudar seus "rebanhos" a seguir esse Rei, de modo que nenhum líder ou igreja em particular exista alheia à sujeição à liderança de Jesus. Essa realidade fundamental de Jesus como líder supremo acima de tudo e todos deveria guiar cada aspecto da maneira como entendemos e conduzimos a liderança como cristãos.

Olhando mais a fundo no Novo Testamento, vemos um padrão emergir para a liderança da igreja local, que envolveu o empoderamento de supervisores ou "presbíteros". Essa forma de liderança se baseia no modelo judaico, em que homens sábios e experientes supervisionavam os assuntos políticos e religiosos de Israel (por exemplo, na era do Novo Testamento, tais presbíteros, ou anciãos, eram líderes da sinagoga judaica). Todas as igrejas do Novo Testamento parecem ter adotado esse padrão e foram supervisionadas ou pastoreadas por uma equipe designada de anciãos.[53] Por exemplo, em Atos 14:23, lemos a seguinte passagem:

"Paulo e Barnabé designaram-lhes presbíteros em cada igreja; tendo orado e jejuado, eles os encomendaram ao Senhor, em quem haviam confiado".

Observe que Paulo e Barnabé nomearam presbíteros em cada igreja. Esses presbíteros atuavam como uma pluralidade de iguais, mas também pareciam tipicamente nomear um líder pontual, que era "o primeiro entre os iguais" (por exemplo, Tiago, que se destacou

como líder pontual em Jerusalém). Na Comunitás, endossamos a liderança pontual sempre dentro da estrutura de liderança compartilhada e permitimos que cada equipe determine como estruturará sua equipe de liderança de longo prazo. As configurações compartilhadas, sob qualquer estrutura que uma equipe ou igreja escolham, permitem a expressão de uma diversidade de orientações de liderança (Efésios 4:11). Ademais, fornecem uma salvaguarda para proteger os líderes de comportamentos que possam ser destrutivos a eles e aos seus liderados.

A Bíblia sugere que Deus dá a certos indivíduos a capacidade de liderar outros. Esse dom, como muitos outros que Deus concede, é necessário para permitir que o corpo de Cristo floresça. É um dom particularmente importante, pois os líderes fornecem grande parte da energia e das habilidades primárias necessárias para mover os grupos em direção aos sonhos de Deus.

Identificando e desenvolvendo líderes

À medida que usamos o termo "liderança" no *amadurecimento* das comunidades de fé, distinguimos o que significa exercer liderança e o que significa desempenhar a função de um líder. Muitos argumentam que a liderança em seu nível mais básico é simplesmente influenciar, e tendemos a concordar. O Dr. J. Robert Clinton diria que qualquer pessoa no corpo de Cristo pode exercer liderança, porque qualquer pessoa pode se envolver no que ele chama de "ato de liderança". Um ato de liderança, como Clinton vê, "ocorre quando determinada pessoa influencia um grupo em termos de atos comportamentais ou de percepção, de modo que o grupo aja ou pense de forma diferente".[54]

53 STRAUCH, Alexander. Biblical Eldership: An Urgent Call to Restore Biblical Church Leadership. Littleton: Lewis & Roth, 1995, p. 121-124.

54 CLINTON, J. Robert. Leadership Emergence Theory. Altadena: Barnabas Resources, 1989, p. 34.

Um ato de liderança tem os quatro componentes seguintes:

1. Um **influenciador** – pode ser uma de várias pessoas.
2. Os **seguidores** – pessoa ou pessoas que estão sendo influenciadas.
3. **Influência** – o comportamento e a percepção que causam mudança.
4. Uma **mudança** – a forma diferente de perceber e se comportar do grupo.

Qualquer pessoa no corpo de Cristo pode se envolver nesses atos, pois todos temos a capacidade, em um determinado momento, de influenciar os outros. Tais atos ocorrem a nossa volta todos os dias. No ambiente doméstico, diferentes membros da família influenciam o comportamento ou as ações da família. No local de trabalho, os atos de influência e liderança ocorrem independentemente de os indivíduos terem ou não uma posição de liderança ou responsabilidade. Na igreja local, diferentes membros exercem atos de influência, quando eles, consciente ou inconscientemente, influenciam aqueles dentro da igreja a se comportarem ou perceberem questões de uma maneira específica.[55]

Segundo Clinton, só porque uma pessoa se envolve em vários atos de liderança não significa que a pessoa é um "líder". Somente aqueles que *frequente* e *persistentemente* se envolvem no ato de liderança (influência) podem ser classificados como líderes. Em outras palavras, em contraste com aqueles que executam atos de liderança isolados ou ocasionais, um líder é aquele que *consistentemente* executa atos de liderança que dão suporte aos propósitos de Deus para o grupo. Portanto, para determinar aqueles que são líderes, precisamos fazer algumas perguntas, como:

- Quem está consistentemente ajudando o grupo a avançar em direção ao seu futuro (visão) preferível?
- Quem está consistentemente inspirando e mobilizando as pessoas a viver de maneira consistente com os valores do grupo?
- Quem está consistentemente criando ou gerando impulso que leva ao crescimento da comunidade, tanto qualitativa como quantitativamente?
- Quem está consistentemente ajudando o grupo a responder de maneira oportuna às necessidades e oportunidades dadas por Deus?

Esses são o tipo de atos repetitivos que comumente encontramos entre aqueles que têm o dom da liderança.

A frequência da influência de liderança, como expressa nas ações mencionadas acima, é um dos marcadores mais fortes para identificar aqueles que têm o dom para liderar. Há, porém, outros marcadores úteis. Clinton geralmente usa o acrônimo "F.D.E." para destacar as três características adicionais que vê como cruciais para a identificação e a seleção de líderes:

1. Fidelidade
2. Disponibilidade
3. Ensinabilidade[56]

---

55 Ibid., p. 34-36, com algumas reformulações do Dr. Paul Leavenworth do Convergence Group (www.theconvergencegroup.org).

56 Brian Newman, antigo Diretor da Comunitás na Europa popularizou os critérios F.D.E na Comunitás, os quais foram obtidos por seu mentor, Dr. J. Robert Clinton, autor de The Making of a Leader. Colorado Springs: Navpress, 1988.

Assim, também temos de fazer as seguintes perguntas ao considerarmos líderes:

- Quem observamos que é fiel, ou quem é que consistentemente se envolve no que sente Deus e outros pedirem para eles?
- Quem vemos que também é capaz de arranjar tempo para aprender e fazer o que precisa ser feito?
- E quem, além de possuir essas características, também demonstra uma postura de aprendizagem, não orgulhoso ou excessivamente confiante em suas capacidades, mas sempre aberto a aprender e descobrir onde a graça, a habilidade e a sabedoria podem se unir como benefício para o Reino?

Na maneira de Deus fazer as coisas, é claro, vemos que talento para liderar é apenas um aspecto de uma boa liderança. A qualidade e o caráter dos líderes são expostos pela Escritura como critérios ainda mais importantes do que ser capaz de liderar e capacitar grupos para alcançarem sua visão. Aqueles que estudam milhares de líderes (por exemplo, Kouzes e Posner, J. Robert Clinton, Max DePree etc.) afirmam, em uníssono, que o caráter do líder e a maneira pela qual os líderes lideram são ainda mais importantes do que o exercício de competências que movem comunidades para frente.

A boa liderança, como vemos, envolve o uso de poder, posição e influência de formas que honram a Cristo e O colocam, juntamente aos interesses do grupo, acima de nossas próprias pautas. Outra maneira de dizer isso é: os líderes segundo o coração de Deus executam atos consistentes de servidão, compaixão e discernimento para o bem do grupo e para a glória de Deus. Eles edificam aqueles que estão sob seus cuidados (Efésios 4:11-16) e influenciam o povo de Deus a amar e servir a Cristo mais profunda e apaixonadamente.

Nas fileiras da Comunitás, fomos agraciados com muitos desses líderes – tanto mulheres quanto homens –, começando com o nosso fundador, Linus Morris. O Dr. Wesley White, a quem nos referimos anteriormente neste capítulo, e sua esposa Cindy são exemplos de liderança humilde que honra a Jesus. Mike Kurtyka, que tem servido ao lado deles por mais de uma década, diz o seguinte:

Eu vi a liderança servil demonstrada pelo Wes e pela Cindy White durante nossos muitos anos ministrando juntos na Glasgow Mosaic e agora em um novo projeto, a Upper Room Church. Enquanto a hospitalidade é algo que nossas famílias valorizam, e todos nós abrimos nossas casas regularmente, eles têm uma capacidade única de amar os outros.

Nossos irmãos e irmãs iranianos que compõem o núcleo da Upper Room abraçaram a fé em Jesus, a comunidade cristã, além de servirem uns aos outros, porque o Wes e a Cindy demonstravam amor agindo exatamente dessa forma. Imagine 50 a 60 pessoas vindo todas as sextas-feiras a um apartamento de três quartos (tamanho europeu) para comer, cantar canções, estudar a Palavra de Deus e orar. Não é pouca coisa, e muitas vezes o Wes e a Cindy ficavam até tarde limpando e levantavam cedo para terminar a arrumação (para não mencionar o envolvimento de seu filho Aiden). Recentemente, o Wes visitou um membro da Upper Room que havia acabado de voltar do hospital. O irmão M surpreendeu o Wes ao pedir Bíblias para a Upper Room na quarta-feira. Wes gentilmente corrigiu o irmão M, dizendo que ele quis dizer sexta-feira. Insistindo que era quarta-feira, o irmão M lhe mostrou uma foto em seu telefone de dez pessoas reunidas em seu apartamento para um encontro Upper Room que ele havia começado às quartas-feiras. A liderança servil verdadeiramente sacrificial estava sendo replicada, uma vez que o irmão M vive somente com 50 dólares por semana!

Sinto-me privilegiado e comovido ao testemunhar sua liderança servil fluindo de seu amor contagioso por Cristo. Há poder no nome de Jesus e eles estão dando testemunho de Seu nome ao servir e amar bem.

A Comunitás torna prioritária a identificação, o treinamento, o empoderamento e o apoio de indivíduos com o dom da liderança para que possam elevar-se a essa qualidade de caráter. O Wes e a Cindy, como qualquer um de nós, têm suas lutas diárias e não são perfeitos, mas a busca por permanecerem autênticos e *amadurecerem* como pessoas vale a pena ser seguida.

O exercício seguinte irá ajudá-lo a imaginar as características de um líder que vale a pena seguir.

Descrevendo o tipo de líder que nos alegramos em seguir

Tempo: 75 minutos
Material: folhas grandes de papel, canetinhas

1. Com uma dupla de discussão, reveja a distinção de Clinton entre aqueles que executam atos de liderança ocasionais e aqueles que fazem isso consistentemente. Quão diferentes são os dois? Identifique as diferenças que você observa.

2. Pense nos nomes dos três ou quatro líderes mais talentosos que você já conheceu. Quais características você percebe, tanto positivas como negativas, em suas vidas? Quais você acha que eram seus valores? Cite dois ou três.

3. Em uma folha de papel grande, desenhe, com sua dupla, um símbolo de tamanho real de um líder (você pode traçar sua silhueta no papel). Dentro do seu símbolo, escreva os valores que você acha importantes em um líder com quem você se sentiria confiante em trabalhar. Inclua as qualidades de caráter que você escreveu na segunda etapa.

4. Reúnam-se em uma equipe. Cada dupla compartilha sua imagem e seus valores com toda a equipe. Depois de cada dupla ter compartilhado, o facilitador guia a equipe a criar uma lista de qualidades de caráter e valores do líder ideal.

É bom ter uma imagem do líder ideal em quem podemos inspirar-nos. Na realidade, no entanto, não existe tal pessoa – há apenas os que buscam ser o ideal. Crescer como um líder é um processo contínuo para a vida inteira. E, como mencionado anteriormente neste capítulo, o crescimento é mais bem sucedido por meio de uma ação deliberada cercada por um relacionamento que o apoia.

Portanto, à medida que você identificar e formar líderes em potencial, você precisará agir de forma intencional no desenvolvimento de suas habilidades de liderança. Desenvolver líderes é um investimento consciente de seu tempo e sua energia dentro de sua situação particular, permitindo que o contexto e a cultura deem contorno ao processo. O desenvolvimento da liderança pode ocorrer em ambientes informais de "aprenda na prática" ou por meio de programas formais. Ler um livro juntos, começar um grupo para estudar a liderança conforme Cristo, oferecer oportunidades para acompanhar e auxiliar líderes existentes ou liderar um pequeno grupo podem ser os meios para se desenvolverem líderes. Recomendamos que você procure e use um método que seja adequado ao seu contexto e às pessoas. Al Dyck conta sobre um programa de desenvolvimento de liderança que recentemente empregou em Madri, na Espanha:

Em uma igreja cheia de pessoas 20 anos mais jovens do que eu, eu reconheci a necessidade de desenvolvimento de liderança. Enquanto eu olhava em volta, via jovens dirigindo pequenos grupos, dirigindo ministérios com os sem-teto, liderando na adoração, mas com poucos mentores para aperfeiçoá-los. Decidi, então, desenvolver um curso de seis meses chamado "Desenvolvimento de líderes em sintonia" (em inglês, In Step Leader Development), que iria ajudá-los a se engajar intencionalmente em seu próprio crescimento como líderes.

Gabriella foi uma das jovens líderes que convidei para participar do primeiro curso. Ativa em nosso ministério com os sem-teto, ela chegou ao curso sedenta por aprender. A cada duas semanas, ela e um pequeno grupo de outros líderes se reuniam por duas horas para examinar suas histórias, seus valores, seus pontos fortes e seus dons como líderes. Por meio do estudo da Bíblia e da leitura externa, obtivemos uma sólida base bíblica para a liderança. Gabriella continuou a liderar o ministério de assistência aos sem-teto e me ajudou a mediar o curso seguinte para um novo grupo de líderes.

Uma grande variedade de recursos está disponível para ajudar sua equipe a ter insights, estruturas e modelos de desenvolvimento de liderança. Seu estudo sobre liderança no exercício de aprendizagem **Explorando o significado de liderança** é um bom lugar para começar. Para uma exploração mais aprofundada, a Comunitás oferece uma linha abrangente de desenvolvimento de liderança por meio de sua série de aprendizagem FUEL. A Forge Mission Training Network oferece um módulo de liderança

missional como parte de seu treinamento. Ainda, outras recomendações incluem "O desafio da liderança" de Kouzes e Posner, "Em nome de Jesus" de Henri Nouwen e "O modelo de liderança situacional", desenvolvido por Ken Blanchard, et al.

Finalmente, é preciso repetir que qualquer plano de desenvolvimento de liderança seja adaptado às necessidades exclusivas das pessoas em seu contexto. Não existe um método único para desenvolver os indivíduos que Deus lhe deu. As seguintes perguntas foram elaboradas para ajudá-lo a formular um plano de desenvolvimento de liderança adequado para você e sua equipe:

- *Nosso processo de desenvolvimento será mais informal ou programático?*
- *Que currículo ou materiais usaremos para desenvolver a competência e o caráter dos nossos líderes em potencial?*
- *O processo de desenvolvimento ocorrerá em grupo ou individualmente?*
- *O que estamos convidando cada pessoa a fazer, e como vamos comunicar isso a eles?*
- *Que compromisso estamos pedindo de cada líder em potencial?*
- *O que esperamos dos líderes em potencial após seu desenvolvimento?*
- *Quem de nossa equipe será responsável por cada líder em potencial?*

Implantando estruturas de liderança apropriadas

Além de identificar e desenvolver líderes, é essencial que cada igreja em *amadurecimento* estabeleça uma estrutura de liderança para supervisionar a governança do corpo. Como Carlton Deal, pastor fundador da igreja O Poço em Bruxelas, na Bélgica, diz: "Uma igreja missional em *amadurecimento* é aquela que planejou cuidadosamente sua estrutura de liderança e está implementando um modelo de liderança baseado na Bíblia e culturalmente relevante. A Europa precisa de mais desses tipos de igreja".[57]

No caminho para a plantação de igrejas, os líderes vão, eventualmente, encontrar essa necessidade de desenvolver uma estrutura ou um "sistema" de liderança mais permanente para suas comunidades em formação. Remko Dekker, um dos fundadores da Crossroads Leiden, compartilha como sua equipe de liderança chegou recentemente a esse ponto em sua própria jornada:

Para a Crossroads Leiden, estamos convencidos de que os nossos próximos passos no amadurecimento incluem descobrir como capacitar uma liderança experiente a longo prazo para conduzir a igreja ao próximo estágio de desenvolvimento. Nós sentimos fortemente que precisamos de indivíduos com o dom de "capacitar os santos para o ministério" ao longo do tempo. Desde o início, incluímos pessoas em nossas decisões e atividades, e as convidamos para terem o desenvolvimento da igreja como propriedade sua. Percebemos que, quando as pessoas possuem e abraçam a visão e quem queremos ser como povo (nossa identidade), quanto mais nós coletivamente exercemos o ministério, mais nós somos ministrados. Esse "exercício" começa pequeno (como na maioria dos projetos) e cresce à medida que descobrimos os dons e os talentos, a competência e o caráter das pessoas que Deus nos envia. Entretanto, passamos do exercício de tarefas para o exercício de ministérios. E agora estamos no processo de executar o projeto!

Para nós, essa [capacitação de liderança a longo prazo] significa convidar pessoas para participar de um conselho de presbíteros que possui autoridade final em assuntos relacionados à liderança da igreja. Esses presbíteros podem conduzir a igreja para além do idealizado por seus líderes fundadores e ajudá-la a discernir seu próprio senso do que precisa para o futuro. Sentimos que um modelo em que somos liderados por presbíteros oferece os freios e contrapesos necessários para fomentarmos uma comunidade saudável e autossustentável. E estamos particularmente felizes em ver as mulheres líderes se impondo e ocupando seus lugares! Na nossa experiência, uma equipe mista é mais forte e sábia; e é um reflexo melhor de quem a comunidade deseja ser.

Remko e sua equipe de liderança estão atualmente trabalhando para desenvolver um tipo de regime ou estrutura de presbíteros para servirem e sustentarem sua igreja no futuro. De acordo com a experiência da Comunitás, muitas igrejas novas ou em formação escolhem uma estrutura de liderança da igreja baseada nos presbíteros, uma vez que parece ser essa a maneira mais consistente com o ensino do Novo Testamento.

Como a história de Remko sugere, recomendamos uma abordagem lenta e deliberada para o desenvolvimento de uma estrutura de governo da igreja. As decisões sobre as estruturas de liderança terão impacto (positivo ou negativo) a longo prazo na saúde e na sustentabilidade de uma comunidade de fé. Os exercícios de aprendizagem a seguir se propõem a ajudar sua equipe a examinar as Escrituras a fim de compreender as funções e qualificações dos "presbíteros" ou "supervisores" da igreja.

---

57 DEAL, Carlton, em "Leadership and Organizational Development for Normal People," no livro Grow Where You're Planted, p. 61.

Descobrindo as funções dos supervisores na igreja

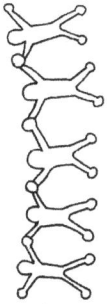

Tempo: 90 minutos
Material: Bíblias, quadro branco e marcadores para quadro branco, post-its, lápis ou canetas

1. Em grupos de quatro ou menos, analise as seguintes passagens bíblicas, que descrevem as *funções* que os principais líderes foram chamados a exercer no serviço de igrejas locais: I Timóteo 5:17; I Pedro 5:2-3; Atos 15:28; Tiago 5:14; Atos 20:28-31; Hebreus 13:7,17. À medida que for lendo cada passagem, observe a função ou papel que os líderes das igrejas são chamados a desempenhar.

2. Liste cada função em um post-it. Use uma única palavra ou frase para descrever cada função e, em seguida, escreva uma ou duas frases breves descrevendo o que você acha que significa.

3. Discuta em seus grupos: sobre quais funções você tem dúvidas? Existem outras funções que você acrescentaria (e, em caso afirmativo, quais textos da Bíblia apresentam essa função específica)?

4. Reúna-se em equipe. Os grupos devem se revezar ao compartilhar as funções anotadas, colando cada post-it no quadro branco e lendo sua definição em voz alta. Depois que os grupos compartilharem, o facilitador organiza os post-its de acordo com a similaridade de função.

5. Quando todos os grupos tiverem compartilhado suas anotações, o facilitador orienta a equipe a discutir as dúvidas dos companheiros sobre qualquer uma das funções e, em seguida, desenvolver uma definição curta para cada uma delas. O facilitador escreve cada definição no quadro branco. Registre as funções e definições em seu caderno ou diário. O facilitador também as registra para futuras consultas.

Examinando as qualificações para os supervisores na igreja

Tempo: 90 minutos
Material: Bíblias, quadro branco e marcadores para quadro branco, post-its, lápis ou canetas

1. Em grupos de quatro ou menos, analise as seguintes passagens bíblicas, que ressaltam as *qualificações* dos supervisores da igreja: I Timóteo 3:2-7; Tito 1:6-9; I Pedro 5:1-4. À medida que for lendo cada passagem, observe as qualificações dos líderes das igrejas.

2. Liste cada qualificação em um post-it. Use uma única palavra ou frase para descrever cada função e, em seguida, escreva uma ou duas frases breves descrevendo o que você acha que significa.

3. Discuta em seus grupos: sobre quais qualificações vocês têm dúvidas? Existem outras qualificações que você acrescentaria (e, em caso afirmativo, quais textos da Bíblia apresentam essa qualificação específica)?

4. Reúna-se em equipe. Os grupos devem se revezar ao compartilhar as qualificações anotadas, colando cada post-it no quadro branco e lendo sua definição em voz alta. Depois que os grupos compartilharem, o facilitador organiza os post-its de acordo com a similaridade de qualificação.

5. Quando todos os grupos tiverem compartilhado suas anotações, o facilitador orienta a equipe a discutir as dúvidas dos companheiros sobre qualquer uma das qualificações e, em seguida, desenvolver uma definição curta para cada uma delas. O facilitador escreve cada definição no quadro branco. Registre as qualificações e definições em seu caderno ou diário. O facilitador também as registra para futuras consultas.

Como você pôde ver nos exercícios acima, as qualificações e responsabilidades dos presbíteros são substanciais. Nomear uma ou mais pessoas para o papel de supervisor ou presbítero tem consequências a longo prazo para a igreja local. É importante selecionar a(s) pessoa(s) certa(s) para a função. Sugerimos fortemente que você trabalhe com um coach ou mentor maduro durante o processo inicial de seleção de candidatos.

O exercício seguinte busca despertar sua imaginação para pensar criativamente sobre potenciais supervisores em sua igreja. Cada indivíduo em sua equipe de liderança pode levar o exercício a um mentor de confiança, usando-o para analisar o trabalho da equipe sobre funções e qualificações dos supervisores. Isso trará uma contribuição externa e sábia em relação às ideias iniciais de quem poderia preencher esses papéis importantes. No entanto, a eventual seleção de supervisores será parte de um processo de longo prazo que vamos discutir abaixo.

Mexendo com a sua imaginação para supervisores em potencial na igreja

Tempo: 2 horas
Material: caderno ou diário, papel, lápis ou caneta, arquivos contendo os resultados dos seguintes exercícios de aprendizagem: **Descobrindo as funções dos supervisores na igreja** *e* **Examinando as qualificações para os supervisores da igreja**

1. Reveja o trabalho da equipe sobre as funções de liderança do exercício de aprendizagem **Descobrindo as funções dos supervisores na igreja**. Descreva cada função para seu mentor. Que dúvidas você tem sobre qualquer uma das funções? Discuta-as com seu mentor. Liste em seu caderno/diário as cinco funções que são mais essenciais para a sua igreja em sua atual situação.

2. Reveja a lista de qualificações dos supervisores do exercício **Examinando as qualificações para os supervisores da igreja**. Descreva cada uma das qualificações para seu mentor. Que dúvidas você tem sobre qualquer uma das qualificações? Discuta-as com seu mentor.

3. Pense em quem na sua comunidade tem essas qualificações e já está influenciando outras pessoas no sentido das funções de liderança priorizadas no passo um. Faça uma lista de candidatos adequados (considere o seu dom APEPM!). Informe a seu mentor o motivo de tê-los selecionado. Compartilhe com seu mentor quaisquer dúvidas ou preocupações que possa ter sobre qualquer um dos candidatos.

4. Comprometa-se a um período de oração pelos candidatos e por contínuo discernimento.

Embora os exercícios acima deem uma base importante para a compreensão das estruturas da liderança, o trabalho real para desenvolvê-las exige envolvimento e está além do escopo deste livro. Recomendamos que você forme um grupo de trabalho para estudar e direcionar as decisões de estrutura de liderança. Esse grupo de trabalho deve conduzir um estudo aprofundado do sistema da igreja e orientar o trabalho prático de desenvolver estruturas de liderança e de decidir como selecionar e aprovar supervisores.

Um bom primeiro passo para o seu grupo de trabalho seria ler e discutir juntos um livro, como *Presbiterado e a missão de Deus* (*Eldership and the mission of God*, ainda sem tradução para o português), de J.R. Briggs e Bob Hyatt. Para obter uma visão sobre as estruturas de governo, além de uma "pluralidade de presbíteros", recomendamos *Perspectivas sobre o governo da igreja*, (*Perspectives on Church Government*, ainda sem tradução para o português), de Chad Owen Brand e R. Stanton Norman. Esses e outros livros similares lhe ajudarão a aprofundar sua compreensão coletiva de diversos modelos de governança, a fim de formular a estrutura apropriada para sua igreja em seu contexto único.

Mais adiante, seu grupo de trabalho, juntamente com membros da comunidade de fé, precisará solidificar um conjunto de princípios por meio dos quais seus "supervisores" ou "presbíteros" governarão o corpo. Juntos, vocês provavelmente precisarão enfrentar perguntas, como:

- Que tipo de modelo de governo queremos adotar?
- Vamos formar um "conselho de presbíteros" ou outra coisa? Qual é seu papel e escopo de autoridade na igreja?
- Quantos presbíteros ou supervisores deveríamos ter em nossa igreja ou projeto?
- Como nós, equipe de liderança e igreja, selecionaremos e aprovaremos candidatos para serem presbíteros ou supervisores?
- Quanto tempo um presbítero ou supervisor servirá nessas posições? A nomeação para presbítero ou supervisor será um compromisso para a vida inteira ou terá prazo limitado?
- Com que frequência nossos presbíteros ou supervisores deveriam encontram-se e com que finalidade?
- Como afastaríamos um presbítero ou supervisor, e quais são as condições que tornariam necessário fazê-lo?

Discernindo alvos apropriados de progresso para o período em questão

Ao longo deste capítulo, apresentamos alguns elementos que são fundamentais para o *amadurecimento* de qualquer corpo de Cristo local: consolidar a visão, empoderar o corpo e desenvolver profundidade e capacidade de liderança. Selecionamos esses em particular porque acreditamos que sejam pontos de partida comuns para qualquer comunidade de fé que deseja crescer. Você deve ter notado,

no entanto, que temos sido cuidadosos para evitar prescrever o que uma igreja em sua jornada de *amadurecimento* deve parecer. Contudo, a questão permanece: como sabemos que, como uma igreja em *amadurecimento*, estamos indo "na direção certa", que nossa comunidade está tomando decisões sábias hoje e fazendo planos sensatos para o nosso futuro?

Ao longo de muitos anos observando as igrejas, à medida que passam da *inserção* e *iniciação* para a *prática* e o *amadurecimento*, temos notado uma série de características que parecem ser críticas para o *amadurecimento* de qualquer igreja local. Na Comunitás, chamamos essas características de "indicadores da igreja em amadurecimento".[58] Por meio de nosso estudo da Escritura e da igreja, historicamente e na nossa era atual, identificamos doze desses indicadores. Não estamos dizendo que doze seja o número perfeito ou que nossa lista esteja completa. Nem tentamos classificar qualquer característica por importância. Essa compilação de indicadores é simplesmente *um* meio pelo qual as igrejas podem se tornar mais deliberadas ao discernir metas de progresso adequadas às suas próprias circunstâncias e ao seu estágio de desenvolvimento particular.

Convidamo-lo a ver os indicadores como itens de um "painel", não como mais doze demandas colocadas sobre sua equipe. São como os medidores e as luzes no painel de instrumento do seu carro. É sábio

---

58 Após anos de processamento com centenas de plantadores e líderes de igrejas, a Communitas chegou aos doze indicadores e produziu o livro que já mencionamos, chamado Grow Where You're Planted! Através de histórias da vida real de comunidades que vivem cada indicador, o livro mostra o significado e valor destes como características de discernimento para ajudar as equipes a definir metas de crescimento.

prestar atenção à sua velocidade, ao indicador de combustível, à temperatura do motor e, especialmente, àquelas luzes de "manutenção necessária". Todavia, você não quer gastar muito tempo olhando para o painel. Seu trabalho como uma equipe é se manter olhando para frente através do para-brisa, com olhos fixos na estrada e indo em direção ao seu destino. Mantenha o foco na visão da sua comunidade e pare ocasionalmente para verificar as necessidades do seu "veículo". Não gaste muito tempo olhando para o painel ou você pode acabar saindo da estrada.

Os exercícios que se seguem foram criados para ajudar sua equipe a interagir com os doze indicadores de maneira a obter uma visão panorâmica das muitas facetas do *amadurecimento*. São ferramentas para ajudá-los a discernir por si mesmos quais são os indicadores que você deseja usar para ajudar a *amadurecer* sua comunidade única. O segundo exercício ajudará sua equipe a explorar como integrar um dos indicadores em seu planejamento de equipe e na definição de metas. Queremos que vocês pratiquem isso porque cremos que, quando as equipes estabelecem suas próprias metas de crescimento, elas geralmente as atingem!

Entendendo e priorizando os indicadores de uma igreja em amadurecimento

Tempo: 90 minutos
Material: cópias do Apêndice P, lápis ou canetas

1. Em duplas, leia os indicadores e suas descrições no Apêndice P. Depois de revisá-las, discuta estas perguntas:
   - *O que precisa ser esclarecido?*
   - *O que está faltando?*
   - *Que perguntas eu tenho?*
   Anote em seu diário/caderno o que você não entende.

2. Adicione à sua lista de indicadores quaisquer elementos ausentes. Avalie onde sua comunidade se encontra em cada um dos indicadores registradas. Escreva um número de "1" a "10" na margem ao lado de cada indicador, com dez sendo "nesta estamos bem" e um, "precisamos de muita ajuda".

3. Reveja com sua dupla de discussão como você pontuou a lista de indicadores à luz do lugar para onde você sente Deus guiar sua comunidade. Circule os dois indicadores que vocês consideram mais importantes para o desenvolvimento de sua comunidade neste momento.

4. Marque um encontro com seu mentor ou líder para discutir os elementos ausentes ou aqueles que você não entende.

Entendemos que, em qualquer época, talvez apenas uma a três das características sejam "questões atuais" para um grupo ou igreja. Quais são relevantes dependerão de fatores, como o tamanho, a configuração, a visão, os recursos e o estágio de desenvolvimento específicos do grupo. O exercício seguinte objetiva ajudar sua equipe a discernir quais indicadores são mais relevantes para você, ao mesmo tempo que o encoraja a estabelecer metas que permitam a sua comunidade progredir onde é mais importante. Se você tiver uma equipe de liderança maior, você pode implementar planos de ação para três a quatro indicadores ao mesmo tempo. No entanto, a norma seria se concentrar em seus dois principais indicadores.

Usando os indicadores para estabelecer metas de progresso

Tempo: 90 minutos, além de tempo para implementar os planos em contexto
*Material: cópias do Apêndice P, resultados completos do exercício **Entendendo e priorizando os indicadores de uma igreja em amadurecimento**, quadro branco e marcadores para quadro branco, folhas grandes de papel, canetinhas, lápis ou canetas*

1. Cada membro da equipe apresenta os dois indicadores mais importantes para o desenvolvimento da igreja descritas no exercício anterior. A equipe discute cada sugestão, anotando-as no quadro branco e decidindo sobre os dois indicadores que priorizarão na comunidade. Revise, coletivamente, as descrições dos dois indicadores que vocês decidiram, leia as referências bíblicas de apoio e destaque o que lhe parecer mais importante.

2. Em pequenos grupos de quatro ou menos, cada grupo recebe uma folha grande de papel e canetinhas. Discuta os dois indicadores selecionados, usando essas perguntas para avaliação:
    *   *O que está em jogo se deixarmos de agir nesses indicadores?*
    *   *O que nós sonhamos fazer que ajudará nossa comunidade a crescer em direção à maturidade desses indicadores?*
    Em uma folha de papel grande, faça uma lista de suas três ou quatro ações principais para cada indicador.

3. Discuta em pequenos grupos: se tivéssemos 100 reais para gastar na implementação de nossas ações para cada indicador, como dividiríamos esse dinheiro? Escreva valores específicos junto a cada ação listada acima, tendo em mente que o investimento total não deve exceder 100 reais.

4. Reúna-se em equipe para discussão. Cada grupo coloca seu papel na parede e depois apresenta as suas propostas sobre como os 100 reais devem ser gastos em ações para cada indicador. Depois de todos os grupos compartilharem, o facilitador orienta a equipe a rever em conjunto as propostas de gastos. Use as seguintes perguntas para começar a discussão:
    *   *Onde há acordo sobre as prioridades? Onde há diferenças?*
    *   *Onde há semelhanças entre nossas ações? Onde há diferenças?*
    *   *Onde as propostas individuais de gastos são parecidas? Onde são diferentes?*

5. O facilitador continua a discussão fazendo a seguinte pergunta:

Depois de considerar todas essas ações e propostas de gastos, se realmente tivéssemos 100 reais para gastar em cada indicador, quais seriam as três ações realizadas para cada proposta?

Dê um tempo para a equipe discutir e negociar. Registre as propostas finais – as ações e os montantes de despesas – para cada indicação em uma folha de papel grande. Guarde esse texto final, pois contém uma visão significativa das metas de progresso para sua comunidade de fé. Você pode continuar trabalhando nessas propostas em futuras reuniões de equipe e até mesmo implementá-las se as finanças permitirem. Veja as seguintes etapas adicionais abaixo:

Próximos passos (opcionais):

1. O facilitador orienta a equipe a analisar as propostas de crescimento em cada um dos indicado-res selecionadas pela sua equipe, tal como foi estabelecido no exercício ***Usando os indicadores para estabelecer metas de progresso***. As metas de crescimento, ações e metas de gastos ainda são apropriadas? Atualize-as conforme necessário.

2. Discuta a viabilidade financeira da implementação de uma ou ambas as propostas:
   * *Os recursos estão disponíveis para uma ou ambas as propostas?*
   * *Se não, vamos angariar os fundos de que precisamos? Como?*
   * *Com base nas finanças disponíveis, qual proposta implementaremos primeiro?*

3. Convide os membros da equipe para serem os "campeões" responsáveis por cada ação na proposta (observação: devem haver três ações para cada proposta de indicador, então você terá três "campeões" por proposta). Deliberem sobre uma data para cada campeão apresentar um plano simples para implementar sua ação.

   Exemplo: uma simples ação para crescer no indicador "Enraizando-se nas Escrituras" pode ser comprar Bíblias para membros da igreja que não possam comprá-las. O plano para apoiar essa ação deve ser: "investigar o custo e a disponibilidade de dez Bíblias em holandês e quatro Bíblias em francês. É possível comprá-las todas dentro do meu orçamento?"

4. O líder da equipe coleta os planos de ação na data acordada. Uma vez que os planos foram submetidos, o líder avalia cada plano e sugere quaisquer mudanças necessárias. O campeão de cada ação, então, implementa o plano e relata seu progresso ao líder da equipe em intervalos definidos.

Ao concluir este capítulo, gostaríamos de lembrá-lo mais uma vez da definição da dinâmica do *amadurecimento*: desenvolva-se como uma expressão local única do corpo de Cristo. Fazemos isso porque é muito fácil ficarmos presos em questões relacionadas à visão, liderança e uma série de outros aspectos importantes, mas secundários, na vida de uma igreja, negligenciando a verdade central que nos deveria impulsionar: a Igreja é a maneira de Deus continuar a Se encarnar no mundo. Como plantadores de igrejas missionais, estamos plenamente convencidos de que cada igreja local é, de uma forma profunda e misteriosa, a encarnação de Cristo em um lugar específico. Essa verdade central é a razão pela qual é essencial que cada comunidade de fé se esforce para discernir o que significa "crescer".

Ao longo deste capítulo, apresentamos os conceitos e o conduzimos por meio de uma série de exercícios de aprendizagem que vemos como simplesmente um bom ponto de partida para esse processo de discernimento. Quanto ao *amadurecimento*, estamos convencidos de que uma coisa é clara: não é uma questão de *se* nós, a igreja, cresceremos, mas *como*. Como nós, o corpo local de Cristo, *amadureceremos* para nos tornar "A bela igreja" em nosso bairro? Essa é uma das perguntas de discernimento mais importantes que qualquer liderança da igreja ou equipe de plantação pode fazer.

No entanto, *amadurecer* o corpo de Cristo é muito mais do que tentamos descrever neste capítulo. Trata-se de alegria e satisfação, mas também de luta, aflição e desordem. É como criar filhos, perseverar no casamento ou fazer amizades funcionarem por longos anos. Envolve aprendizado contínuo e ser adaptável às paisagens culturais e teológicas sempre em mudança. Acima de tudo, o *amadurecimento* envolve confiar em Jesus, que é o Verdadeiro Edificador da Igreja.

Considerações finais: *Como vimos neste capítulo, o amadurecimento é o processo de desenvolvimento ao longo do tempo como uma expressão local única do corpo de Cristo. Mais do que simplesmente uma extensão da* **prática,** *o amadurecimento requer intencionalidade em quatro áreas específicas. A primeira área é manter nossa visão atualizada, clara e inspiradora. A visão ocorre em dois níveis: macro e micro. Nossa visão macro é para uma visão inspiradora e ampla da bela igreja. Nossa visão micro é para o sonho de Deus para nós, como Seu povo, em nosso contexto local específico. A segunda área de intencionalidade é permitir e capacitar cada membro do corpo a desempenhar seu papel de acordo com sua vocação, seus dons e seus talentos. O exercício dos dons e da vocação de um indivíduo pode ser à serviço das necessidades internas da igreja ou pode ser no viver do maior chamado da nossa igreja no mundo.*

A terceira área de intencionalidade em nosso amadurecimento está no desenvolvimento da profundidade e da capacidade da liderança de nossa igreja. Exploramos as características de liderança inspiradas por Cristo e como podemos identificar e capacitar líderes atuais e potenciais. Além disso, exploramos brevemente como começar a ir além dos líderes individuais, que executam atos individuais de liderança, para desenvolver uma estrutura de liderança ou de governança. O aspecto final do amadurecimento diz respeito ao desenvolvimento de metas de progresso apropriadas para nossa comunidade de fé. Usando os indicadores da igreja em amadurecimento, vimos como usar metas de progresso como indicadores do painel de um veículo, monitorando a saúde de nossa igreja à medida que fixamos nossos olhos no futuro e avançamos juntos na missão.

(M) Faça um PAM!

Vá para o seu Plano de Ação Missional no Apêndice A. Vá para a seção *Amadurecer* na seção Estratégia. Percorra com sua equipe as perguntas que lá se encontram à luz da reflexão feita nos exercícios deste capítulo. Anote três aspectos do *amadurecimento* que sua equipe se comprometerá a fazer. Depois, vá para a seção *Liderança* na seção *Projeto*. Agora que você aprendeu tanto sobre liderança, como vai responder às perguntas que encontrar lá? Existem outras questões mais urgentes sobre liderança que você precisa abordar? Sinta-se livre para escrever seus planos lá

Minhas reflexões sobre *amadurecimento*:

Quais dúvidas você ainda tem sobre amadurecer?

O que funcionou bem para você neste capítulo?

Quais partes foram mais difíceis de compreender e por quê?

O que precisa ser abordado que não está aqui?

Qual é a maior lição que você tira deste capítulo?

PARTE QUATRO – INDO MAIS LONGE: EXPANDINDO NOSSOS HORIZONTES

Enquanto nossa igreja ou projeto continua no processo de **praticar** *e* **amadurecer**, *estamos começando a entender nossa visão compartilhada e a nos tornar a comunidade de fé que Deus quer que sejamos. Estamos juntos experimentando um modo de vida compartilhado de Jesus e capacitando uns aos outros para exercer nossos dons para edificar o Corpo de Cristo. No entanto, ao fazê-lo, precisamos estar conscientes de que o Corpo de Cristo não se limita ao nosso pequeno círculo. Deus deseja que o mundo inteiro ouça as boas novas! Então, como nós, um pequeno grupo de discípulos em um local específico, participamos dessa grande obra? É aí que as dinâmicas de* **conectar** *e de* **expandir** *entram na jogada. Essas dinâmicas descrevem atividades que promovem a multiplicação de iniciativas missionais e novas expressões de igreja dentro e fora da nossa cidade. Vamos dar uma olhada em algumas práticas de* **conexão** *e* **expansão** *para nos ajudar a fazer parcerias com outras pessoas e comunidades para semear uma nova vida tanto perto como longe!*

Capitulo 7 - Conecte-se e expanda: multiplicando vidas perto e longe

Esta aventura sem dúvida levou você por muitos caminhos que você nunca imaginou que iria andar! Sua equipe e igreja conheceram tantas pessoas e lugares interessantes em sua cidade e, como uma expressão única do corpo de Cristo, você está aprendendo a representar sábia e pacientemente o evangelho. Além disso, você deve estar experimentando "dores de crescimento" quando faz o seu melhor para seguir Jesus e amadurecer *em busca do sonho que Deus colocou em seus corações. Todas essas experiências devem ser comemoradas, mesmo em épocas em que a jornada parece desoladora e que seja difícil encontrar seu caminho. Neste último capítulo, exploraremos o que poderia significar para nós continuar a aventura, dando um passo de fé com o objetivo de desempenhar nosso papel na fomentação de novas iniciativas missionais e plantações de igreja. As atividades por trás da conexão e da expansão permitem que a bênção do Reino se espalhe em todas as direções, com novas comunidades centradas em Cristo emergindo dentro e fora de nossa cidade.*

CONECTE-SE e EXPANDA - *Cultive ambientes para a multiplicação de iniciativas e igrejas missionais tanto local como mundialmente.*

O que as dinâmicas *conecte-se* e *expanda* significam e por que são importantes

Participar em outras igrejas, redes e ministérios isso traz uma variedade de bênçãos para a nossa igreja. Ao trabalharmos com outros grupos, experimenta-mos a responsabilidade coletiva e maior acesso a recursos. Encontramos um lugar para contribuir com nossa identidade e dons únicos de nossa igreja para o impacto do Reino e o bem comum. E, de modo geral, o discipulado do povo de Deus é aperfeiçoado por diferentes perspectivas e conexões.

A ligação e a colaboração com outros grupos cristãos sustentam as duas últimas dinâmicas de plantação de igreja da Comunitás, que são *conecte-se* e *expanda*. É semelhante ao que as equipes missionárias fazem quando se *inserem* em seu contexto e participam de outros grupos e quando *iniciam* uma resposta coordenada de plantação do evangelho. As dinâmicas *conecte-se* e *expanda*, no entanto, envolvem mais do que ligar nosso projeto ou igreja a redes maiores e recursos externos para semear o *shalom* de Deus. A colaboração por trás da *conexão* e *expansão* envolve uma priorização específica da *multiplicação de novas igrejas e iniciativas missionais*.

Em outras palavras, no desenrolar dessas duas dinâmicas, nossa principal busca não são metas, como "multiplicação de discípulos" ou "multiplicação comunidades de aprendizagem" ou mesmo "multiplicação de movimentos missionais". Nós, na Comunitás, entendemos que esses são objetivos absolutamente vitais e devemos dar total atenção a eles em parceria com outros grupos, a fim de alcançá-los em nossa cidade e além dela. Porém, nosso propósito é mais focado. O chamado da Comunitás é levar toda essa frutífera ligação entre os grupos na direção de estabelecer igrejas que reproduzam direta ou indiretamente novas igrejas. Nós utilizamos ambientes de multiplicação geral para o trabalho específico de cultivar a multiplicação da igreja – dando início a comunidades de fé com diversas formas de expressão que são apropriadas ao seu contexto e que crescem para ser o que Deus quer.

À medida que a igreja local ganha impulso na inserção, na *iniciação*, na *prática* e no *amadurecimento*, sua visão e sua capacidade de promover esse tipo particular de multiplicação também crescerão. O grau em que determinada igreja ou comunidade de fé é capaz de participar na *conexão* e *expansão* dependerá, obviamente, de sua capacidade única de liderança e de quão fortemente a equipe líder possui cada um dos dons APEPM representados entre eles (particularmente o dom apostólico). Acreditamos, no entanto, que mesmo nas

primeiras fases de formação da comunidade, as equipes de plantação de igreja devem considerar como podem ajudar a incubar novos líderes de equipe e participar na multiplicação de igrejas tanto perto como longe. A Comunitás não acredita no mito de que os projetos devem esperar até serem viáveis antes de serem envolvidos, em algum nível, na nova plantação de igrejas.

Ao contrário da maneira como abordamos cada uma das primeiras quatro dinâmicas, optamos por reunir a discussão dessas duas, especificamente, em um único capítulo. Fizemos isso porque *conectar* e *expandir* são duas dinâmicas que são diferentes, principalmente em sua esfera de aplicação. *Conectar* envolve criar ou apoiar ambientes locais ou dentro da cidade para multiplicar iniciativas e igrejas missionais, enquanto *expandir* envolve participar em ambientes interestaduais e internacionais que promovem a plantação de igrejas. Dada a sua semelhança, vamos cobri-los juntos neste último capítulo do guia.

As descrições a seguir podem ajudar a esclarecer ainda mais a diferença entre *conectar* e *expandir*:

> *Conectar* envolve aquelas ações em nossa cidade que criam ou apoiam ambientes para a multiplicação intencional de novas iniciativas de plantação de igrejas. Esses ambientes são idealmente cultivados tanto dentro da própria igreja local quanto nas "redes apostólicas" das quais a igreja participa em toda a cidade.[59]
>
> As equipes de liderança procuram aproveitar os recursos internos e externos para que eles e seus principais parceiros possam fornecer estágios,

---

59 Definimos uma "rede apostólica" como uma matriz colaborativa e interconectada de pioneiros e empreendedores que se relacionam e compartilham recursos para habilitar a expansão, recursos e proteção do corpo de Cristo e de outras expressões voltadas para o Reino.

treinamento, *coaching*, mentoria e esferas favoráveis à multiplicação de novas expressões de igreja. Para conectar-se dessa maneira dupla, a liderança da igreja demonstra uma perspectiva de entrega perspicaz, porém humilde, que dá suma importância aos planos de Jesus para a cidade.

Expandir envolve desenvolver intencionalmente conexões e redes mais amplas que vão além da cidade-sede de um projeto ou igreja. As equipes de liderança colaboram e compartilham recursos entre cidades, nações e continentes para semear novas iniciativas missionais e expressões de igreja. Com o desenrolar dessa dinâmica, a igreja em amadurecimento se vê claramente à luz de sua potencial e real contribuição ao Corpo missional global de Cristo.

Para ajudar sua equipe a entender essas duas dinâmicas na prática, elaboramos o seguinte exercício, que inclui o exemplo de uma igreja da Comunitás com um longo histórico de multiplicação. Após o exercício, iremos para as Escrituras e analisaremos o elemento essencial que sustenta as dinâmicas de *conexão* e *expansão* – a colaboração. Em seguida, analisaremos como nossa equipe e comunidade de fé podem impulsionar a multiplicação de novas iniciativas e igrejas missionais em nossa cidade e além dela.

Entendendo e aplicando os conceitos de conectar e expandir

Tempo: 2 horas
Material: quadro-branco, canetinhas, post-its, lápis ou canetas

1. Os membros da equipe leem a história a seguir. Sublinhe as partes da história que exemplificam atitudes e ações que se relacionam com a prática da *conexão* e da *expansão* como você as entende.

    O movimento da New Community para a plantação de igrejas aconteceu quando o pastor fundador, Rob Fairbanks, percebeu que tinha de mudar de uma atitude baseada no medo – "se fizermos isso, isso nos machucará" – para uma outra perspectiva – "é hora de arregaçar as mangas ou nunca vamos fazer isso". Ao longo de uma década após essa constatação, a igreja participou da plantação de seis igrejas. Rob descreve esse momento da seguinte maneira:

    "Cheguei a uma encruzilhada decisiva há cerca de dez anos, na qual percebi que ou eu criava coragem suficiente para fazer algo [avançar em direção ao sonho de ser uma igreja que planta outras igrejas], ou eu desistia dessa ideia e pararia de falar sobre isso. A visão que eu tinha criado era simplesmente incompatível com a realidade de nossas ações.

    A grande mudança veio num retiro de verão dos colaboradores em que fizemos o que todos os colaboradores de igreja fazem, que é "fazer planos". É engraçado quanto planejamento acontece em igrejas sem haver muitos resultados. Naquela época, a igreja tinha três colaboradores: eu, o homem que ajudou a começar a igreja, Scott Cross, e o nosso pastor de jovens, Steve Hart. No final do retiro, puxei-os de lado individualmente e os informei de que íamos enviá-los para plantar igrejas, e tiveram um ano para buscar a clareza de Deus sobre onde as plantariam. Em retrospectiva, nosso papo foi mais como uma daquelas situações hostis com reféns. De certa forma, foi como se dissesse: "você vai perder seu emprego, então por que não fazer planos de realizar algo incrível?" Lembro que minha proposta era apenas um pouquinho autocrática e não muito pensada. Eu só sabia, porém, que aquela era a hora. Não podíamos esperar mais. Para ser sincero, informei a ambos que não eles precisavam sair em um ano, mas simplesmente tinham que decidir um lugar e, a partir daí, iríamos bolar um plano.

Scott quase instantaneamente me informou com um sorriso desconfortável e com firmeza que ele simplesmente não iria. Tenho certeza de que Steve também deve ter ficado assustado, mas em sua inexperiência e entusiasmo juvenil, ele aproveitou a oportunidade. Depois de alguns meses, Steve me informou que sentiu como se Deus tivesse revelado Sua vontade a ele. Eu estava superanimado, então mergulhamos na conversa. Steve me disse que sentia que Deus o tinha chamado para Browne's Addition, que é bem próxima de onde a New Community se encontrava. Eu tenho de admitir que eu recuei. Sou extremamente competitivo, e o sucesso da New Community veio com muito suor e trabalho árduo. Muitas vezes brinco que nossa igreja se tornou "um sucesso do dia para a noite durante 10 anos". Plantar uma igreja não é fácil. Um missionário veterano que conheço chama a plantação de igrejas de "X-Games do ministério cristão". Sinceramente, eu me senti ameaçado. Pensei comigo mesmo: "vá encontrar seu maldito povo. Você vai matar a nossa igreja". Antes você deve ter pensado: "o Rob é uma pessoa verdadeiramente espiritual". Bem, fico feliz que esse mito foi deixado para trás. Enfim, o fato é que eu amava o Steve. Eu sempre senti que ele era um daqueles jovens líderes verdadeiramente ungidos – pelo menos entre os que eu conheci. Senti como se todos de nossa igreja fossem com ele. Caramba, eu gostava tanto do Steve que eu queria ir com ele.

O que me ajudou foi o sábio conselho de um colega pastor, Joe Wittwer. Ele já havia plantado várias igrejas a partir de sua igreja e me aconselhado a ter uma abordagem do Reino. Ele sentia isso tão fortemente que creu que poderia plantar uma nova igreja em seu prédio, porque os dons da nova comunidade seriam tão diferentes do seu que ambas as comunidades poderiam e conseguiriam prosperar, atingindo um novo grupo de pessoas. Jesus nos encorajou a buscar seu Reino primeiro. Joe incorporou isso em mim. Dito isso, começamos a fazer um plano para iniciar uma nova comunidade a poucos passos de distância".[60]

"Eu costumava acreditar que você precisava chegar a certo tamanho para se multiplicar", compartilha Rob. "A New Community se envolveu em sua primeira plantação de igreja só depois de ter crescido até cerca de 500 pessoas. Agora, minha experiência me ensina que a ideia é mais relacionada a encontrar líderes interessados em plantar e investir nelas do que a tamanho e força. As igrejas podem se envolver com plantação muito mais cedo do que eu costumava acreditar".

A New Community não só enviou seus próprios líderes para começar igrejas como também tem se envolvido em alianças com outras igrejas e organizações, incluindo a Whitworth College e a Comunitás, com o propósito de semear o shalom de Deus. Essas redes apostólicas têm servido como piscinas de pesca para aqueles que se sentem provocados a plantar igrejas em sua cidade e além dela.
Uma rede apostólica em particular na qual a New Community desempenhou um papel significativo no

---

60 DAVIS, Russ citado por STEIGERWALD, Daniel.; CRULL, Kelly. Creating Multiplication Movement. Grow Where You're Planted. Portland: Christian Associates Press, 2013, p. 237-239.

desenvolvimento nos últimos dez anos é a "Ecclesia Spokane". O que originalmente começou como um habitual almoço de plantadores e pastores locais desejando contato com outros líderes locais cresceu e tornou-se, com o suporte do Rob, em uma comunidade de líderes pioneiros. Esses líderes não só compartilham suas vidas de forma consistente como também planejam juntos ver como a bondade de Deus pode se espalhar por Spokane. Muitas vezes interagem sobre as melhores práticas para começar iniciativas e igrejas missionais, e agora aqueles que promovem o desenvolvimento da Ecclesia esperam que o grupo possa continuar a ser não apenas uma comunidade de plantadores e pastores líderes, mas um catalisador contínuo para a plantação de igrejas.

E a história continua. No momento em que escrevo este texto, a Comunitás, a New Community Spokane e um grupo rural mexicano de plantação de igrejas estão estudando uma oportunidade de colocar um plantador de igrejas do México na New Community para treinamento em ministério urbano. A esperança é que, após a conclusão do treinamento, o plantador volte ao México e lance a primeira igreja do grupo em um centro urbano.[61]

2. Em grupos de quatro ou menos, compartilhe o que sublinhou. Aponte os comportamentos que são claramente atividades de *conexão* com um 'C' e aquelas atividades que são claramente de *expansão* com um 'E.'

3. Compare e contraste o comportamento de sua igreja com o que você observou na história acima. Discuta as seguintes perguntas, primeiro com foco nas atividades de *conexão* e, em seguida, com foco nas de *expansão*:
   - *Quais são suas dúvidas a respeito de conexão e expansão?*
   - *Como as atitudes e comportamentos específicos encontrados na história também podem ser aplicados à conexão/expansão de sua Igreja?*
   - *O que é exclusivo da prática de conexão/expansão do seu projeto ou da sua igreja atualmente?*
   - *Quais seriam suas práticas de conexão/expansão ideais? Faça um brainstorm de algumas ações específicas que sua equipe pode realizar deliberadamente para conectar/expandir. Não há problema em ser imaginativo ou hesitante em suas ideias, visto que você irá atualizá-las mais tarde. Entre as ideias listadas, selecione duas ações para conexão e uma para expansão. Escreva cada ação em um post-it.*

4. Reunidos em equipe, os grupos se revezam colocando suas notas no quadro branco e apresentando suas ações. O facilitador organiza os post-its em dois grupos: um para ações de *conexão* e o segundo para as de *expansão*. Depois que cada grupo tiver compartilhado, selecione duas ou três ações de *conexão* que você gostaria de levar adiante como equipe, bem como uma ação de *expansão*. Faça um plano simples para implementar essas ações e programe um momento para avaliar suas ações e seus resultados.

---

61 Esse registro tem por base uma entrevista com Rob Fairbanks.

Conectar e *expandir* descrevem a participação discernida na multiplicação de novas iniciativas e igrejas missionais. No caso da Igreja New Community, vemos que as igrejas locais por vezes criam a dinâmica da conexão dentro da própria igreja. No entanto, a Comunitás acha que o nascimento de novas expressões de igreja mais comumente demanda energia colaborativa de diversos grupos. Mesmo a New Community, embora dotada de um forte líder apostólico pontual, reconheceu a sabedoria e a vantagem de explorar uma rede mais ampla para promover novas plantações de igreja. O que mais importante é tomar as medidas para *conectar* e *expandir* que fazem mais sentido para você. O restante do capítulo foi elaborado para ajudá-lo nesse sentido.

O chamado para colaborar com o impacto do Reino

Conectar e *expandir*, enquanto principalmente focadas na criação de novas expressões de igreja, também protegem o povo de Deus de um perigo inerente a qualquer grupo de pessoas apaixonadas: limitar suas atividades e seu campo de relacionamentos a um círculo familiar. Todos nós preferimos atuar dentro do seio familiar de nossa igreja, denominação ou o que definimos como nossa tribo. E é aí que está o problema. Com o passar do tempo, podemos ficar afundados na água da nossa mesmice. Podemos até começar a pensar que somos uma elite ou uma igreja de ponta em relação a outros grupos ou redes. Pressupomos que temos tudo o que precisamos internamente – finanças, livros, conhecimento sobre liderança etc. – para nos manter aprendendo o que precisamos aprender. Algumas vezes nós chegamos até ao ponto de praticamente adorar líderes populares.

O processo de isolamento geralmente ocorre inconscientemente, mas pode levar nossa comunidade a limitar quase todos os contatos com outros grupos que seguem o mesmo Jesus, simplesmente porque seus caminhos

nos parecem exóticos ou estranhos. Infelizmente, essa mentalidade separatista acaba limitando a contribuição necessária do nosso grupo para enriquecer o trabalho coletivo de Deus em nossa cidade e fora dela. Ela pode sufocar, inclusive, nosso *amadurecimento*.

Na cidade de Corinto, o apóstolo Paulo em sua época teve de lidar com tal segmentação do corpo local de Cristo em facções separadas, muitas vezes concorrentes. Essa doença não é exclusiva da nossa era! Em sua primeira carta aos coríntios, Paulo repreende fortemente a igreja em Corinto por se separar em grupos uniformes sob a batuta de líderes apostólicos, como Apolo, Cefas e o próprio Paulo.

No início de I Coríntios, Paulo menciona pelo menos quatro facções de cristãos atuando em Corinto. Aqui está um ponto importante que muitas vezes não é percebido em relação à exortação de Paulo: ele não está admoestando os coríntios por se dividirem em grupos específicos. Ele não diz: "parem de se organizar em grupos distintos". Embora Paulo não defenda explicitamente isso na passagem, pode ser saudável para grupos, organizações, denominações etc. diferenciarem-se criando seus próprios estilos, culturas, distinções teológicas e abordagem ao discipulado próprios da tribo. E os grupos muitas vezes surgem com um ou dois líderes-chave que se tornam proeminentes. Isso é normal. Todavia, o que mais irritou Paulo em relação à situação em Corinto foi que cada facção estava esquecendo uma realidade essencial: todos eles estavam destinados a trabalhar sob a mesma bandeira, a de Jesus, buscando demonstrar e proclamar o mesmo Reino do mesmo Cristo. Paulo exorta veementemente: "Acaso Cristo está dividido? Foi Paulo crucificado em favor de vocês? Foram vocês batizados em nome de Paulo?" (I Co 1:13).

Nos capítulos três e quatro de I Coríntios, Paulo adverte que essas divisões de cristãos parem de se comparar uns aos outros (3:3-4; 4:6-7) e, especialmente, deixem de vangloriar seus líderes e a superioridade de seu grupo versus outros grupos cristãos na cidade (3:5-7, 18-23; 4:6-7). Coletivamente, eles – todos juntos – representam o campo de Deus. Paulo, Apolo e Cefas, cada um, dá sua contribuição no cultivo desse campo, assim como cada um dos coríntios. Em seu argumento, Paulo também recorre a outra metáfora para enfatizar quão crítico é para todos os grupos trabalhar juntos para construir uma estrutura sagrada e viva – o povo de Deus como um "santuário" coletivo:

16 "Vocês não sabem que são santuário de Deus e que o Espírito de Deus habita em vocês? 17 Se alguém destruir o santuário de Deus, Deus o destruirá; pois o santuário de Deus, que são vocês, é sagrado - I Co. 3:16-17 (grifo do autor)

Infelizmente, a unidade em torno de um propósito permanece bastante incomum entre os diversos grupos de cristãos. Esforços humildes, pacientes e perseverantes trazem esses grupos para juntos alcançarem bons frutos para o Reino. Embora saibamos que seja um trabalho árduo, também sabemos que, por amor a Deus, vale a pena. O próximo exercício o ajudará a desenvolver uma "Aliança de Colaboração", uma ferramenta simples para manter o foco no grandioso trabalho de Deus em sua cidade e no mundo.

Criando uma Aliança de Colaboração

Tempo: 2 horas
Material: Bíblias, papel, lápis ou canetas

1. Reúna-se em pequenos grupos de quatro ou menos. Cada pessoa lê I Coríntios 1-4 e escreve uma reflexão de um parágrafo sobre colaboração baseada na passagem de exortação de Paulo. Dê 20 a 30 minutos para esta etapa.

Exemplo:

Como equipe de liderança, vamos nos responsabilizar mutuamente por manter Jesus e o Reino em vista em todas as nossas decisões. Nós nos esforçaremos para honrar e respeitar nossos irmãos e irmãs que atuam em nossa cidade em nome de Jesus e resistiremos a promover um espírito competitivo e não cooperativo. Além disso, atenderemos nosso chamado e guiaremos nossa comunidade à sua expressão única, ao mesmo tempo em que daremos atenção preferencial ao apoio aos parceiros que tenham valores e visão complementares aos nossos. Nós reconhecemos o valor do corpo de Cristo em sua beleza multifacetada em nossa cidade e aceitamos que esse mosaico de unidade em Jesus nos ajude a nos aproximar da unidade que Jesus descreve em João 17:20-21. Também reconhecemos que não temos de concordar em todos os pontos com os outros para podermos trabalhar proveitosa e perspicazmente ao lado deles.

2. Quando solicitado, cada pessoa vai passar seu papel para a esquerda e receber um papel da sua direita. Os participantes leem o papel do vizinho, fazendo comentários e acrescentando reflexões. Repita o processo a cada cinco minutos até que você tenha lido o papel de cada pessoa e receba de volta seu próprio papel. Leia o que foi adicionado ao seu parágrafo.

3. Usando uma folha grande de papel, trabalhe em conjunto para combinar as reflexões individuais em uma única "Aliança de Colaboração" para seu pequeno grupo. Em seguida, escreva uma lista de três a cinco ações que você pode realizar para pô-la em prática.

   Exemplo:

   Como viveremos:
   - Nós reservaremos intencionalmente um tempo de retiro pelo menos uma vez por ano para orar e discernir especificamente como Jesus pode nos envolver na multiplicação de novas iniciativas e igrejas missionais em nossa cidade e além dela.
   - Vamos comparar e contrastar os dons e os chamados em nossa equipe de liderança e decidir quem é mais adequado para manter nossos olhos apostólicos atentos para fora. E nós capacitaremos esse líder para manter nossa participação ativa na plantação de igrejas e em outras iniciativas, atribuindo-lhe momentos específicos para compartilhar a visão e as oportunidades com nossa equipe de liderança e também com nossa igreja.
   - Vamos aproveitar a Comunitás e a Forge como redes apostólicas e procuraremos identificar líderes, igrejas e ministérios locais que tenham uma paixão específica por ver novas expressões de igreja iniciadas em nossa cidade.

4. Reúna-se em equipe. Um representante de cada grupo lerá a Aliança de Colaboração e as ações de seu grupo.

5. Após o trabalho de cada grupo ser compartilhado, o facilitador recruta três membros da equipe para elaborar a Aliança de Colaboração final, incluindo teoria e prática. Defina uma data para analisar os resultados da equipe.

Vejamos agora como podemos direcionar uma perspectiva do Reino e uma postura colaborativa para o nascimento de novas iniciativas e igrejas missionais.

Impulsionando a multiplicação

As equipes de liderança precisam discernir regularmente como suas comunidades de fé podem influenciar no grandioso trabalho de Deus dentro e fora de suas respectivas cidades. Se levarmos seguir Jesus a sério, não há como escapar do chamado para colaborar para o crescimento do Reino! Esses esforços apontados para o Reino podem nos surpreender em termos de o que o Espírito pode fazer para trazer novas expressões de igreja. Todas as nossas atividades de conexão e *expansão* têm esse objetivo esperançoso com vistas à multiplicação de iniciativas missionais e igrejas apropriadas ao contexto.

A vocação apostólica da Comunitás como organização significa que abordamos esse propósito com grande paixão. Nós percebemos, no entanto, que nossas equipes de projeto podem não possuir tal zelo inabalável por ver novas igrejas multiplicadas.

Cada equipe precisará articular suas próprias razões pelas quais deveria participar na nova plantação de igrejas em sua cidade e além dela. Por meio da ajuda deste guia, esperamos que sua equipe não só se tenha conectado a um sonho da "bela igreja", mas tenha começado a imaginar quantas belas igrejas Deus poderia abençoar e quantas vidas em todos os lugares Ele poderia mudar. Na nossa experiência, a maioria das igrejas que participa da plantação de igrejas considera a experiência generativa para sua própria comunidade. Com esses benefícios em mente, vamos examinar brevemente as características de igrejas reprodutoras e, em seguida, explorar maneiras práticas de participar com os outros no estabelecimento de novas iniciativas e igrejas missionais.

Identificando características de igrejas reprodutoras

Robert Vajko, um profícuo plantador de igrejas na França, estudou a reprodução de igrejas de diversas denominações operando lá. Sua pesquisa revelou as catorze características que estão incluídas na lista abaixo. Não temos espaço neste livro para desenvolver cada característica, nem necessariamente defenderemos algumas delas. Contudo, incluímos a lista para servir-lhe como um catalisador para discussão em sua equipe de liderança.

Características de igrejas francesas que se reproduziram:
1. Uma visão para reprodução
2. Disposição para se arriscar
3. Um espírito de abnegação
4. Estão crescendo como igreja
5. Sabem como plantar igrejas-filhas
6. Sensíveis ao Espírito de Deus
7. O lado financeiro não é o centro
8. Zelo pelo treinamento de seus próprios plantadores de igreja
9. Base de liderança multiplicada

10. Uma visão paulina
11. Busca por áreas receptivas
12. Alvo em populações homogêneas
13. A criatividade é encorajada
14. Princípios claros[62]

É interessante notar que, além dessas características, Vajko também descobriu que "as igrejas que fazem parte de uma comunidade de igrejas tendem a se reproduzir mais do que igrejas independentes. Meu estudo sobre igrejas reprodutoras mostrou que as igrejas mais reprodutivas, não surpreendentemente, faziam parte de um movimento que incentivava a reprodução".[63]

"Plantar igrejas nunca garante que o movimento terá resultados, mas gerar movimentos saudáveis sempre resultará em novas expressões de igreja", disse Sam Metcalf, autor de Além da igreja local (Beyond the Local Church, ainda sem tradução para o português).[64] Nós da Comunitás acreditamos que esse movimento inclui ministérios, seminários, outras entidades sem fins lucrativos e empresas lideradas por cristãos, os quais formam amplas alianças com igrejas para multiplicar igrejas. Essa pode até ser a maneira preferencial de se começarem igrejas, uma vez que essas coalizões mais amplas tendem a dar às equipes de liderança de plantação de igreja exposição a uma maior quantidade de ideias, dons e recursos. Além disso, incluir líderes de equipe em uma parceria de plantadores de igrejas na cidade (como a Ecclesia Spokane, mencionada anteriormente neste capítulo) pode enriquecer o desenvolvimento das igrejas talvez mais profundamente do que qualquer outra abordagem.

62 OTT, Craig.; WILSON, Gene. Global Church Planting. Grand Rapids: Baker Academic, 2011, p. 293.
63 Como citado em OTT e WILSON, 2011, p. 299.
64 METCALF, Sam. Beyond the Local Church: How Apostolic Movements Can Change the World. Downers Grove: InterVarsity Press, 2015, p.80.

Aproveitando as redes apostólicas

Na Comunitás, acreditamos que uma série de diferentes tipos de parceria é necessária para ver as igrejas encarnacionais multiplicadas fazendo novos e melhores discípulos. Entretanto, também reconhecemos a sabedoria de se explorar intencionalmente a energia reprodutiva das redes apostólicas na vida de uma igreja. Esses tipos específicos de redes tendem a ser preenchidos com pessoas empreendedoras e que arriscam (em outras palavras, apostólicas, proféticas e evangelísticas) e podem ser uma das melhores maneiras de ajudar comunidades de fé a se envolverem na multiplicação de novas iniciativas e igrejas missionais. *Ser estrategicamente seletivo dessa forma é particularmente importante para as equipes que lutam para encontrar uma representação adequada do dom apostólico dentro de seu núcleo de liderança em qualquer situação.*

Um exemplo de uma rede apostólica que está se tornando um agente catalisador para ativar as dinâmicas de *conexão* e *expansão* em vários países diferentes é a Forge Mission Training Network (em português: Forge rede de treinamento missionário) (http://forgeinternational.com). A Comunitás foi abençoada com a parceria da Forge em nível global. Como o nome sugere, essa rede busca fundir alianças entre igrejas, seminários, denominações, grupos pioneiros etc. com a finalidade de criar ambientes de treinamento e multiplicação de missionários e comunidades missionais. A Forge treina,

efetivamente, missionários locais para a multiplicação de comunidades missionais, que podem ou não estar ligadas a igrejas existentes. A Comunitás pode então oferecer *coaching*, treinamento e apoio adicionais a essas comunidades missionais, visando seu crescimento em igrejas sustentáveis e reprodutoras. Por vezes, os colaboradores ou igrejas da Comunitás também começam Forge centros de treinamento (*Forge Training Hubs*) em novas cidades para catalisar o movimento missional local. Como exemplo disso, o principal autor deste guia, Dan Steigerwald, iniciou um centro em Portland, Oregon, há vários anos e está vendo em primeira mão como uma rede local pode ser um terreno propício para a incubação de plantadores de igrejas.

Cultivando nossos dons para a conexão e a expansão

Outra maneira pela qual sua equipe pode encorajar uma postura reprodutiva é fornecer continuamente voz e influência às pessoas em seu meio com dons apostólicos, proféticos e evangelísticos (veja as definições de Alan Hirsch sobre esses dons no capítulo seis deste livro). Vamos analisar a maneira como os dons APEPM geralmente se expressam na vida das igrejas que conseguem reproduzir novas igrejas. Embora não utilizem todo o escopo da linguagem APEPM, Craig Ott e Gene Wilson, em seu livro *Plantação global de igrejas* (2011), abordam a forma como esses dons são tipicamente expressos na vida das igrejas que realmente se reproduzem (ver Figura 4):

Figura 4
Dons espirituais críticos para as fases de desenvolvimento[65]

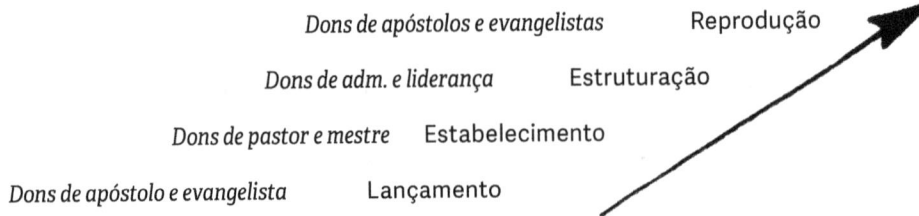

Dons de apóstolos e evangelistas	Reprodução
Dons de adm. e liderança	Estruturação
Dons de pastor e mestre	Estabelecimento
Dons de apóstolo e evangelista	Lançamento

---

65 OTT, Craig.; WILSON, Gene, em Plantação Global de Igrejas. Grand Rapids: Baker Academic, 2011, p. 167. Imagem usada com autorização.

Observe no diagrama que os dons apostólicos e evangelísticos são comumente atuantes na inicialização ("lançamento") e, então, diminuem em ênfase até alcançarem uma fase de desenvolvimento posterior, que os autores rotulam de "reprodução". Embora o dom profético não esteja representado nesse paradigma, a imagem acima demonstra uma maneira bastante comum de se ilustrar o desenvolvimento de uma nova igreja. Os dons centrados no exterior (APE) e os dons centrados no interior (PM) são expressos ao longo da vida de uma igreja, mas não durante os mesmos períodos. Como mostra o diagrama, após a fase de lançamento inicial, a energia voltada para o exterior tipicamente cai e é seguida por um longo período de foco interno, que compreende as fases de estabelecimento e estruturação. Com o passar do tempo – muito depois de a igreja conseguir viabilidade –, essa fase de estruturação dá lugar a uma nova fase externa, em que a energia de reprodução é de alguma forma ressuscitada.

Mesmo que o diagrama acima pareça tão organizado no papel, na realidade poucas igrejas conseguem recuperar a energia APE inicial quando ela é diminuída nas fases intermediárias. Naquele longo período dedicado ao desenvolvimento e à estruturação interna (que são um trabalho bom e importante!), os líderes da igreja erram porque acreditam firmemente que sua comunidade ainda não é forte ou experimentada o suficiente para suportar um nascimento. Essa crença, se não for controlada, pode não só neutralizar a capacidade reprodutiva de uma igreja a longo prazo, mas também alimentar o medo de que, mesmo se fazendo parceria com outros para plantar novas igrejas, seria demasiadamente extenuante colocá-lo em prática.

Em seu estudo sobre a plantação de igrejas em todo o mundo, Ott e Wilson alertam sobre o habitual enfraquecimento da energia voltada ao exterior à medida que novas igrejas se estabelecem:

"Muitas vezes, quando a igreja amadureceu a ponto de considerar a reprodução, os membros estão desgastados e querem descansar e aproveitar os frutos de seu trabalho... Muitos terão a impressão de que já se exige trabalho demais apenas para sustentar os ganhos que foram alcançados durante a vida ainda jovem da igreja. Tais preocupações e cansaço são totalmente compreensíveis, mas podem levar à estagnação e à letargia espiritual se permitirem que esse se torne um espírito dominante".[66]

Quando os membros ficam tão cansados com os altos e baixos da plantação de igreja, reinjetar a energia externa em algum estágio posterior no processo de *amadurecimento* da igreja requer muita oração, visão e tato da liderança. Talvez seja por isso que tão poucas igrejas se reproduzem.

Acreditamos que esse retrato de quatro estágios acima (Figura 4) pode de fato ser muito limitante como um padrão a ser seguido para o desenvolvimento e a reprodução natural da igreja. Primeiramente, estamos sugerindo que o desenvolvimento da igreja não precisa ser visto como um processo linear, com a reprodução como o toque final depois de anos e anos de *amadurecimento* da mãe. Na experiência da Comunitás, encontramos um bom número de igrejas jovens que ativam a energia reprodutiva mesmo enquanto constroem suas próprias comunidades de fé. Por exemplo, ao semear iniciativas missionais que praticam a *comunhão*, a *comunidade* e a *missão* (os elementos básicos da "igreja", como descrito na Introdução), uma igreja recém formada *pode* gerar novas expressões que *podem* se transformar em novas igrejas. A história que lemos no capítulo um, sobre a replicação de igrejas na Espanha, atesta essa possibilidade.

---

66 Ibid., p. 292-293.

Em segundo lugar, acreditamos ser possível manter os dons APEPM em ativação equilibrada durante a vida da igreja. Por meio do exercício **Criando uma atmosfera de colaboração APEPM na liderança** no capítulo anterior, sua equipe definiu uma maneira de integrar os dons APEPM no processo regular de tomada de decisão de sua equipe. Isso, junto com outras ações intencionais, pode ajudar uma igreja a se reproduzir ou, no mínimo, permanecer comprometida com pessoas fora da igreja para multiplicar novas iniciativas e igrejas missionais.

Por fim, é importante notar que esse equilíbrio entre os dons de cuidado interno (Pastor-Mestre) com os dons empresariais externos (Apóstolo-Profeta-Evangelista) é raramente, talvez nunca, livre de conflitos substanciais entre os membros da equipe de liderança. Poucos gostam de conflito. Na verdade, a maioria procura evitá-lo. No entanto, no ponto de vista da Comunitás, resolver conflitos permitindo que uma facção domine a outra não é a solução. Conviver com a tensão em vez de tentar erradicá-la é a melhor saída.

Inovando onde o Espírito está guiando

Quando se trata de multiplicar novas igrejas, precisamos aprender por meio da sabedoria e das experiências, mas também estar abertos para inovar onde o Espírito está guiando. Às vezes, Deus orienta as equipes a reproduzir igrejas de maneiras muito incomuns. Na Polônia, por exemplo, Paul Haenze e sua rede estão testemunhando o começo do que poderia se tornar um movimento de plantação de igrejas que está germinando do solo de abrigos para sem-teto! Paul relata esta história:

Durante a última década, Deus permitiu que Daniel Wolkiewicz viajasse por uma estrada que nunca imaginou que pegaria. Sua denominação o enviou para plantar uma igreja em uma cidade de 40.000 pessoas no sul da Polônia,

mas, apesar de seus esforços, uma igreja não foi plantada. Todavia, em algum lugar ao longo do caminho, Deus revelou outra maneira de realizar o sonho de Daniel de plantar igrejas. Com a provisão surpreendente de um grande prédio vazio, Daniel e sua família foram capazes de iniciar um ministério com os sem-teto que, desde então, cresceu até se tornar um dos maiores de seu tipo na Polônia. Seus centros de ministério agora abrigam centenas de pessoas todos os dias, servem mais de meio milhão de refeições quentes a cada ano e oferecem treinamento profissional para dezenas de pessoas ao mesmo tempo.

Durante o estabelecimento desse primeiro centro ministerial, Daniel definiu um processo de formação espiritual para seus convidados. Ao discipular intencionalmente as pessoas, com o passar do tempo Daniel conseguiu levantar líderes e os recursos necessários para multiplicar muitos centros de ministério. Ao longo do caminho, Daniel percebeu que esses centros poderiam ser oportunidades ideais para começar novas igrejas. Deus permitiu que ele testasse essa visão, e hoje várias novas igrejas estão crescendo no terreno desses centros. Ironicamente, a igreja naquele primeiro edifício para os sem-teto plantou uma igreja na comunidade em que Daniel foi originalmente enviado para plantar uma igreja há quinze anos.

Recentemente, Daniel adotou uma nova abordagem da CityTeam International. Atualmente, ele está ensinando homens e mulheres sem-teto uma abordagem simples para iniciar igrejas em novas áreas. Esses voluntários estão se preparando para ir às vilas e cidades vizinhas. Seu desejo é ver as igrejas se multiplicarem em toda a sua região. É incrível ver a maneira como Deus usou Daniel para plantar igrejas de uma maneira não convencional.

Muitas equipes encontram maneiras de gerar organicamente novas igrejas que exigem muito menos do que tipicamente imaginamos ser necessário para a multiplicação de igrejas. Várias redes de "igrejas simples" e de igrejas domésticas, por exemplo, provocam a multiplicação de novas comunidades.

Elas tendem a ser formas mais singelas de igreja, de menor complexidade e que não requerem os sistemas e a liderança organizacionais que outras formas de igreja precisam.

Em alguns casos, como vimos com a New Community em Spokane, as igrejas individuais podem ser capazes de criar a dinâmica de *conexão* dentro do círculo de sua própria comunidade de fé. Isso geralmente é feito pelo recrutamento e pela preparação de um ou dois líderes pioneiros para iniciar e multiplicar diversas comunidades ou pequenos grupos missionais. A igreja anfitriã cria, essencialmente, um ambiente para que aqueles com espírito empreendedor sejam orientados, tenham recursos e sejam enviados para experimentar a prática. Com o passar do tempo, esses líderes pontuais formam equipes e operam grupos que podem ser divididos para formar novas igrejas. No relato anterior de Troy Cady sobre a história da Comunitás em Madri, na Espanha, vemos o poder desse tipo de plantação em série, em que a Igreja Mountainview ajudou a promover o nascimento da Oasis, que, por sua vez, originou a filha Decoupage e agora uma nova iniciativa missional, a Poieme Collectiva, fora de Madri, na cidade de Valência.

Muitas igrejas jovens não conseguem ver que elas próprias podem ser o melhor tipo de incubadora para novos plantadores de igrejas. As igrejas maiores são tipicamente aquelas que oferecem estágios para potenciais plantadores, as quais muitas vezes se concentram em ensinar estagiários a administrar uma igreja completamente ajustada, em vez de fazê-los obter as habilidades e perspectivas necessárias para a plantação pioneira. Não há melhor lugar para os líderes "verdes" aprenderem a plantar do que no espaço selvagem e limiar de uma nova igreja!

Muitas igrejas estabelecidas se conectam localmente por se acomodarem no "caminho mais fácil" da plantação de igrejas. Elas enviam intencionalmente um grupo de seus membros para "colonizar" uma área, como se a reprodução da igreja fosse essencialmente a clonagem da mãe. Em um nível pragmático, o objetivo pode ser alcançado e, sem dúvida, isso funciona perfeitamente bem em alguns casos. Muitas vezes, no entanto, essa abordagem sufoca a capacidade da nova igreja de fazer discípulos, visto que a colonização geralmente pula ou envolve apenas superficialmente o trabalho de *inserção*, *iniciação* e *prática*. Contudo, se feito com essas outras dinâmicas em ação, enviar um grupo considerável de uma ou mais igrejas locais visíveis para habitar uma área pode funcionar sem comprometer o discipulado e a sensibilidade ao contexto.

Tudo isso para dizer que há muitas maneiras de *conectar-se* e *expandir* com o fim de multiplicar iniciativas e igrejas missionais. Encorajamos as equipes a buscar a orientação do Espírito enquanto discernem juntas seus próprios caminhos para se envolver no estabelecimento de novas expressões de igreja. A métrica do sucesso é a fidelidade ao que você, como equipe de liderança, sente que Deus o está chamando a fazer. Embora existam muitas maneiras de começar novas igrejas, de uma coisa temos certeza: a multiplicação de novas expressões de igreja raramente acontece por acidente. Ela requer práticas deliberadas que valem a pena ser cultivadas nas primeiras etapas do desenvolvimento de um projeto ou uma igreja.

Como dito anteriormente, uma prática importante é a parceria com entidades locais para a multiplicação. Criamos o seguinte exercício, que consiste em múltiplas partes, para ajudar sua equipe a começar sua jornada para encontrar parceiros locais.

Encontrando parceiros locais para ajudar na multiplicação de iniciativas e igrejas missionais

Tempo: cinco sessões, 60-90 minutos cada uma, mais um tempo adicional para implementar os passos práticos
Material: o que for requerido em cada parte deste exercício

Este exercício irá guiá-lo por várias etapas, incluindo pesquisa externa, reuniões com potenciais parceiros e trabalho dentro da equipe para iniciar parcerias eficazes.

Parte 1: Preparação individual
Tempo: 60 minutos

Cada membro da equipe prepara uma lista de quatro a cinco possíveis parceiros locais, pesquisando na internet ou por meio de contatos locais apropriados ou ligações, organizações e igrejas mais pessoais. Preste atenção especialmente às redes apostólicas.

Parte 2: Preparação da equipe
Tempo: 60 minutos
Material: cópias da Aliança de Colaboração do exercício contido neste capítulo, quadro branco e marcadores para quadro branco

1. Leia em voz alta sua Aliança de Colaboração.

2. Cada membro da equipe "apresenta" sua lista de possíveis parceiros ao grupo todo e escreve os nomes no quadro branco. Por meio de discernimento e discussão, a equipe decide sobre algumas possíveis parcerias para iniciar novas iniciativas e igrejas missionais.

3. Duplas da equipe se voluntariam para visitar potenciais parceiros da lista. Escolha uma data em que sua equipe se reunirá e avaliará os resultados.

Parte 3: Entrevista em duplas
Tempo: 60 minutos por entrevista

Duplas da equipe se encontram com seu possível parceiro.

1. Prepare-se para a entrevista. Tire um tempo para orar, lembre-se do que você espera ganhar com essa conversa e reflita sobre as perguntas que você gostaria de fazer ao seu potencial parceiro. Possíveis perguntas incluem:

- *Como você vê Deus trabalhando em sua área de influência?*
- *Que tipo de resultados você espera alcançar por meio de seu trabalho e organização?*
- *Onde você sente que estão seus maiores pontos fortes?*
- *O que está faltando para você alcançar seus resultados, e como a colaboração poderia ajudar-lhe a progredir em seu trabalho?*
- *Você também pode querer rever o Apêndice D: fazendo perguntas abertas antes de sua visita.*

2. Encontre com seu possível parceiro. Em sua conversa:
   - Concentre-se em ser um ouvinte ativo, fazendo perguntas que mostrem seu interesse enquanto também declara quão bom é o que está ouvindo. Lembre-se de ser compassivo ao criticar, e não chegue a conclusões precipitadas sobre seu ministério.
   - Partilhe seu interesse em colaborar e algumas ideias iniciais do que gostaria de ver acontecer ao trabalharem em conjunto. Procure compartilhar sua Aliança de Colaboração. Depois de compartilhar, convide a pessoa a dar seu feedback a respeito do que vê como possibilidades de trabalharem juntos.

3. Faça um apanhado geral de sua entrevista. Caso a parceria para colaboração pareça promissora, avalie seu potencial à luz dos seguintes critérios:
   - *Até que ponto estamos em harmonia no que diz respeito à identidade de grupo (missão/vocação, visão, valores, teologia etc.)?*
   - *Quais objetivos ou propósitos em comum compartilhamos que seriam o foco do nosso trabalho juntos?*
   - *Até que ponto temos uma boa química relacional como potenciais parceiros, e quem mais é imprescindível a esta parceria que devemos encontrar?*
   - *Como as competências e os dons do nosso grupo complementam os do possível parceiro, e pelo que cada um de nós poderia ser responsável no tocante a nos unir para multiplicar iniciativas e igrejas missionais?*

4. Mande um e-mail para a sua equipe com um relatório de suas conclusões e recomendações.

Parte 4: Discernimento da equipe

Tempo: 90 minutos
Material: quadro branco e marcadores para quadro branco

1. Ao reunir-se a equipe, cada dupla compartilha os resultados de sua visita ao parceiro em potencial designado juntamente com suas recomendações. O facilitador registra os resultados no quadro branco. Depois que cada dupla compartilhar, invista alguns minutos em oração por seu possível parceiro e peça a Deus sabedoria para discernir as oportunidades de colaboração.

2. Depois de todos compartilharem, pergunte até que ponto alguma das parcerias em potencial parecem "corretas e boas para nós e o Espírito Santo" – o que nossa oração e nosso discernimento estão nos dizendo, ou como Deus nos está incomodando?

3. Em equipe, selecione um ou dois parceiros potenciais para iniciar novas iniciativas e igrejas missionais. Designe pelo menos dois membros de sua equipe, talvez incluindo o líder pontual da equipe, para se reunir com esses parceiros e discutir planos de colaboração. Os detalhes devem incluir:
   • *Em busca de quais resultados ou objetivos vocês trabalharão juntos?*
   • *Como você desenvolverá relacionamentos funcionais com seu parceiro? Como você abordará questões sobre liderança, conflito, responsabilidade e confiança?*
   • *Quem será responsável pela colaboração?*

4. Defina uma data para cumprir a parte cinco deste exercício.

Parte 5: Próximas ações
Tempo: 60 minutos

1. A equipe se reúne para ouvir aqueles que fizeram visitas relatarem suas conclusões. Descreva como sua equipe é capaz de colaborar com cada parceiro.

2. Em espírito de oração, decida com quem sua equipe se associará.

3. A equipe designa um líder pontual para a parceria, o qual recrutará uma equipe conforme o necessário e criará um plano de ação que detalha os passos que você deseja dar para colaborar com seu parceiro.

4. Implemente o plano com seu parceiro e reporte à equipe, conforme necessário.

Continuando no caminho por meio do coaching

Reconhecemos que o que estamos incentivando neste capítulo é muito complicado. Quando todo tipo de dificuldade os acerta como equipe, a qual está apenas tentando começar seu próprio projeto, é realmente difícil dar grande atenção à multiplicação de novas igrejas. Para ajudá-lo a agir deliberadamente no que tange à participação robusta na *conexão* e na *expansão*, recomendamos que você se encontre regularmente com um *coach* estratégico, de preferência um que seja plantador de igrejas experiente. Se você tem um único líder pontual, incentive-o a fazer esse tipo de *coach*. Na ausência de um líder de equipe, decida quem da sua equipe você gostaria que se reunisse regularmente com esse coach.

Incluímos abaixo um grupo de perguntas representativas que um *coach* estratégico pode fazer para ajudar sua equipe de liderança a manter a multiplicação visível em seu painel. Sua equipe pode achar útil manter essas perguntas visíveis mesmo nos estágios iniciais de seu projeto. Para encerrar este capítulo, desenvolvemos um exercício em torno dessas perguntas, de modo a ajudar sua equipe a entender melhor os conceitos de *conexão* e *expansão* e estimulá-la a acrescentar ações mais específicas a sua Aliança de Colaboração única para o próximo período.

Estimulando mais ações para aprofundar nossa conexão e expansão

Tempo: 2 horas
Material: folhas grandes de papel, canetinhas, fita adesiva, papel para escrever, lápis ou canetas, a Aliança de Colaboração de sua equipe

Antes de fazer este exercício, escreva perguntas relacionadas a conectar e expandir na parte inferior das folhas grades de papel – uma folha para perguntas relacionadas à conexão e outras à expansão. Coloque-as na parede.

1. Leia para o grupo as perguntas exibidas abaixo. Estas são perguntas que um *coach* experiente pode fazer a uma equipe ou igreja que deseja *conectar-se* e *expandir*.

CONEXÃO

- Como você está criando ambientes que desenvolvam líderes que constroem a força interna da igreja e também os que motivam o corpo a se envolver na multiplicação de iniciativas e igrejas missionais?
- Onde você está cultivando uma presença forte (por exemplo, um ajuntamento de grupos ou iniciativas missionais) entre grupos de pessoas ou áreas na sua cidade que poderia resultar em novas plantações de igreja?
- De quem você pode se aproximar que tenha experiência em plantação de igrejas, e que regularmente treina diversas equipes com esse propósito, para treinar sua equipe?
- Em que processos de treinamento, estágios e experimentação missional você está se envolvendo para evitar a tendência natural de se voltar para dentro (por exemplo, uma Residência de Forja)?
- Em que iniciativas locais de compaixão e justiça você atua que possam "sacudir" os líderes que poderiam estar à frente de uma nova igreja?

EXPANSÃO

- O que seria necessário para se estabelecer uma parceria global ou "adotar uma cidade" para criar uma comunidade de aprendizado transcultural com o fim de promover a plantação de igrejas? Que recursos, pessoas e fundos você está empenhando para a plantação de igrejas?
- Quem Deus está lhe dando, ou quem é atraído a você, que deve ser desafiado a servir na multiplicação transcultural de iniciativas e igrejas além de sua cidade ou país, e como você está cultivando essas pessoas?

- Que oportunidades você está criando para que líderes, plantadores, estagiários etc. sejam expostos ao seu DNA e o adquiram, de modo que possam instilá-lo em outros lugares além de sua cidade?
- Qual é seu investimento em outras igrejas nas suas redes fora da cidade? Quais dessas igrejas desejam se tornar mais missionais e ter a postura de plantadora de igrejas?

2. A equipe se separa em dois grupos de trabalho: um abordará as perguntas sobre conexão, e o outro considerará as questões a respeito de *expansão*. Cada grupo escolhe duas perguntas de sua lista sobre as quais gostaria de tratar.

3. Para cada questão escolhida, discuta e anote suas respostas às seguintes perguntas:
   - *O que estamos fazendo atualmente para resolver essa questão?*
   - *O que devemos começar a fazer para resolver essa questão?*
   - *O que devemos parar de fazer que nos permitirá lidar com essa questão?*

   Escreva uma breve resposta do grupo para cada pergunta.

4. Reúna-se todos os grupos para compartilhar suas respostas. Desenvolva as ações que você realizará no próximo ano para ver essas questões tratadas adequadamente. Acrescente essas ações a sua Aliança de Colaboração.

   Como uma etapa opcional, considere a possibilidade de nomear dois "campeões" – um para atividades de conexão e um para atividades de *expansão* – para liderar a carga e manter a equipe responsável por *se conectar* e *expandir* no próximo ano.

Acreditamos que, à medida que sua comunidade começa a fazer parcerias com outras dentro e fora de sua cidade, você vai entender como a *conexão* e a *expansão* são gratificantes e proveitosas de maneiras que vão surpreendê-lo. Apesar de termos enfatizado neste capítulo como essas ações promoverão a multiplicação de novas igrejas, também experimentamos muitas outras bênçãos no processo: diversidade, recursos, camaradagem, compartilhamento, encorajamento e apoio. À luz desses maravilhosos benefícios, nós queremos fortemente incentivar sua equipe, independentemente de tamanho ou maturidade, a usufruírem da *conexão* e da *expansão* de maneiras que sejam apropriadas a você.

Ao concluir este capítulo, queremos ressaltar que, para qualquer equipe, projeto ou igreja, a fidelidade a Deus é a medida mais importante do sucesso. Sabemos que *conectar-se* e *expandir* nunca devem ser vistos como uma prescrição rígida e de "tamanho único", mas como resultado do discernimento frutífero. Os exercícios de aprendizagem ao longo deste capítulo o levaram a desenvolver diversas ações para colocar em prática a *conexão* e a *expansão*. Tais práticas têm por objetivo ser bênção, e não um fardo. Encorajamos que você as implemente.

Considerações finais: *Neste capítulo final do livro, ponderamos sobre como nosso projeto ou nossa igreja poderiam dar início ao processo de começar novas iniciativas e igrejas missionais por meio da* **conexão** *e da* **expansão**. *Tal como acontece com o amadurecimento, a* **conexão** *e a* **expansão** *exigem uma grande dose de intencionalidade. Manter aqueles com dons APE (apostólico, profético e evangelístico) ativados durante todo o ciclo de vida da igreja garantirá que o impulso de dentro para fora esteja sempre presente em nossa comunidade de fé, desafiando-nos a estar atentos às oportunidades de ministério "lá fora", mesmo enquanto discipulamos aqueles que já estão em nossa igreja. Vimos, por meio do exemplo da Igreja New Community em Spokane, que não há um "momento perfeito" para se multiplicar, mas sim que a multiplicação decorre por causa da visão, da intenção e do desenvolvimento de líderes em sintonia com a direção do Espírito Santo.*

Demos-lhe algumas dicas e exercícios práticos para não somente começar a **conexão** *e a* **expansão**, *mas também para manter uma postura multiplicadora por longos anos. A criação de uma Aliança de Colaboração é um excelente começo. Um passo adicional é viver sua Aliança de Colaboração vinculando-se com outras igrejas, organizações e redes apostólicas para descobrir possíveis parceiros de ministério e discernir como o Espírito o orienta à colaboração. Finalmente, como com todas as dinâmicas de plantação de igrejas missionais,* **conectar-se** *e* **expandir** *devem alinhar-se com o design único sonhado por Deus para seu Corpo de Cristo local.*

(M) Faça um PAM!

Vá para o seu Plano de Ação Missional no Apêndice A. Vá para a seção *Aliança de Colaboração*. Escreva a versão final do exercício de aprendizagem **Criando uma Aliança de Colaboração** de sua equipe. Em seguida, vá para a seção *Conexão* na seção *Estratégia* e discuta com sua equipe as perguntas que encontrar lá. Quais são as atividades de conexão que sua equipe se comprometeu a realizar em sua *Aliança de Colaboração*? Quais ações você desenvolveu no exercício de aprendizagem Estimulando mais ações para aprofundar nossa conexão e expansão? Escreva três respostas no espaço fornecido. Repita o processo para a seção *Expansão* de seu PAM.

Minhas reflexões sobre *conexão e expansão:*

Quais dúvidas você ainda tem sobre conexão e expansão?

O que funcionou bem para você neste capítulo?

Quais partes foram mais difíceis de compreender e por quê?

O que precisa ser abordado que não está aqui?

Qual é a maior lição que você tira deste capítulo?

EPÍLOGO

Parabéns! Você chegou à página final deste guia! Onde quer que você se encontre neste momento, oferecemos estas palavras de encorajamento: *abrace a aventura dinâmica para a qual Deus o chamou!* Trilhe a aventura selvagem e imprevisível que é a plantação de igrejas missionais.

À medida que você seguir a Deus em seu contexto, a estrada se contorcerá de maneira inesperada. Em cada esquina, existirá algo novo. Por vezes haverá uma grande alegria não prevista. Em outros momentos, haverá enormes desafios. Podem existir colinas para subir que pareçam crescer a cada passo dado. Seus companheiros de viagem podem ir e vir de repente. No entanto, por meio dessas circunstâncias, todos se confortarão ao saber que Deus colocou seus pés nesse caminho, e Ele sabe o que está por vir. Confie Nele enquanto segue sua jornada, sempre consciente de que a fidelidade a Deus é a principal medida de sucesso.

Ao mesmo tempo, use as ferramentas que lhe demos – o PAM, os três elementos da igreja, os doze indicadores e, especialmente, as seis dinâmicas – para observar sua localização e ajudá-lo a determinar o próximo passo em sua aventura. Às vezes, um GPS pode ser seu melhor amigo em meio ao caos de uma cidade lotada. Pressionar aquele botãozinho "encontrar a minha localização" pode ser muito útil! Nossa esperança é que este livro cumpra esse propósito em sua vida.

Recomendamos que você mantenha este livro por perto e o convidamos a usá-lo da maneira que melhor atenda a sua missão. À medida que seu projeto ou igreja se move por diferentes momentos, revise os capítulos apropriados. Use os exercícios de aprendizagem para, mais uma vez, estimular sua imaginação. Adapte-os e experimente-os de acordo com sua equipe e seu contexto.

Por fim, se você está apenas começando a *inserir* e *iniciar* em um novo contexto, ajudando sua igreja a *praticar* e *amadurecer*, ou está trabalhando no processo de *conexão* e *expansão*, nós o encorajamos a continuar! Continue, porque o mundo precisa conhecer Jesus.

Na Comunitás, acreditamos que muitas pessoas conhecerão Jesus ao encontrá-lo em igrejas que pensam, agem e cuidam como Ele. O Reino precisa de todas as variedades, todas as formas e todas as expressões de igreja para todos os tipos de pessoas. Portanto, seja qual for o seu contexto, e qualquer que seja a sua missão específica, continue. Continue para que seus amados amigos, familiares e vizinhos possam encontrar Jesus na bela igreja.

"Àquele que é capaz de fazer infinitamente mais do que tudo o que pedimos ou pensamos, de acordo com o seu poder que atua em nós, a ele seja a glória na igreja e em Cristo Jesus, por todas as gerações, para todo o sempre! Amém!"
– Efésios 3:20 e 21

Uma aventura dinâmica é melhor experimentada com os outros! Nossa esperança é que você caminhe através deste livro de exercícios juntamente com um grupo local de sonhadores, praticantes ou plantadores de igrejas animados para fazer a diferença em sua cidade com as boas novas de Jesus. Convidamos você a participar da comunidade mundial formada em www.thedynamicadventure.com, onde você encontrará uma coleção crescente de material suplementar, treinamento, vídeos e coaching. Em thedynamicadventure.com você irá encontrar um ótimo lugar para se conectar com outros aventureiros para compartilhar histórias e melhores práticas da sua própria *Aventura Dinâmica!*

APÊNDICES

Apêndice A

M ## O Plano de Ação Missional

INFORMAÇÕES DO PROJETO
Nome do projeto:
Líder de equipe do projeto:
Membros da equipe do projeto:
Site do projeto:

Introdução:

O Plano de Ação Missional (ou PAM) é uma ferramenta projetada para ajudar seu projeto a florescer. O objetivo do PAM é guiá-lo por uma série de conceitos e práticas importantes para ajudar a trazer clareza e foco a suas atividades atuais e seus planos futuros. Acreditamos que perguntar-nos periodicamente "o que estamos fazendo e por quê?" é bastante útil para a maioria das equipes de plantação de igrejas. Com isso em mente, lembre-se que o PAM é destinado a atendê-lo, e não o contrário, porquanto não foi projetado para ser um mestre de obras rígido e inflexível. É um lugar para *sua* equipe anotar *suas* ideias para *seu* projeto em *seu* contexto. Separe um tempo para pensar e sonhar juntos como equipe. Depois, anote suas ideias e intenções abaixo.

O PAM também é uma ótima ferramenta para estimular a interação com seu *coach*. Ao escrever suas ideias e intenções, o seu *coach* terá uma percepção melhor daquilo que a sua equipe espera realizar. A partir daí, ele poderá ajudá-lo a avaliar os seus objetivos e a garantir que as suas atividades e ações estejam alinhadas com esses alvos.

Instruções:

Seu PAM é um documento vivo. Espera-se que ele mude ao longo do tempo, à medida que seu projeto cresce e muda. Ele é um documento impresso concebido para ajudar sua equipe a manter suas ideias e intenções iniciais "no papel". Conforme suas ideias tomam forma e suas ações se tornam mais claras, é possível desenvolver com seu *coach* uma versão eletrônica, a fim de editá-la e compartilhá-la mais facilmente. É importante, também, que você reveja seu PAM periodicamente para mantê-lo atualizado. Uma cópia eletrônica compartilhável é, provavelmente, a melhor maneira de fazê-lo.

Mantenha suas respostas curtas e diretas ao ponto. Respostas breves manterão seus planos "realizáveis". As respostas longas são, geralmente, mais difíceis de se implementar. Assim sendo, seu PAM não deve exceder três páginas. Use o tempo que você precisa para analisá-lo bem com sua equipe. Algumas respostas podem surgir facilmente para você, outras não. Isso é de se esperar, então utilize todo o tempo que você precisa. Seja qual for o seu processo, esperamos que este exercício se mostre útil.

DECLARAÇÃO DA VISÃO

Qual é a visão do seu projeto ou igreja? Escreva aqui uma declaração curta (de três a cinco frases) que seja realista, mas baseada na fé.

ESTRATÉGIA

Ao longo dos próximos um ou dois, o que você quer ver realizado – e como? Para ajudá-lo a refletir sobre sua estratégia, incluímos as seis dinâmicas da nossa abordagem missional de plantação de igrejas. Use as perguntas para pensar em atividades simples e executáveis para cada dinâmica que pertence a sua situação atual. Se você "ainda não está lá" em algumas dinâmicas, use essa seção para sonhar no papel. Tente dar respostas curtas e específicas.

Insira-se – Como sua equipe está se *inserindo* e construindo relacionamentos-chave em seu contexto? O que está funcionando atualmente? O que não está? O que você gostaria de fazer?

1.
2.
3.

Inicie – Como sua equipe incorpora e proclama o evangelho em seu contexto? O que está funcionando atualmente? O que não está? O que você gostaria de fazer? Qual foi o resultado do processo de discernimento de sua equipe?

1.
2.
3.

Pratique – Qual é a identidade (visão e valores) e o modo de vida que vocês praticam juntos para os quais você pretende convidar pessoas? Vocês refletiram sobre isso em conjunto? O que está funcionando atualmente? O que não está? O que você precisa mudar ou começar a fazer para ver o discipulado acontecer?

1.
2.
3.

Amadureça – Como estão se organizando como povo para que o corpo seja capacitado para fazer mais e melhores discípulos? Como você vai trabalhar em direção à sustentabilidade? O que está funcionando atualmente? O que não está? O que você precisa mudar ou começar a fazer para ver o discipulado, a saúde e a sustentabilidade acontecerem?

1.
2.
3.

Conecte-se – Como você está criando um ambiente para a multiplicação de novas iniciativas ou igrejas em sua área local e na cidade? Com quais pessoas ou redes você sabe que pode se conectar com esse propósito? O que está funcionando atualmente? O que não está? O que você precisa começar a fazer para ver a plantação de igrejas locais acontecer?

1.
2.
3.

Expanda – Como você está alimentando o movimento missional e o desenvolvimento de novas igrejas ou iniciativas fora de sua cidade? Com quais pessoas ou redes você sabe que pode se conectar com esse propósito? O que está funcionando atualmente? O que não está? O que você precisa começar a fazer para ver a plantação de igrejas translocais acontecer?

1.
2.
3.

Os fundamentos da Igreja

Como você pretende expressar as três funções básicas na comunidade de fé?

Comunhão

Como sua comunidade de fé se relacionará com Deus enquanto corpo? O que você está fazendo agora? O que você gostaria de fazer? Como será isso?

1.
2.
3.

Comunidade

Como as pessoas de sua comunidade de fé se relacionam entre si? Como você vai aprofundar os relacionamentos para encarnar o evangelho da graça? O que você está fazendo agora? O que você gostaria de fazer? Como será isso?

1.
2.
3.

Missão

Como sua comunidade de fé se relacionará com sua comunidade anfitriã? Quais são os propósitos redentores que aquela buscará na sua cidade? O que você está fazendo agora? O que você gostaria de fazer? Como será isso?

1.
2.
3.

Projeto

Um projeto saudável da Comunitás deve desenvolver-se até o ponto em que se conduza e se mantenha financeiramente. Mesmo que seu projeto esteja no início de sua vida, é bom ter alguns objetivos. Quais são os próximos passos do seu projeto para liderança e sustentabilidade?

Liderança

Como estamos identificando e desenvolvendo líderes? O que está funcionando atualmente? O que não está? Como caracterizaremos que o desenvolvimento de líderes está indo bem?

1.
2.
3.

Sustentabilidade financeira

Somos financeiramente sustentáveis? Como saberemos do que precisamos para sermos sustentáveis? De que sistemas precisaremos para garantir a sustentabilidade? O que está funcionando atualmente? O que não está? Como será a sustentabilidade financeira para nós?

1.
2.
3.

Aliança de Colaboração

Como sua equipe se *conectará* e *expandirá*? Escreva um parágrafo que capte as mensagens centrais de como sua equipe colaborará com outras pessoas para multiplicar iniciativas e igrejas missionais dentro e fora de sua cidade.

ALVOS E OBJETIVOS

Quais são seus objetivos e metas para o próximo ano? Muitas vezes, o trabalho que você fez nas seções acima lhe dará algumas pistas importantes. Por favor, liste **seis** objetivos e metas.

É aqui que o PAM fica mais específico. Encorajamos você a usar números e datas para que as coisas se tornem mensuráveis. Incluímos alguns exemplos. Liste seus objetivos em ordem de importância. Escreva declarações curtas e claras. Limite-as ao que espera alcançar nos próximos 12 meses.

Exemplos de meta:

1. Ter três reuniões sobre a visão até 15 de julho de 2018, com cerca de 20 pessoas presentes.

2. Organizar dois eventos sociais mensais para o restante deste ano.

3. Começar um curso Alpha até 31 de abril com 10 pessoas presentes.

4. Recrutar um membro adicional para a equipe que possa ajudar nas áreas de música e adoração.

Alvos da nossa equipe

1.

2.

3.

4.

5.

6.

Obrigado por seu trabalho duro! Que Deus abençoe o trabalho de suas mãos (Sl 91)!

Apêndice B

O "ministério do *peripateo*"

Outra prática de se imergir e ouvir muito útil é a que o Dr. Wesley White da Comunitás denomina de "ministério do *peripateo*". *Peripateo* é uma palavra grega frequentemente usada pelos escritores do Novo Testamento para descrever o movimento de alguém pelas rotinas da vida diária. Seu significado literal é "andar" (*pateo*) "por aí" (*peri-*). Vemos uma forma da palavra ser usada, por exemplo, em Colossenses 4:5 – "Andai (*peripateite*) com sabedoria para com os que estão de fora, remindo o tempo" (NVI). Nos primeiros anos de plantação da Igreja Mosaic em Glasgow, na Escócia, Wes e sua equipe missionária instituíram o "ministério do caminhar" como um ritmo habitual para a equipe de liderança. Os membros de sua equipe principal regularmente saíam sozinhos ou em pares para caminhar pelas ruas e pelos parques de sua região por uma ou duas horas. À medida que caminhavam a pé, cada pessoa procurava, em oração, estar atenta a todos os dados sensoriais que surgiam. Podiam conversar com um vizinho de vez em quando ou podiam entrar em algumas lojas, empresas ou centros comunitários, orando e pedindo a Deus que os ajudasse a prestar atenção às coisas importantes que, de outra forma, não conseguiriam ver.

Em uma manhã, enquanto caminhava, Wes disse que seu coração sentia-se leve, porém cheio, e começou a cantar em voz alta. Um senhor, atraído pelo inesperado canto em público, saiu em direção a Wes e o seguiu com um olhar curioso em seu rosto. A certa altura, Wes notou a presença do homem e parou para conversar com ele. Quando o homem perguntou a Wes por que ele estava cantando, Wes explicou que estava transbordando de alegria em seu coração enquanto andava e orava pela cidade e pelas pessoas que encontrava. O homem estava visivelmente emocionado ao ver que Wes e seu grupo engajaram-se em uma atividade tão terna em favor de outros. Deus havia tocado alguém de uma maneira inesperada quando um espaço foi criado para se andar em nome de Cristo.

Outra versão desse ministério do caminhar pode envolver uma equipe examinando sua cidade e desenvolvendo um tipo de mapa espiritual para ser usado por seu grupo como uma peregrinação regular de oração. Andar em oração, da maneira que for, ajuda as equipes a manter seus ouvidos abertos ao discernimento e a aumentar sua base de conhecimento sobre sua cidade.

Considere as seguintes perguntas enquanto desenvolve sua própria prática de Peripateo:

- *Com que frequência nossa equipe irá praticar a caminhada de oração?*
- *Quem irá participar?*
- *Como iremos "cobrir" nossa vizinhança com a caminhada de oração?*
- *Qual(is) rota(s) iremos pegar?*
- *Onde estão os pontos de vizinhança, parques, cafés e outros locais de interesse onde as pessoas se reúnem?*
- *Quem nós encontramos em nossas caminhadas de oração e o que sentimos que Deus está dizendo em cada um desses encontros?*
- *O que sentimos que Deus está nos dizendo sobre o que nos cerca e quais marcos históricos nos ajudam a entender essa área de uma perspectiva espiritual?*
- *Que necessidades estamos descobrindo no bairro como resultado de nossas caminhadas de oração?*
- *O que estamos celebrando sobre o bairro, como resultado de nossas caminhadas de oração (por exemplo, quais benefícios ou sinais de shalom são evidentes)?*
- *Onde estamos anotando e compartilhando as descobertas significantes de nossa caminhada?*

Apêndice C

Conduzindo um exercício de exegese do bairro

Vamos investir um tempo observando e aprendendo um pouco sobre uma parte da nossa cidade. Enquanto caminhamos, observamos e ouvimos (em grupos de duas a quatro pessoas), as perguntas abaixo nos ajudarão a ver e experimentar nossa cidade de novas maneiras. Elas também nos ajudarão a aperfeiçoar nossa compreensão e sensibilidade em relação aos bairros e grupos sociais dessa área em particular. Por fim, refletiremos sobre o que significa buscar o shalom desses lugares (Jeremias 29:7).

1. Antes de iniciar sua jornada, o que você vê quando olha em cada direção? O que ouve ou sente? Quais atividades você observa?

Quando você começa a caminhar...

2. O que você percebe nos quintais ou nas entradas de cada uma das casas ou dos apartamentos?
3. Este bairro ou esta parte da cidade parece ser um lugar bem cuidado?
4. Quantas casas, apartamentos ou edifícios à venda você vê? Que sinais de transitoriedade você observa?
5. O que você nota sobre os parques? São lugares convidativos? Quem está lá?
6. Você vê igrejas ou prédios religiosos? O que sua aparência comunica?
7. Que tipos de edifícios comerciais existem? Quem os ocupa?
8. Descreva as pessoas que você vê andando ou cuidando de suas casas/quintais ou empresas.
9. De que forma as pessoas, as bicicletas e o trânsito são geridos? Onde você vê calçadas, luzes ou travessias e pedestres?
10. Há lugares neste bairro em que você não entraria? Por quê?
11. Onde estão os lugares de vida, esperança, beleza ou comunidade neste bairro?
12. Quais evidências de luta, desespero, negligência e alienação você vê?
13. De que maneira você vê a prova da presença de Deus nesta área?

Ao longo do caminho, envolva-se nestas três ações importantes:

1. Encontre uma pessoa acessível para conversar. Faça-lhe estas perguntas:
   - O que é mais o importante para você na sua vida?
   - Quais são as preocupações de seus vizinhos e seu bairro?
   - O que precisa de atenção imediata no seu bairro?
   - O que o seu bairro faz bem que contribua para a cidade?

2. Com sua dupla, encontre um ponto de encontro local e compre algo para comer ou beber. O que você ouve e observa nesse lugar?

3. Encontre uma relíquia ou símbolo de sua experiência na comunidade e traga-a de volta com você. Você será solicitado a compartilhar como isso representa o que seu grupo experimentou em sua aventura de ouvir juntos.

Apêndice D

Perguntas abertas e fechadas

Perguntas abertas e fechadas são fáceis de discernir. Uma pergunta fechada pode ser respondida com uma palavra, geralmente sim ou não, ou uma frase curta, como "são sete horas" ou "ela tem seis meses de idade". As perguntas fechadas fornecem fatos enquanto mantêm o controle da conversa nas mãos da pessoa que faz as perguntas, e não de quem as responde. Uma pergunta fechada é uma maneira simpática de convidar uma pessoa para uma conversa, porque representa baixo risco e normalmente requer menos intimidade ou exposição. As perguntas fechadas são frequentemente usadas em pesquisas qualitativas e quantitativas. Normalmente, começam com um verbo, como *é*, *será*, *são* e *se*, por exemplo.

Exemplos de perguntas fechadas:
- *Você está realizado entendendo que essas ações vão mudar as coisas?*
- *Você irá considerar outra maneira de olhar para essa situação?*
- *Você acha que a reunião alcançou nossos objetivos?*

No entanto, se você está esperando por um encontro mais profundo com as pessoas, você deverá adotar perguntas abertas. Elas são usadas para a pesquisa narrativa (aprender sobre as pessoas por meio de suas histórias), e é isso que você precisa fazer aqui. As perguntas abertas deliberadamente convidam as pessoas a contarem histórias e a revelarem-se. Em outras palavras, esperam-se respostas mais longas, transferindo o controle da conversa do entrevistador para o entrevistado. Por meio de perguntas abertas, o entrevistador está convidando o entrevistado a pensar e refletir, a expressar opiniões e sentimentos. As perguntas abertas normalmente começam com: *o que*, *por que*, *como* e *descreva*.

Exemplos de perguntas abertas:
- *Como você vê essas ações levando à mudança que você deseja?*
- *Como seria essa situação se você a visualizasse da perspectiva de cada um de seus colegas de equipe?*
- *O que você poderia ter feito diferente naquela reunião para torná-la um ganho para todos?*

Fonte: adaptado por Deborah Loyd de www.changingminds.org.

Apêndice E

Criando margens para a espontaneidade

1. Limpe sua mesa, coloque seu telefone longe de você e cubra qualquer relógio que esteja à vista. Pegue uma folha em branco e um lápis ou caneta. Escreva no topo do papel: *Meu relacionamento com o tempo*. Comece orando para que o Espírito Santo lhe fale por meio da metáfora do tempo.

2. Passe alguns minutos em contemplação silenciosa, pensando sobre o seu dia até agora. Em seguida, relembre a semana que se passou. Pondere sobre como você usa o seu tempo e quão comprimidos são os seus compromissos e deveres. Observe quando você tem margens de tempo e quando não as tem. Quais são as suas maiores frustrações em relação ao tempo? Fale com o "Tempo" e deixe o "Tempo" falar com você. Comece escrevendo "Tempo, precisamos conversar sobre o nosso relacionamento".

3. Agora, escreva sobre o uso do tempo, respondendo a estas perguntas:
   - *Fale com o "Tempo" como se falasse com uma pessoa, descrevendo sua relação.*
   - *Descreva como você e o "Tempo" lidam com as questões de proximidade, frequência e espontaneidade.*

4. Em seguida, responda a estas perguntas:
   - *Você está feliz com o seu uso do tempo? Por que ou por que não?*
   - *Quão apertada está a sua agenda? Como o tempo o aperta? Descreva.*
   - *O tempo lhe dá margens nos seus dias e semanas? Se não, onde você gostaria de tê-las?*
   - *Que tipo de relacionamento com o tempo lhe daria margens para fazer o que você quer fazer?*
   - *O que você poderia fazer ou parar de fazer, especificamente, para criar maiores margens de tempo para o ministério em seu contexto?*

   Siga a conversa até que ela se esgote.

5. Peça ao Espírito Santo que o ajude a criar um plano que o auxilie a ser quem você precisa ser. O que você pode fazer, especificamente, para criar margens para a missão, para o ministério contextual? Como você vai fazer isso? Escreva um plano de ação, comprometa-se a ele e diga ao seu mentor o que aprendeu.

Apêndice F

Lectio Divina

Este método de oração remonta à tradição monástica primitiva. Não havia Bíblias para todos e nem todos sabiam ler. Então, os monges se reuniam na capela para ouvir um membro da comunidade ler as Escrituras. Nesse exercício, eram ensinados e encorajados a ouvir com o coração, porque era a Palavra de Deus que estavam ouvindo.

Quando uma pessoa quer usar a *Lectio Divina* como uma forma de oração hoje, o método é muito simples. Quando se é um iniciante, é melhor escolher uma passagem de um dos evangelhos ou de uma das epístolas, geralmente dez ou quinze versos. Algumas pessoas que se dedicam regularmente a esse método de oração escolhem a epístola ou o evangelho para a missa do dia, como sugerido pela Igreja Católica.

Primeiro, vamos para um lugar silencioso, recordando-nos que estamos prestes a ouvir a Palavra de Deus. Então, lê-se a passagem das Escrituras em voz alta para se deixar ouvir as palavras com seus próprios ouvidos. Quando terminarmos de ler, devemos parar e refletir se alguma palavra ou frase se destacou ou algo tocou nosso coração. Se sim, pausamos e desfrutamos a revelação, o sentimento ou a compreensão. Em seguida, voltamos a ler a passagem novamente, porque ela terá um significado mais completo. Paramos novamente e anotamos o que aconteceu. Se quisermos dialogar com Deus ou Jesus em resposta à palavra, devemos seguir o impulso do nosso coração. Esse tipo de escuta reflexiva permite ao Espírito Santo aprofundar a consciência em nós de que Deus está tomando a iniciativa de falar conosco.

A *Lectio Divina* também pode ser uma forma eficaz de oração em grupo. Depois que uma passagem é lida, pode haver um momento de silêncio prolongado para que cada pessoa aprecie o que ouviu, anotando se alguma palavra ou frase em particular se transformou em um foco especial de atenção. Algumas vezes os grupos convidam os membros, se assim o desejarem, a compartilhar em voz alta a palavra ou frase que os atingiu. Isso é feito sem discussão. Em seguida, uma pessoa diferente do grupo lê a passagem novamente com uma pausa para o silêncio. Diferentes ênfases podem ser sugeridas após cada leitura: que dom essa passagem me orienta a pedir ao Senhor? O que essa passagem me chama a fazer? A oração pode ser concluída com um Pai Nosso.

Seja individualmente ou em grupo, a *Lectio Divina* é uma forma flexível e fácil de orar. Primeiro, escutamos, depois anotamos o que nos é dado e, por fim, respondemos de maneira dirigida pelo Espírito Santo.

Trecho extraído de "Praying with Scripture" em LEONHARDT, D. S.J., espiritualidade inaciana "Prayer and Decision Making in the Ignatian Tradition," em Finding God in All Things: A Marquette Prayer Book © Marquette University Press, 2009. Usado com autorização. Todos os direitos reservados.

Apêndice G

O exame inaciano

Este exercício é baseado em/adaptado dos *Exercícios espirituais* de Inácio Loyola. Provavelmente, a atividade é mais eficaz quando escrita, mas estas perguntas também podem ser simplesmente orações.

- Peça a Deus para ajudá-lo a identificar o momento de hoje pelo qual você é mais grato. Lembre-se desse momento com o máximo de detalhes possível. O que o tornou tão especial?

- Peça a Deus para ajudá-lo a identificar o momento de hoje pelo qual você é menos grato. O que o fez ser tão difícil?

- Quando me senti mais vivo hoje? Quando mais senti que a vida estava escorrendo por entre os meus dedos hoje?

Tente manter este exame diário o mais consistente possível. Em intervalos regulares, olhe para trás, leia o que escreveu em seu diário ou caderno e avalie:

- O que esses escritos estão dizendo sobre como Deus está falando com você?

- O que esses escritos sugerem sobre a sua identidade? E sobre o seu propósito? E sobre a sua direção?

Apêndice H

Movimentos no discernimento da liderança corporativa

O apêndice a seguir é um resumo dos movimentos de Ruth Haley Barton sobre o discernimento da liderança corporativa.

Apronte-se: Preparação

- Esclareça a questão do discernimento.
- Reúna a comunidade para o discernimento.
- Expresse (ou reitere) os valores e princípios norteadores.

Posicione-se: Colocando-nos em uma posição de sermos liderados

- Ore pela indiferença.
- Teste a indiferença.
- A oração pela sabedoria.
- A oração da confiança tranquila.

Vá: Discernindo juntos a vontade de Deus

- Defina o método de ouvir.
- Ouça um ao outro.
- Ouça Deus no silêncio.
- Reúnam-se e ouçam novamente.
- Identifique e trabalhe com opções.
- Busque consenso entre todos.
- Procure confirmação interna.
- Expresse a orientação de Deus.

Faça: A vontade de Deus

- Comunique-se com aqueles que precisam saber.
- Faça planos para fazer a vontade de Deus conforme você a entendeu.
- Continue discernindo à medida que faz a vontade de Deus.

© 2012 BARTON, Ruth. Esta lista é uma representação do processo descrito no livro Pursuing God's Will Together: A Discernment Practice of Leadership Groups. InterVarsity Press. Usado com autorização. Disponível em: <http://www.transformingcenter.org>.

Apêndice I

Um processo para determinar os valores de uma comunidade

Um *valor* é o que mais importa para nós como comunidade espiritual; é o(s) ideal(is) que insistimos em expressar juntos.

Tempo: 2 a 3 horas em duas sessões
Material: papel, lápis ou canetas, post-its, quadro branco e marcadores para quadro branco

OBSERVAÇÃO: certifique-se de captar o que você realmente pretende viver na prática. Demasiadas declarações de valores terminam com um ou mais valores que permanecem latentes ou inativos. Em equipe, vocês estão em busca de *valores reais*, não *aspiracionais*. É por isso que uma comunidade deve testar ou praticar o que definirem como valores para verificar se são *reais*.

Programe várias horas juntos, como equipe de liderança, para trabalhar na determinação de um "conjunto inicial" de valores. Eles terão de ser testados pela vivência em conjunto e pela comunidade em geral, mas você tem de começar em algum lugar.

1. Dê dez minutos para que os participantes escrevam suas respostas pessoais para as seguintes perguntas:
    - *O que você realmente gostaria que esta comunidade representasse?*
    - *O que uma comunidade da igreja teria de ser para você realmente tê-la como casa?*

2. Cada pessoa registra de três a cinco dessas declarações em post-its, uma declaração por folha (inclua também o nome de cada pessoa ou suas iniciais).

3. Cada pessoa compartilha suas respostas, colocando suas notas no quadro branco. À medida que os indivíduos compartilharem, o facilitador tenta captar o conteúdo, mantendo um registro atualizado do que cada pessoa vê como importante na comunidade.

4. Em grupo, organize os post-its em categorias ou temas. Em seguida, determine uma palavra ou frase para descrever cada categoria.

5. O facilitador registra todas as categorias e declarações, listando cada categoria e mostrando as declarações individuais que a suportam. Todos devem receber uma cópia desse projeto, sobre o qual devem refletir na semana próxima.

6. Na próxima vez que a equipe se reunir, distribua a lista de valores do grupo para cada pessoa. Reveja, em conjunto, os valores e as declarações e ajuste-os conforme necessário, com base na sua reflexão da semana anterior. O grupo terminará com quatro a oito valores e declarações que os definem.

© preparado por Dan Steigerwald

Apêndice J

Crenças cristãs comuns

Abaixo há uma lista de crenças provindas de diversas tradições de fé cristãs. Trata-se unicamente de um recurso para promover a discussão no exercício de aprendizagem *Discernindo conflitos sobre crenças centrais*, do capítulo cinco. Esta lista não pretende ser uma lista exaustiva da crença cristã nem se destina a ser uma declaração da teologia da Comunitás.

Há somente um só Deus.

Deus é três em um ou a Trindade.

Deus é onisciente ou "sabe de todas as coisas".

Deus é onipotente ou "Todo Poderoso".

Deus é onipresente ou "presente em todos os lugares".

Deus é soberano.

Deus é santo.

Deus é justo ou "reto".

Deus é amor.

Deus é a verdade.

Deus é espírito.

Deus é o criador de tudo que existe.

Deus é infinito e eterno. Sempre foi Deus.

Deus é imutável. Ele não muda.

O Espírito Santo é Deus.

Jesus Cristo é Deus.

Jesus se fez homem.

Jesus é completamente Deus e completamente homem.

Jesus não pecou.

Jesus é o único caminho para Deus Pai.

O homem foi criado por Deus à imagem de Deus.

Todas as pessoas pecaram.

A morte veio ao mundo pelo pecado de Adão.

O pecado nos separa de Deus.

Jesus morreu pelos pecados de cada pessoa no mundo.

A morte de Jesus foi um sacrifício de substituição. Ele morreu e pagou o preço dos nossos pecados para que pudéssemos viver.

Jesus ressuscitou dentre os mortos em forma física.

A salvação é um dom gratuito de Deus.

A Bíblia é a Palavra de Deus "inspirada" ou "soprada" por Ele.

Aqueles que rejeitam a Jesus Cristo vão para o inferno para sempre depois que morrerem.

Aqueles que aceitam a Jesus Cristo viverão na eternidade com Ele depois que morrerem.

O inferno é um lugar de punição.

O inferno é eterno.

Haverá o arrebatamento da Igreja.

Jesus voltará para a Terra.

Os cristãos serão ressuscitados dentre os mortos quando Jesus voltar.

Haverá um juízo final.

Satanás será jogado no lago de fogo.

Deus criará um novo céu e uma nova terra.

Apêndice K

A bela igreja
Dr. Wesley White

Na minha família, desenvolvemos uma tradição que provou ser não só essencial, mas também profundamente apreciada por cada um de nós. Em aniversários, junto com uma refeição especial, bolo e, claro, presentes, nossa família destina palavras de amor e afirmação ao aniversariante. De forma explícita, nós lhe dizemos o que amamos tanto neles e por que somos gratos por sua vida. Damos exemplos e descrevemos suas características que tanto encantam a todos nós. Celebramos sua vida entre nós com palavras e orações que chegam até a alma e trazem bênçãos.

De modo semelhante, quero celebrar a Igreja. Hoje em dia, está mais em voga defender um abismo que preferimos manter entre o Jesus que admiramos e a sua Igreja, com a qual estamos, honestamente, envergonhados. Porém, eu quero dizer que, embora esse abismo seja, em certa medida, compreensível, é errôneo e nada saudável pensar assim. Certamente, vai contra grande parte dos elementos principais do Novo Testamento. Pelo contrário, penso que podemos, de maneira legítima, recitar uma litania do que reveste a Igreja de beleza, o que a exalta como louvável, o que a faz ser valorizada em muitos lugares do mundo. Sem varrer graves fraquezas e problemas para baixo do tapete proverbial, penso que podemos, ao mesmo tempo, confessar aberta e ardentemente tudo o que amamos sobre a Igreja.

Amo a *simplicidade* da Igreja. Aprecio tanto o simples ato de pessoas reunirem-se semanalmente para cantar e orar, ouvir e aplicar a Palavra de Deus e participar da ceia eucarística. Isso demonstra a alegria de ser parte do compartilhamento de vidas tão entrelaçadas pela rotina semanal e em pequenos grupos, que se reúnem de tempos em tempos. Essa simplicidade dá uma infinidade de maneiras por meio das quais o encorajamento às pessoas acontece.

Eu amo a consistência e a *fidelidade* da Igreja. Recentemente me encontrei com um colega em uma conferência em Derbyshire, na Inglaterra, que frequenta uma Igreja Anglicana, a qual tem um ministério ininterrupto naquela área desde o ano de 811 DC – mil duzentos e dois anos de ministério contínuo, em nome de Jesus. Uma consistência como essa é muitas vezes combinada a um verdadeiro senso de *autenticidade*, visto que as igrejas locais não são geralmente um polo de coleta de poderosos, de pessoas da elite e de ricos, mas dos indivíduos repletos de fragilidades, fraquezas, lutas, honestidade e esperança.

Amo a *natureza doadora* da Igreja. Devemos observar que o Relatório das Nações Unidas sobre a Renovação Social, de novembro de 2011, diz que 67% da filantropia mais eficaz nos últimos cinquenta anos pode ser atribuída a congregações cristãs locais em todo o mundo. Em seu rastro, há um nível mais que confiável de *eficácia transformacional*, de tal forma que os estudos urbanos hoje confirmam que a Igreja Cristã é responsável por, de longe, ser o maior incentivo para o desenvolvimento de hospitais, universidades, centros e serviços culturais para os pobres e para o avanço dos direitos civis e humanos em quase todas as grandes cidades do mundo.

Eu amo o *foco* da Igreja em Jesus Cristo, que, somente Ele, pode mudar as pessoas de dentro para fora e mudar o mundo de fora para dentro. Ela foca, na verdade, na *mensagem* da Igreja, as boas novas de que Deus amou tanto o mundo que, em Jesus Cristo, o próprio Filho de Deus, iniciou a renovação de todas as coisas, que são os propósitos de recriação de Deus, e pôs fim a tudo o que é mau, tudo o que é resultado dos desígnios destrutivos do maligno.

E eu amo as *pessoas* da Igreja, que estão aprendendo, por meio de todo tipo de altos e baixos e alegrias e lutas, o que é ser o povo de Deus; estão aprendendo também como confiar no único Deus e servi-Lo e como convidar todos ao seu acolhimento irrestrito. Eu amo a *coragem missionária* e o *zelo* desta Igreja, que enviou essas mesmas pessoas a todos os cantos do mundo e a alguns dos lugares mais difíceis e perigosos, abrindo mão de grande parte de suas preferências pessoais para mostrar e compartilhar o amor de Cristo.

E eu poderia continuar falando e falando sobre tudo o que eu amo na Igreja.

Então, o que essa litania verbal tem a ver com qualquer tipo de prelúdio à carta de Paulo aos Efésios? Como veremos, tudo! Quais são os seus temas? Que motivos surgem? Eles são, como vamos descobrir, muitos e variados, mas com uma ênfase abrangente. Em outras palavras, temos todas as razões para exaltar a Igreja no mundo. Claramente, o objetivo principal da carta aos Efésios é a teologia do apóstolo Paulo acerca de Cristo para os gentios. Em outras palavras, Cristo para o mundo, sendo ela, sem dúvida, uma epístola missionária. O coração dessa afirmação é expresso em 3:4-8, "Ao lerem isso vocês poderão entender a minha compreensão do mistério de Cristo. Esse mistério não foi dado a conhecer aos homens doutras gerações, mas agora foi revelado pelo Espírito aos santos apóstolos e profetas de Deus, a saber, que mediante o evangelho os gentios são co-herdeiros com Israel, membros do mesmo corpo, e co-participantes da promessa em Cristo Jesus. Deste me tornei ministro pelo dom da graça de Deus, a mim concedida pela operação de seu poder. Embora eu seja o menor dos menores dentre todos os santos, foi-me concedida esta graça de anunciar aos gentios as insondáveis riquezas de Cristo".

Uma leitura detalhada de Efésios, no entanto, pode levar-nos a sugerir mais precisamente o tema mais amplo de Cristo para o mundo por meio da igreja. Afinal, é a igreja o lugar contextualmente consistente para a pregação missional que Paulo tem em mente. Como em 1:22-23, "Deus colocou todas as coisas debaixo de seus pés e o designou como cabeça de todas as coisas para a igreja, que é o seu corpo, a plenitude daquele que enche todas as coisas, em toda e qualquer circunstância".

Por essa razão, Markus Barth afirma que o tema principal da carta de Paulo aos Efésios é nada menos que o *Cristo cósmico em ação no mundo por meio da Igreja universal, mas localmente encrustada, de Jesus*. Mais especificamente, Barth afirma que "é somente em Efésios que a verdadeira essência da igreja é diretamente identificada com sua postura, seu serviço e, se necessário, sua resistência contra todos os anjos e demônios, todos os períodos e espíritos que moldam, representam ou aterrorizam o mundo".

Embora o argumento teológico de Efésios seja complexo, sua estrutura é surpreendentemente simples. Harold Hoehner divide Efésios em duas partes facilmente discerníveis, às quais ele se refere como *o chamado* da Igreja (capítulos 1-3) e a conduta da Igreja (capítulos 4-6). O "Amém" no final do capítulo 3, juntamente com o início da exortação clara e direta nos versículos iniciais do capítulo 4, marca essas divisões como compostas de maneira deliberada e literária.

À medida que examinamos a estruturação deliberada do Apóstolo, mais importante ainda é a natureza do que Paulo insere para separar as seções das cartas definidas pela doutrina e pelo dever (o chamado da Igreja e a conduta da Igreja). O que encontramos é uma *oração* incrivelmente potente e crítica, situada em 3:14-21: "Por essa razão, ajoelho-me diante do Pai, do qual recebe o nome toda a família nos céus e na terra. Oro para que, com as suas gloriosas riquezas, ele os fortaleça *no íntimo do seu ser* com poder, por meio do seu Espírito, para que Cristo habite em seus corações mediante a fé; e oro para que vocês, arraigados e alicerçados em amor, possam, *juntamente com todos os santos*, compreender a largura, o comprimento, a altura e a profundidade, e conhecer o amor de Cristo que excede todo conhecimento, para que vocês sejam cheios de toda a plenitude de Deus. Àquele que é capaz de fazer infinitamente mais do que tudo o que pedimos ou pensamos, de acordo com o seu poder que atua em nós, a ele seja a glória na igreja e em Cristo Jesus, por todas as gerações, para todo o sempre! Amém!" [grifo meu]

Embora haja tanto a nos aprofundar em termos do conteúdo teológico da oração, vamos agora observar a estruturação dessa oração em torno de *duas frases essenciais*. O versículo 16 fornece o primeiro delas com a frase preposicional, "*no íntimo do seu ser*" (εις τον εσω ανθρωπον), no qual são definidos os parâmetros pelos quais Paulo está orando – *desenvolvimento pessoal da alma*, caracterizado pela força que é derivada do poder do Espírito Santo.

A segunda frase é encontrada no versículo 18 e envolve ainda outra frase preposicional, "*juntamente com todos os santos*" (συν πασιν τοις αγιος). Essa frase define os parâmetros pelos quais Paulo está orando de forma contrastante. Enquanto a primeira frase diz respeito ao indivíduo, esta pertence ao que poderíamos chamar de "compreensão coletiva" do amor expansivo de Cristo. Ela especifica deliberadamente a experiência coletiva ("juntamente com todos os santos") como aquele contexto no qual podemos "compreender a largura, o comprimento, a altura e a profundidade, e conhecer o amor de Cristo que excede todo conhecimento".

Toda essa oração paulina é construída em torno dessas duas divisões para que possamos ver e ouvir claramente o que é tão veementemente sugerido. Sim, essa oração confirma a preocupação holística de Paulo com uma capacitação interior, que é o resultado do poder do Espírito Santo agindo no contexto de crescimento pessoal da alma. Contudo, se esperamos ter qualquer experiência e capacidade de compreender esse amor imenso e expansivo de Cristo – sua largura, seu comprimento, sua altura e sua profundidade –, devemos fazê-lo *com todos os santos*.

Há, também, uma série de fatores críticos com que devemos lidar no que diz respeito às intenções do Apóstolo. Primeiro, quando Paulo usa o termo "compreender", é quase certo que ele está recorrendo à Septuaginta vernácula, que toma emprestado do sentido hebraico, no qual "conhecer" é uma expressão de intimidade sexual. Esse sentido está presente na palavra grega γνωσκω (gnosko), mas tratando dessa experiência íntima do amor de Cristo, que não se limita ao conhecimento cognitivo, mas representa o conhecimento íntimo, experiencial.

Em segundo lugar, quando Paulo usa esse tipo de linguagem dimensional, falando de *largura*, *comprimento*, *altura* e *profundidade*, é muito provável que ele esteja se apoiando na literatura da Sabedoria, tanto de fontes bíblicas como não bíblicas, que têm em vista nada menos que as *quatro dimensões* de todo o cosmos. Podem até referir-se aos quatro pilares da ordem que a tradição judaica lista como Lei, Política, Religião e Artes Criativas.

Portanto, essa abordagem para a compreensão coletiva do amor expansivo de Jesus certamente inclui nossa própria experiência abertamente terapêutica como aqueles que dela participam, capacitados "no íntimo do nosso ser". Porém, também é muito mais amplo do que isso, pois abrange entender a largura das estruturas sociorreligiosas da humanidade, bem como o comprimento das realidades políticas que afetam o mundo inteiro. Abarca, inclusive, as alturas das liberdades artísticas criativas que lembram até mesmo a verdade transcendente mais depravada que os chama, bem como a profundidade das igualdades ou desigualdades judiciais que se destinam a refletir o próprio coração de Deus.

Essas quatro dimensões são destinadas a implicar ou envolver (em seu sentido mais positivo) o poderoso amor de Jesus Cristo. Esse amor se destina, por meio da Igreja, a impactar os poderes e principados – aos quais o Apóstolo se refere mais adiante na epístola – que governam as ordens e as funções do mundo. Eles são, na verdade, aqueles poderes que tentam ditar os contornos do universo e de todo o cosmos e são tratados de maneira amplamente inclusiva, aqui referida por Paulo como "juntamente com todos os santos".

Por fim, é vital que levemos em conta o significado eclesiológico do que o apóstolo Paulo tem em mente com a inclusão desta pequena frase aparentemente insignificante, "juntamente com todos os santos". Ela não é uma simples declaração de função ou uma simples referência à cronologia histórica. Pelo contrário, é mais uma metáfora para o Corpo local de Cristo. Andrew Lincoln sugere que a ressalva da frase demonstra que a "compreensão que o escritor deseja para seus leitores não é algum conhecimento esotérico por parte de indivíduos iniciados ou algum tipo de contemplação isolada, mas a percepção compartilhada de pertencer a uma comunidade de crentes".

Isso significa, em outras palavras, a Igreja e seu domínio. Devemos compreender de tal modo a vastidão do amor de Cristo, que somos capazes de prever a sua aplicação pretendida a cada esfera do que significa ser humano, nas mais amplas dimensões imagináveis. Isso quer dizer que nós, como comunidade, trazemos esse amor para suportar as quatro dimensões que constituem nada menos que o objetivo cósmico de Deus. E é por essa razão que essa oração central de Paulo conclui com uma das bênçãos mais sublimes de toda a Bíblia: "Àquele que é capaz de fazer infinitamente mais do que tudo o que pedimos ou pensamos, de acordo com o seu poder que atua em nós, a ele seja a glória na igreja e em Cristo Jesus, por todas as gerações, para todo o sempre! Amém!" (3:20 e 21) [grifo meu]

Que bela igreja! Poderíamos expressar elogios suficientes para captar tudo que ela é e tudo que ela deve ser!

© Dr. WHITE, Wesley. Usado com autorização.

Apêndice L

Estudo de textos bíblicos usando *kletos*

"Pois muitos são chamados [klētoi], mas poucos são escolhidos". (Mt. 22:14)

Paulo, servo de Cristo Jesus, chamado para ser apóstolo, separado para o evangelho de Deus... (Rm. 1:1)

"E vocês também estão entre os chamados para pertencerem a Jesus Cristo. A todos os que em Roma são amados de Deus e chamados para serem santos: A vocês, graça e paz da parte de Deus nosso Pai e do Senhor Jesus Cristo". (Rm. 1:6-7)

"Sabemos que Deus age em todas as coisas para o bem daqueles que o amam, dos que foram chamados de acordo com o seu propósito". (Rm. 8:28)

"Paulo, chamado para ser apóstolo de Cristo Jesus pela vontade de Deus, e o irmão Sóstenes, à igreja de Deus que está em Corinto, aos santificados em Cristo Jesus e chamados para serem santos, com todos os que, em toda parte, invocam o nome de nosso Senhor Jesus Cristo, Senhor deles e nosso:" (1 Co. 1:1-2)

"mas para os que foram chamados, tanto judeus como gregos, Cristo é o poder de Deus e a sabedoria de Deus". (1 Cr. 1:24)

"Judas, servo de Jesus Cristo e irmão de Tiago, aos que foram chamados, amados por Deus Pai e guardados por Jesus Cristo:" (Judas 1:1)

"Guerrearão contra o Cordeiro, mas o Cordeiro os vencerá, pois é o Senhor dos senhores e o Rei dos reis; e vencerão com ele os seus chamados, escolhidos e fiéis". (Ap. 17:14)

Apêndice M

Preferências vocacionais

Os **cuidadores** ajudam pessoas com dificuldades sociais ou financeiras, ou os deficientes, com suas necessidades básicas.

Os **conectores** criam lugares onde as pessoas podem encontrar gostos em comum, aprender ou compartilhar uma refeição ou uma causa em comum.

Os **criadores** organizam significados metafóricos e simbólicos e expressam definições por meio do ambiente.

Os **comunicadores** levam uma mensagem e utilizam qualquer meio necessário para que as pessoas do outro lado a recebam.

Os **solucionadores de problemas** pensam e experimentam seus caminhos por meio de problemas.

Os **ajudantes** auxiliam outros a fazer o que querem ou precisam fazer por meio de esforço físico ou doação de recursos.

Os **aventureiros** apreciam a emoção da descoberta, preferem ser porta-vozes e geralmente amam atividades ao ar livre.

Os **curadores** aliviam todo tipo de sofrimento e instintivamente sabem como fazer os outros se sentirem melhor.

Os **organizadores** sabem o que fazer mesmo em meio ao caos, ordenando pessoas e sistemas.

Os **ativistas** notam desigualdades e buscam corrigi-las. Muitas vezes, pode-se escutá-los dizer: "por que alguém não está fazendo algo sobre isso?"[67].

---

67 LOYD, Deborah Koehn. Your Vocational Credo: Practical Steps to Discover Your Unique Purpose. Downers Grove: Intervarsity Press, 2015.

Apêndice N

Consequências do desequilíbrio dos dons APEPM

As disfunções estão suscetíveis a ocorrer quando um dos dons APEPM se torna dominante sobre os outros quatro. A igreja com um único líder está em maior risco, mas há implicações semelhantes para as equipes de liderança que carecem de equilíbrio entre os dons APEPM.

APEPM Se um líder apostólico domina, a igreja ou outra organização tenderá a ser dura, autocrática, com muita pressão para mudança e desenvolvimento e deixará muitas pessoas feridas em seu caminho. Ela não é sustentável e tende a dissolver-se com o tempo.

A**P**EPM Se um líder profético domina, a organização será unidimensional (sempre se voltando a uma ou duas questões), provavelmente será facciosa e sectária, terá uma *vibe* "superespiritual" ou, um tanto paradoxalmente, tenderá a ser ativista demais para ser sustentável ou quieta em demasia para ser útil. Esta não é uma forma viável de organização.

AP**E**PM Quando um líder evangelístico domina, a organização terá uma obsessão com o crescimento numérico, criará dependência de uma liderança carismática efervescente e tenderá a carecer de amplitude e profundidade teológica. Este tipo de organização não capacitará muitas pessoas.

APE**P**M Quando a liderança pastoral monopoliza, a igreja ou outra organização tenderá a ser avessa ao risco, codependente e carente, excessivamente desfavorecida de dissidências saudáveis e, portanto, de criatividade. Tal organização terá insuficiência de inovação e generatividade. Ademais, ela não será capaz de transferir sua mensagem e tarefas centrais de uma geração para a próxima.

APEP**M** Quando os professores e os teólogos governam, a igreja será ideológica, controladora, moralista e um tanto estressada. O gnosticismo cristão racional obcecado pela doutrina (a ideia de que somos salvos pelo que sabemos) tenderá a substituir a confiança no Espírito Santo. Esses tipos de organização serão exclusivamente baseados de acordo com a ideologia, como a dos fariseus.[68]

---

68 HIRSCH, Alan.; CATCHIM, Tim. The Permanent Revolution. San Francisco: Jossey-Bass, 2012, p. 48-49.

Apêndice O

Livros sobre liderança

The Leader's Journey: Accepting the Call to Personal and Congregational Transformation, de Jim Herrington, Robert Creech, e Trisha Taylor

In the Name of Jesus: Reflections on Christian Leadership, de Henri Nouwen

The Three Levels of Leadership: How to Develop Your Leadership Presence, Knowhow and Skill, de James Scouller

The Leadership Challenge 5th Edition, de James M. Kouzes e Barry Z. Posner

Making Room for Leadership, de MaryKate Morse

Crucibles of Leadership, de Robert Thomas

Shackleton's Way, de Margot Morrell e Stephanie Capparell

Spiritual Leadership in a Secular Age, de Edward Hammet

The Ascent of a Leader, de Bill Thrall, Bruce McNicol e Ken McElrath

Deep Change, de Robert Quinn

Overcoming the Dark Side of Leadership, de Gary MacIntosh e Samuel D. Rima, Sr.

Leadership from the Inside Out, de Kevin Cashman

A Failure of Nerve, de Edwin Friedman

Real Power: Stages of Personal Power in Organizations, de Janet Hagberg

Making All Things New: An Invitation to the Spiritual Life, de Henri Nouwen

Missional Spirituality: Embodying God's Love from the Inside Out, de Roger Helland e Leonard Hjalmarson

The Leadership Ellipse: Shaping How We Lead by Who We Are, de Bob Fryling

Eldership and the Mission of God: Equipping Teams for Faithful Church Leadership, de J.R. Briggs e Bob Hyatt

Deep Mentoring: Guiding Others on Their Leadership Journey, de Randy Reese e Robert Loane

The Gift of Being Yourself: The Sacred Call to Self Discovery, de David Benner

Apêndice P

As marcas de uma igreja em amadurecimento

Sem sugerir que nossa lista seja perfeita ou completa nem classificar as marcas por importância, as doze marcas da igreja em amadurecimento da Comunitás são as seguintes:

1. **Ativar o povo para a missão de Deus ao infundir e cultivar o DNA missional**

   A comunidade de fé está ensinando e servindo de modelo para o tema central da Bíblia, que partiu do coração de Deus para o mundo. O grupo mantém uma postura missionária consistente entre seu contexto e seu(s) grupo(s) focados no ministério. Isso envolve o exercício de uma postura de curiosidade e atenção contínua, enquanto intencionalmente construímos relações-chave (especialmente com os não cristãos) e participamos de eventos, grupos e causas para semearmos o *shalom* no bairro e na cidade. O "gene missional" está continuamente sendo transmitido por meio de ciclos repetidos de modelamento, treinamento e inspiração criativa do corpo na teologia e nos comportamentos que promovem o chamado da igreja para estar "no mundo, mas não [ser] do mundo" (Gn. 12:1-3; Mq. 6:8; Jo 20:21-23; Mt. 24:14; 28:18; Lc 4:18; 10:1-12; Jo 1:1-18; At 1:8; I Pe. 2:9-10).

2. **Proclamar firmemente o Evangelho e ver novos seguidores de Cristo surgirem**

   A comunidade proclama o Reino de Deus em palavra e ação. Ela evangeliza regularmente e pratica uma série de atividades amorosas e intencionais destinadas a iniciar as pessoas no discipulado cristão. É comum que os batismos sejam o resultado natural dessa proclamação. Os líderes se asseguram que o grupo ou a igreja seja uma comunidade inclusiva e facilmente acessível, onde não cristãos podem facilmente encontrar espaços para pertencer a um estilo de vida baseado nos ensinamentos de Jesus e experimentá-lo antes de escolherem crer em Cristo e segui-lo. A igreja reconhece que as "boas novas" de Deus são expressas em muitos níveis dentro da grandiosa História das Escrituras. E seus membros são continuamente capacitados para compartilhar essa história e testemunhar sua figura central, que é Jesus Cristo (Mc 16:15; Mt. 24:14; Rm. 10:13; I Ts. 2: 1-13).

3. **Buscar uma constante conscientização de sua identidade e vocação únicas**

   O grupo central, especialmente seus líderes, é capaz de articular um sentido nítido e consensual de quem deseja ser, para onde está indo e o que Deus está chamando-o a fazer. A visão, a missão, os valores e a cultura da igreja são claramente definidos e articulados regularmente. Isso geralmente inclui a adoção de uma metáfora central ou um nome que comunique um significado coerente com a identidade e a direção deseja-das. Muitas vezes, a igreja remete aos seus fundamentos centrais como uma parte essencial da definição de limites apropriados para a comunidade, discernindo em que situações ela deve dizer "sim" e o que deve evitar ou não assumir (Ef. 1; 3: 2:20, 3:5; Hb. 11:1-12:2; I Co. 11:2; Ap. 2).

4. **Enraizar-se nas Escrituras e em sua conexão com a Igreja histórica e existente**

   Os líderes têm uma compreensão uníssona sobre a teologia e as doutrinas básicas nas quais a igreja é fundada. A igreja interage continuamente com a Bíblia e se submete a sua narrativa, enquanto esforça-se para aprender com sabedoria os fundamentos centrais e as tradições variadas do grande Corpo de Cristo (Dt. 6:4-9; Ef. 2:20; I Tm. 4:11-16; II Tm. 3:10-17: I Co. 4:16-17; 7:17b; 11:1-2; 15:1-8; II Ts. 2:14-15; Hb. 4:12).

5. **Praticar um padrão claro e acessível de discipulado que ajude as pessoas a crescer em Cristo**

   A igreja adotou um ritmo básico de hábitos, atividades e liturgia comunitários que a conduzem ao crescimento de seu povo em seu relacionamento com Deus, entre si e com o mundo. Eles estão coletivamente vivendo nesse ritmo e mostrando às pessoas novas na igreja como adotar esse ritmo por si mesmas (II Tm 2:1-7). Essa "vida sacramental" inclui atenção à Ceia do Senhor, ao Batismo e a outros ritos e rituais significativos que mostram de forma tangível a atuação profunda, e muitas vezes oculta, da graça de Deus. Os líderes evitam projetar um falso dualismo entre o sagrado e o secular, demonstrando por meio da vida e dos ensinamentos da igreja que a vida é profundamente espiritual (Mt. 5-7; Fil. 3:17; Ef. 4:21-25; Cl. 3:5-17; I Tm. 4:7; 11-16; Hb. 10:24-25; 13:7-8).

6. **Priorizar a graça e a sabedoria bíblica ao lidar com situações de conflito e crescimento**

   Os líderes da igreja continuamente cultivam a cultura da graça. Eles possuem uma posição uníssona sobre como a igreja lida com conflitos entre os membros, e esse processo geral é claramente articulado, ensinado e disponibilizado a todos os membros. Os líderes também impõem disciplina redentora e amorosa quando necessário (tanto para proteger a comunidade quanto para promover mudanças positivas nos membros em questão), e isso também segue diretrizes claramente articuladas (Mt. 18; Rm. 12:4-5; I Co. 5:1-12; 12:14-16).

7. **Capacitar uma estrutura de liderança estável, saudável, diversificada e sustentável**

   A igreja governa-se por seus próprios presbíteros ou líderes escolhidos, os quais apresentam qualidades bíblicas (por exemplo, I Tm. 3) e também representam uma diversidade saudável de dons e perspectivas (por exemplo, Ef 4:11). A comunidade, por sua vez, empodera seus líderes e os respeita em seu papel no cultivo do crescimento, da interdependência e da proteção ao "rebanho". A igreja alcançou uma situação de liderança sustentável e é capaz de cuidar do seu desenvolvimento contínuo (isto é, não depende mais da equipe de implantação original para sua sobrevivência a longo prazo) (confira também: I Ts. 5:12-13; Hb. 13:17; I Pe. 5:2).

8. **Oferecer meios para as pessoas se juntarem à igreja e possuírem sua identidade e seu modo de vida**

   As igrejas em amadurecimento crescem ao convidar os participantes a se comprometer à igreja e a terem como sua. Isso permite que a comunidade seja carregada nos ombros de muitos que concordam em fazer sua parte para vê-la se tornar aquilo que Deus deseja. A igreja, por sua vez, expressa seu próprio compromisso de apoiar o crescimento daqueles que se unem a ela, ajudando-os a se envolver adequadamente na vida, no desenvolvimento e na tomada de decisões da igreja. Por qualquer processo que as pessoas sejam adotadas na igreja como membros participantes, a igreja deve evitar criar uma cultura exclusiva de "comprometido" versus "não comprometido". Em vez disso, o corpo encontra maneiras de incluir e valorizar todas as pessoas conectadas à igreja, na esperança de que também possam um dia querer fazer um compromisso solene e consciente com a comunidade da igreja (Rm. 12:5; 16:1-26; I Co. 5:12-13; 7:17; I Pe. 5:2-4).

9. **Capacitar e coordenar os membros, de modo que cada um sirva com seus dons e talentos**

A igreja move-se cada vez mais como um corpo coordenado e animado, com todos os membros e partes contribuindo com o todo. A igreja ajuda os discípulos a entender e crescer em seu projeto dado por Deus, a encontrar seu lugar no corpo de Cristo e a participar de um movimento bem orquestrado em direção à visão da igreja. Ela deve também permanecer em discernimento e sensível ao modo como Deus trabalha na vida dos membros, encorajando cada um a adotar caminhos ministeriais que vão conduzi-los a seu crescimento como discípulos (Rm 12:3-8; I Co. 12-14; Ef. 4:11-12; II Tm. 2:2; I Pe 4:10-11).

10. **Funcionar como uma comunidade sustentável, generosa e financeiramente estável**

A igreja é capaz de atender às suas próprias necessidades financeiras, para que possa estar à altura de sua visão e crescer em seu potencial. Ela lida com dinheiro de maneira apropriadamente transparente e, com sabedoria, administra os recursos de seu povo, enquanto também utiliza convenções sólidos de contabilidade e relatórios. A igreja transmite de várias formas que é uma comunidade generosa e acolhedora, e isso é visto claramente na vida de seus líderes também (I Cr. 29; Gn 14:18-20; Dt. 26: 1-15; Mt. 23:23; Ef. 4:28).

11. **Incorporar o evangelho como sinal, prenúncio e agente comunitário do Reino de Deus**

A igreja abriga a história cristã e age de forma intencional como sinal, prenúncio e instrumento comunitário do Reino de Deus. Por meio das ações e esferas relacionais que cria, ela ajuda as pessoas a ver e experimentar maneiras pelas quais o Espírito renova todas as coisas. Pois "é a habitação e a encarnação da história cristã que a torna compreensível, e talvez até atraente, para a sociedade. São as ações da comunidade cristã que comunicam a mensagem cristã" (Stanley Hauerwas). (Lc 4:16-21; Ef. 1:13-14; 2:19-22; I Co. 3:16; 15:20, 23; II Co. 5:17-21; 6:16; I Tm. 3:15; II Ts. 2:13; Hb. 3:1-6; I Pe. 2:4-5).

12. **Multiplicar discípulos, líderes, iniciativas e [se tudo correr bem] igrejas missionais**

A liderança da igreja dá bastante atenção estratégica à multiplicação, olhando não apenas para os recursos internos, mas também colaborando com outras igrejas e organizações com mentalidade semelhante para cultivar movimentos locais. Um elevado valor é dado à criação de processos sustentáveis para treinamento e desenvolvimento de líderes servis, pioneiros missionais e plantadores de igrejas. Ao mesmo tempo, a prática do discipulado individual é encorajada dentro do corpo local, de modo que tantos membros quanto possível estejam dedicando-se à vida de outros, bem como sendo desafiados em seu próprio desenvolvimento. A igreja também se enxerga claramente à luz de sua contribuição potencial e real ao Corpo missional de Cristo em toda a Terra (Mt. 9:37-38; 13:23; 33; 25:20; 28:18-20: I Co. 3:6).[69]

---

69 Isto representa a revisão de Dan Steigerwald da lista original da Communitás dos doze indicadores representadas no livro Grow Where You're Planted. Portland: Christian Associates Press, 2013.

Índice dos exercícios de aprendizado

Capítulo 5: Pratique – expressando nossa identidade singular

Capítulo 6: Amadureça – crescendo como uma comunidade de fé sustentável

Capítulo 7: Conecte-se e expanda – multiplicando vidas perto e longe

Apêndices

www.ingramcontent.com/pod-product-compliance
Lightning Source LLC
Chambersburg PA
CBHW081249040426
42452CB00015B/2759